新型コロナ禍の交通

上岡直見

緑風出版

目次　新型コロナ禍の交通

はしがき

新型コロナに関しては多種多様な議論が登場し、「感染症の専門家」とされる論者の間でさえ同じテーマについて正反対の見解さえ珍しくない。もとよりウイルス自体の研究や感染メカニズムの解明がまだ途上なので最終的な評価は確定しない。しかしいずれの議論でも「交通」すなわち人と物の移動に関する観点が乏しいのではないか。「緊急事態宣言下なのにまだ電車に乗っている人がいる」として、人々の危機意識が低いかのように批判する言説がみられた。日本ではＩＴの活用が不十分で世界に遅れているなどの指摘も多かった。しかし問題はそこにはない。

できるだけ外出せずネット通販を利用すべきだという言説もあふれている。しかしインターネットで注文すれば商品が天から降ってくるのか。在宅で過ごす人が増えるほど、外で動く人が多く必要となることに無頓着な人が多い。季節や曜日により変動するが、日本全体で一日平均二・六億個（点数として）の買い物が行われている。これに対して宅配便の取扱個数は同じく一二〇〇万個である。すなわち日常の買い物が本格的に通販に移行すれば物流のほうが崩壊する。そうなれば、多くの人が配給所に長時間並ぶなど本末転倒の結果を招く。障害や高齢のため食品など生活必需品を宅配に依存している人はどうなるのか。「緊急事態宣言下なのにスーパーが混んでいる」からこそ人々の生活が守られているのである。

東京二三区を例にとると平常時は七七六万人が就労している。そのうち「定収入があり、デスクワークに従事するホワイトカラー」という範囲だけでみれば、リモートワークを実行すれば人の動きを劇的に減らせると思うかもしれない。しかし一方で、福祉関係・運輸・建設などリモートがありえない職種も多い。製造業でも管理部門以外の現場には人が必要である。現場で就労が必要な人の数を推定すると五三二万人となる。これだけの人はやはり移動しなければならない。前述の宅配に関しても似た関係があるが「リモート」できる人とできない人の格差を助長することになる。

交通機関での感染を警戒してマイカー通勤に切り替える動きもみられる。しかし大都市でマイカーを使う場合にネックとなるのは、道路の渋滞よりもむしろ「駐車場」である。たとえば東京都千代田区を例にとると、通常時に電車で通勤している人がマイカーに転換すると、皇居を除く千代田区の面積の三倍の駐車場用地が必要となる。マイカー通勤が可能なのは全体のごく一部に過ぎない。「電車が怖いからマイカーを使おう」という発想は、デマに踊らされたトイレットペーパー騒動と同じ結果を招く。「まだ電車に乗っている人がいる」からこそ一部の人のマイカー通勤が可能になるのである。

こうした問題は「一極集中」が根本の問題だとして、一極集中からの脱却や地方移住を提案する提言は昔からみられる。しかし地方都市や農山村ではマイカーがなければ日常の買い物も医療機関へのアクセスもできない。新型コロナの影響で地方都市のバスやタクシーにはすでに廃業が発生している。一方で高齢者による交通事故多発から免許返納も推奨されている。こうした地域では日常生活に不可欠な生活インフラは今後どんどん撤退する。何らかの条件でマイカーが利用できなくなったとき、大げさではなく生存の危機に直面するだろう。その時は「便利な」大都市に戻るという前提ならば、大都市は今のままということになる。

　このように「交通」の観点から新型コロナを検討すると、さまざまな課題が浮き彫りになってくる。新型コロナに関連して、ＰＣＲ検査などで指定された施設に行こうとすると「公共交通を使わずに来るように」と指示される。ではマイカーのない人（世帯）はどうするのか。筆者が聞いた例では、大都市である神奈川県横浜市でさえ八km歩いたという人がいる。感染症という性格から近所の人や知人に乗せてもらうこともできない。まして地方都市や農山村では指定された施設はごくまばらにしか存在しない。数十kmを徒歩か自転車で来いというのだろうか。感染症と自然災害の複合時の避難が現実の問題となっているが、最近では避難所での「三密」を避けてマイカーでの車中泊の提案もある。これもマイカーのない人（世帯）はどうするのか。

　新型コロナに関してさまざまな対策や「新しい生活様式」が提案されているものの、その対象は「デスクワークに従事する正社員のホワイトカラーで、心身の障害もなく、必要に応じてマイカーを自分で運転できる」という条件が暗黙のうちに設けられており、これに外れた人々は議論の対象から抜けている。じつはこの条件に該当する人は社会全体のごく一部であって、条件から外れている人々のほうが圧倒的に多い。国内だけでも新型コロナの収束には年単位の時間がかかるはずである。家族・知人・同僚まで感染者ではないかと疑心暗鬼の生活を続けるのは現実的ではなく「共存（ウィズ・コロナ）」を考えざるをえない。

　このような問題意識から、本書では次のような事項を論じる。第1章では、感染症と交通に関する基本事項を整理する。筆者は新型コロナ以前から大学の授業で感染症拡大のシミュレーションを扱っており、その知見も紹介する。第2章では、新型コロナ以前には人・物がどう動いており、それが新型コロナによりどのように変化したかを考察する。第3章では、新型コロナの影響により、中小都市はもとより大都市でも公共交通が危機に瀕している状況を説明する。第4章では、大都市圏の公共交通ことに鉄道で問題となる「三密」について、その原因や対策を数量的に検討する。第5章では、新型コロナと複合災害について、ことに交通と都市にかかわる問題について検討する。第6章では、新型コロナに伴う社会の変化に対応するには「高速交通体系」ではなく「低速交通体系」の充実を提案する。第7章では、ポスト・コロナの社会と交通はどのようになるか、あるいはすべきかについて考察する。

本来は問題の提示にとどまらず、新型コロナ以後の交通・都市・社会のあり方について具体的に提言すべきであろう。しかし現時点では、新型コロナがいつどのように収束するかの予測は困難である。この点については稿を改めて論じたい。

なお本書で使用する用語について補足する。「リモートワーク」と「テレワーク」は異なる意味で使用される場合があるが、就労者が通常の執務場所と異なる場所（多くは自宅）で執務することをまとめて「リモートワーク」とする。また「マイカー」についても、クルマ・マイカー・自家用車などさまざまな表記がみられるが、本書ではバス・タクシー等を除いた自動車による個別的な人の移動を指す。個人が所有する車両をみずから運転するケースが主となるが、リース車両・レンタカー・カーシェアリングや、法人が所有する車両を個人が運転する場合、農山村で多用される軽トラックのような車種も「マイカー」に準ずるものとする。

本書では多くの先人の研究成果を引用させていただいた。文献・資料の正確な引用に努めたことはもちろんであるが、横書きの文献の引用に際して数字の表記や括弧の使用を和文式に修正し、工学的な単位を片仮名書きにするなど便宜的な統一を施している箇所がある。また法律・政省令・自治体の条例、その他の公文書等は最新の正文がウェブサイト等で容易に参照できるので出典の記載は省略した場合がある。

1 感染症と交通の視点

感染症対策と「交通」

新型コロナに関する問題はきわめて多岐にわたるが、本書では特に「交通」に関連するテーマを取り上げる。単に感染症下で鉄道やバスをどうするかの議論にはとどまらない。現代は農家の人でもスーパーで買い物をしたり宅配便で商品を取り寄せて生活を営む時代である。人々の暮らしに不可欠な要素として「衣・食・住」と言われるが、これらはいずれもその場に現物が存在しなければ意味がない。物が人に、あるいは人が物に移動するかのいずれかしかない。いわゆる「ネット通販」で発注はできるが、インターネットは物質転送機ではない。

商品を製造するための原材料の調達に始まり、最終的に注文主に届けるには、人と物が物理的に動かなければならない。その移動がなければ最終的には生命にかかわる問題に発展する。交通は社会のあり方に深く関連する根本的な問題である。全国各地で新型コロナに関連して多くの問題が起きているが、冷静に考察すると新型コロナそのものに起因して新たに発生した事項はほとんどない。もともと存在していた問題が顕在化あるいは増幅され、あるいはいずれ顕在化が不可避だった問題が時期を早めて起きたと考えるべきである。多岐にわたる問題に共通の要因を抽出してゆくと、感染症対策そのものが「交通」の観点抜きでは語れないことに気づくはずである。

第一の観点は、人々にとって交通とは何か（何だったか）である。新型コロナ以前には何の制約もないかのように思われていた通勤・通学・買い物・出張・観光・娯楽などが突然に「自粛」を求められ、

「ステイ・ホーム」が呼びかけられた。そこで改めて、人々は何のために、どうやって移動していたのか、交通が制約されたらどうなるのかを考えさせられる契機にもなった。ただし「何の制約もないかのように」というのは、新型コロナ以前でも心身の障害や経済的な条件で移動を制約されていた人々がしばしば交通の議論から抜け落ちていたからであるが、この点は後述する。毎年のように発生する風水害や、程度の差はあれ一生のうち何度か体験する震災・津波では「交通の途絶」が発生するが、それは一時的であって、数か月ていどの期間で順次復旧するか、少なくとも代替手段が提供されることを誰もが暗黙の前提と考えていた。しかし新型コロナではその前提を揺るがす事態も発生した。

　新型コロナに関しては、多くの面で人権の侵害が発生しているが、交通もその一つとして捉えるべきである。外出しない（できない）ことによる身体的・精神的健康レベルの低下による「外出自粛死・経済自粛死」のほうがコロナ死を上回ると指摘する研究者もある。これも交通にかかわる課題である。以前よりはバリアフリー対策が進展したとはいえ、以前から日常の外出を制約されていた障害者の移動の権利が自分自身の問題となり、認識を改めたという意見も聞かれた。もちろん、新型コロナ以前から経済的・身体的条件により移動を制約されていた人々はさらに強い制約を受けることになる。

　第二の観点は、新型コロナあるいは今後も起こりうる感染症の制約下での交通をどうすべきかである。新型コロナに関してこれまで専門家以外には知られていなかった「ＰＣＲ（Polymerase Chain Reaction・ポリメラーゼ連鎖反応）」の用語が俄かに注目された。ＰＣＲとは新型コロナ検査に固有の名称ではなく、微量のＤＮＡサンプルを検査その他の目的に可能な量にまで増幅する技術である。ＰＣＲは一九八〇年代に開発され、その代表的な研究者であるキャリー・マリスはノーベル賞を受賞している。

ＰＣＲは新型コロナウイルスにも存在するＤＮＡの断片の配列を検出できるが、ウイルスが粘膜の細胞の表面に付着しているだけで自然免疫の力で細胞内へ侵入していない（感染が成立していない）場合や、新型コロナでない類似のウイルスでも陽性反応が出る可能性がある。[注1] また増幅する方法によっても結果(陽性・陰性)が逆転する。ＰＣＲそのものの不確実性に加え、連日報告される新規陽性者数は曜日による検査数の影響を受けるなど、統計的にも不安定である。ＰＣＲ陽性は新型コロナ感染の「可能性」の一つではあるが確定はできない。特に治療目的ではＰＣＲだけで断定すると誤った治療方針により危険を招くと注意されている。

ＰＣＲについて一九八〇年代から先駆的に紹介した尾関章（科学ジャーナリスト）は、ＰＣＲによってたしかに人は感染を「知る」ことはできるが、「知った」あとどうするのかについての視点が欠落していたと指摘する。「なによりも、陽性とわかった人が行き場を失ってはならない。患者数に見合った病床を確保できること、無症状者の隔離施設のあてがあることが不可欠だ。それだけではない。検査を受ける人の交通手段は？隔離中の食事やゴミ捨ては？といった問題も出てくる。会社などの職場は、内部に感染者が出たときの対応策も求められる……。私たちは、ＰＣＲ検査で可視化される事態に備えたプランをあらかじめ用意しておくことが必要だったのだ[注2]」という。その欠落していた視点の中で重要な位置を占めるのが「交通」である。

新型コロナに関して、感染が疑われる場合は相談センターを通じて「帰国者・接触者外来」を紹介するとされている。具体的な場所はウェブサイト等では公開されていないが「来所する際には公共交通を利用しないように」と案内している。受け入れ箇所は一定の設備が整った施設に限られるので、特に地方都市では面積に対する配置密度は低く、場合によっては数十kmの移動が必要となる。この問題に限らず、新型コロナ対策全般が暗黙のうちにマイカーの利用を前提としている。しかしマイカーを使えない（所有しない）人・世帯はどのように移動するのだろうか。感染症という性質から近隣の人や知人に乗せてもらう方法も使えない。筆者が実際に聞いた例では、神奈川県横浜市でも八km歩いたという人がいる。大都市圏の横浜市でさえこの状況では、地方都市や農村部ではさらに困難な状況に陥る。図1―1は群馬県前橋市で見かけた看板である。「飲酒運転禁止」の看板はよく見かけるが「発熱運転」とは何のことか一見して理解できなかった。周辺の他の掲示物などから、発熱症状が

図1―1　「発熱運転」の立て看板

図1—2　最寄り保健所までの人口の分布

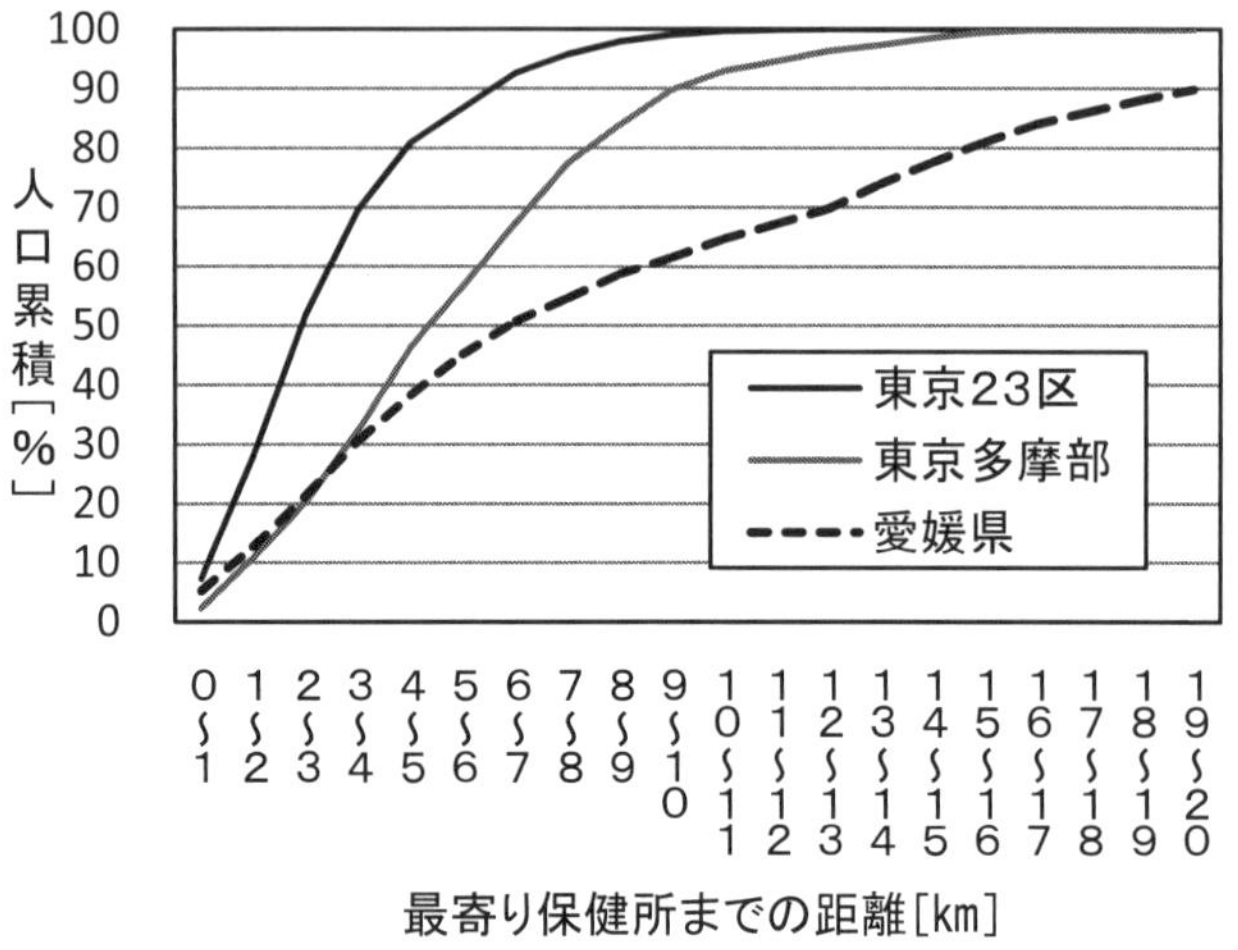

ある時は新型コロナの可能性があるから運転するなという呼びかけと理解した。しかし国内で有数の「車社会」で、あらゆる社会インフラがマイカー前提に作られている群馬県で、マイカーを使わずに移動できるだろうか。

全国の平均からみれば、財政力が豊かで各種の社会的インフラが整っていると認識される東京都でさえ、二三区（特別区）と多摩部では医療・福祉・教育などの面で「多摩格差」と通称される格差が存在する。小池都知事は二〇一六年七月の都知事選に際して「セーフ・シティ」とする分野で多摩格差ゼロを掲げていたが、具体的な進展はみられなかった。さらに今回の新型コロナでは、人口あたりの保健所数や医療機関数の差が指摘された。図1—2は東京二三区と東京多磨部、および大都市圏以外の例として愛媛県について、最寄りの保健所までにどの程度の人口がカバーされているかを示す。東京二三区では四〜五kmで人口のおおおむね八割程度が到達できるが、東京多磨部でそれがカバーできるのは八㎞、愛媛県では一五㎞以上となる。今回の新型コロナのような感染症の場合に、公共交通機関を使わず家族以外の相乗りも制約されるとすれば、マイカーが利用できない住民は事実上保健所に到達する手段がない。

放置されていた対策

今回の新型コロナでは多くの混乱と被害が生じた。しかし全く未経験の事態ではなかった。SARS[注3]（二〇〇二～〇三年）・新型インフルエンザ[注4]（H1N1・二〇〇九年）・MARS[注5]（二〇一二～一三年）では、国内では幸いにも少数の感染者のみで収束した一方で、検討課題の抽出が行われていた。二〇二〇年五月二五日に緊急事態宣言が解除された後、新型コロナに関する一連の政策に関する事後評価がみられるようになった。

厚生労働省が新型インフルエンザ収束後の二〇一〇年にまとめた報告書の提言が放置されてきたとの指摘がある。[注6]提示されていた課題としては「国の意思決定プロセスを明確化、議論の過程の公開」「国立感染症研究所や保健所の組織強化や人員増」「PCRその他検査体制の強化」「臨時休校のあり方の検討」などである。これらはまさに今回の新型コロナで大きな混乱を招いた諸点である。民主党政権成立による下野期間（二〇〇九年九月～二〇一二年一二月）の自民党の「政策集（マニフェスト）」[注7]には感染症対策の項目が多数取り上げられている。特にその中でも「また、今回のインフルエンザ感染における最大の教訓は、国内において必要なワクチンを供給できる体制ができていないことでした」

と明記している。それにもかかわらず自民党が政権に復帰してから具体的に行動した実績はない。

交通に関しても同様である。国交省や関連組織では新型コロナ以前から感染症と交通に関わる検討を行っていた。[注8] 対策面ではマスク・手洗い・消毒液・車両の消毒等が例示されているが、これは新型コロナでも変わるところがなく、それから特段の進展がないともいえる。「ソーシャル・ディスタンス」として知られるようになった対人間隔もすでに検討されており、かりに二mの間隔をとると電車一両に一八人しか乗れないとの試算が報告されている。それでは首都圏の交通機能は維持できないので、通勤手段を失って欠勤せざるをえない従業者に対する所得補償も提起されている。そもそもこれは鉄道の問題ではなく、より上位の政策課題として検討しておくべきであった。なおこの当時は、公共交通の従業員に感染が拡大して欠勤が増加した場合に運行がどのていど維持できるかについても検討されていた。新型コロナでは、公共交通従業員の感染は散発的に報告されたものの、運行に支障を来たす影響はなかった。

対策が放置されてきた要因として、「縦割りの論理」「既得権益にしがみつく」「組織の防衛が最優先」など官僚組織の欠陥を指摘する意見もある。[注9]

人々の移動要求

二〇二〇年六月一九日に都道府県間の移動自粛が解禁された後の初の週末となった同二〇日には、都心から地方に向かう高速道路や有料道路の各所で早くも渋滞が発生した。[注10] また高速道路各社は、通行量を抑制するため同四月二九日から休日割引を適用しない措置をとっていたが、同二〇日から割引を再開している。人々の「移動の欲求」は抑えがたい強さがあるようだ。今回の新型コロナを「戦争」にたとえる言説が多くみられたが、日中戦争が継続中の一九四〇年頃までは、戦時需要で部分的には経済が活性化した背景もあって、日本精神涵養や戦勝祈念などと称する事実上の観光旅行も盛んであった。

次いで一九四一年一二月の対米英開戦以降は、国民の自由な移動は制限され不要不急の旅行の自粛が呼びかけられた。戦局が決定的に不利となった一九四四年三月からは「旅客ノ輸送制限ニ関スル件」により、軍務・公務以外の一〇〇㎞を超える乗車券の購入には警察署の証明書を必要とするなど一般市民の移動は制限された。ところが食料不足により都市住民の「買い出し」が不可欠となるなど人々の移動を抑えることはできず、一〇〇㎞ごとに切符を買い直したり、短区間の乗車券で意図的に乗り越す[注11]などの便法が横行して実質的な効果は乏しかった。しかも規制は私鉄には適用されなかったので、関東では小田急・東武、関西では近鉄など比較的長距離の路線を有する私鉄が利用された。ついには事務の煩雑さに警察が耐えかねて同年九月には制度が廃止されてしまった[注12]。

戦時中の市民の旅行事情を詳細に記録した宮脇俊三の著書では、南方の島々で玉砕が伝えられるようになる一九四四（昭和一九）年三月になっても、表向きは「物見遊山は敵」と呼びかけられながら私的旅行は可能であり、東京から山口県の秋芳洞を訪れたが意外にも多くの観光客がいたという[注13]。官僚が考えただけの実効性のない制度は、政府に強制力が付与されていた戦時中といえども維持できなかった。

交通は人権である

日本国憲法では多くの基本的人権を記述している。「集会、結社及び言論、表現の自由（第二一条）」「居住、移転及び職業選択の自由（第二二条）」「学問の自由（第二三条）」「健康で文化的な最低限度の生活を営む権利（第二五条）」「教育を受ける権利（第二六条）」「何人も、裁判所において裁判を受ける権利を奪はれない（第三二条）」などである。しかしその際に移動の自由あるいは権利が議論の対象になることはなかった。憲法には「移動の権利」という明記はないが、前述の権利を実際に行使するには自由に移動できることが前提である。「リモート」で実現しうる項目はほとんどない。

今回の新型コロナを契機に「移動の自由」の制限を議論すべきときが来たという議論さえみられるようになった。[注14] しかしこれは「戦争（あるいはそれに相当する事態）だから人権の制限はやむをえない」という発想と同じである。従来から経済的・社会的制約による移動の自由の制約により、憲法に記載された権利や自由を行使できない人々が存在するが、今回のコロナ災害は、多くの側面で従来から存在したさまざまな格差や差別を拡大する影響をもたらしたが、新たに深刻な事態が生じている。コロナ災害以前の日本では、外出や旅行（国内あるいは渡航）の自由は議論するまでもない当然のことと認識されていたが、コロナ災害の発生後は、法的強制力はないものの「自粛」としてその自由が制約された。

さらに「国内パスポート」を提案する論者さえ登場した。[注15] すなわち感染や免疫に関する証明を受けなければ一定の地域を越える移動ができないという規制である。しかし証明を受けたとしてもその時点以降の感染や免疫の証明にはならない。平常時に国内で都道府県（三大都市圏）境を越える移動人数は年間約六〇億人、一日平均で一六〇〇万人である。[注16]かりにその十分の一に制限するとしても、移動のたびに検査を受けるなどという対策が可能だろうか。およそ数量的な考察に欠ける非現実的な提案である。

憲法第二七条には「すべて国民は、勤労の権利を有し、義務を負ふ」とあり、勤労は義務であると同時に権利でもある。生活保護の受給に対して「働かずに金を手にしている」と解釈するバッシングが今もしばしばみられるが、就労の意思があるのに交通手段がないためにその機会が得られないのであれば、義務の履行を怠っているのではなく、逆に権利の侵害として捉えるべきである。日本では海外ほど強力な移動規制はなかったが、企業によっては公共交通での通勤を禁止した例がある。[注17]このような状況が常態化すれば、マイカー所有の有無で就労の機会に格差が生じる。

愛知県に本社を置く工作機械メーカーは二〇二〇年四月初旬時点で、全国の業務拠点で鉄道・バス等の公共交通機関での通勤を禁止した。[注18]マイカーや自転車で通えない場合は在宅勤務や有給休暇などで対応するとしているが、製造業なので在宅勤務で対応できる業務は限られるであろう。電車通勤を理由に解雇された事例も報告されている。和食店で長年働いてきた従業員が「電車通勤の者は感染リスクが高い」として雇用主から解雇を通告された。[注19]

現実の問題として小企業では、代替通勤手段の提供や、在宅でも可能な業務への職務転換は不可能であろう。以前から正規・非正規雇用者の格差も指摘されている。待遇の差にとどまらず、コロナ災害に起因して、あるいはそれを口実として非正規雇用者から先に解雇される事例がたびたび報告されている。収入が途絶えるとただちに生活に困窮する非正規雇用者がマイカーを購入・所有することは難しい。マイカーがないと就業機会が奪われる問題はこれまで中小都市・農山村の課題であったが、これからは大都市でも起きる可能性がある。

移動規制は人々を守るか

二〇二〇年四月一七日には岩手県知事が「新型コロナウイルス感染症の感染拡大防止のためには、本日から五月六日まで、大型連休期間を含めて、不要不急の帰省や旅行など、都道府県をまたいで人が移動することは極力避けなければなりません」とのメッセージを公開した。二〇二〇年四月二四日には徳島県知事が「大型連休を控え、五月六日までの間、生活必需品の販売業者を除く事業者の方々におかれましては、お客様が来られた際に、『県外客』でないことを確認し、『県外の方』は入場を『お断り』するなどの対応を行っていただくようお願い申し上げます」とのメッセージを県公式サイトに公開した。その他の県知事も排他的なメッセージを表明している。

「感染拡大防止のため人の移動を制限する」という対策は一見妥当なようであるが、外出規制は拡大防止効果がないという検討も示されている。[注20] また過剰な外出規制が人々の健康レベルの低下をもたらし、コロナそのものより大きな被害をもたらすという指摘もある。[注21] 強力な自由の規制は失業や飢餓の恐怖を増幅し、人間に備わる免疫力を弱めて感染者を増やす方向に作用したのではないかという。

図1―3　都道府県境を越える人の移動と感染確認者数

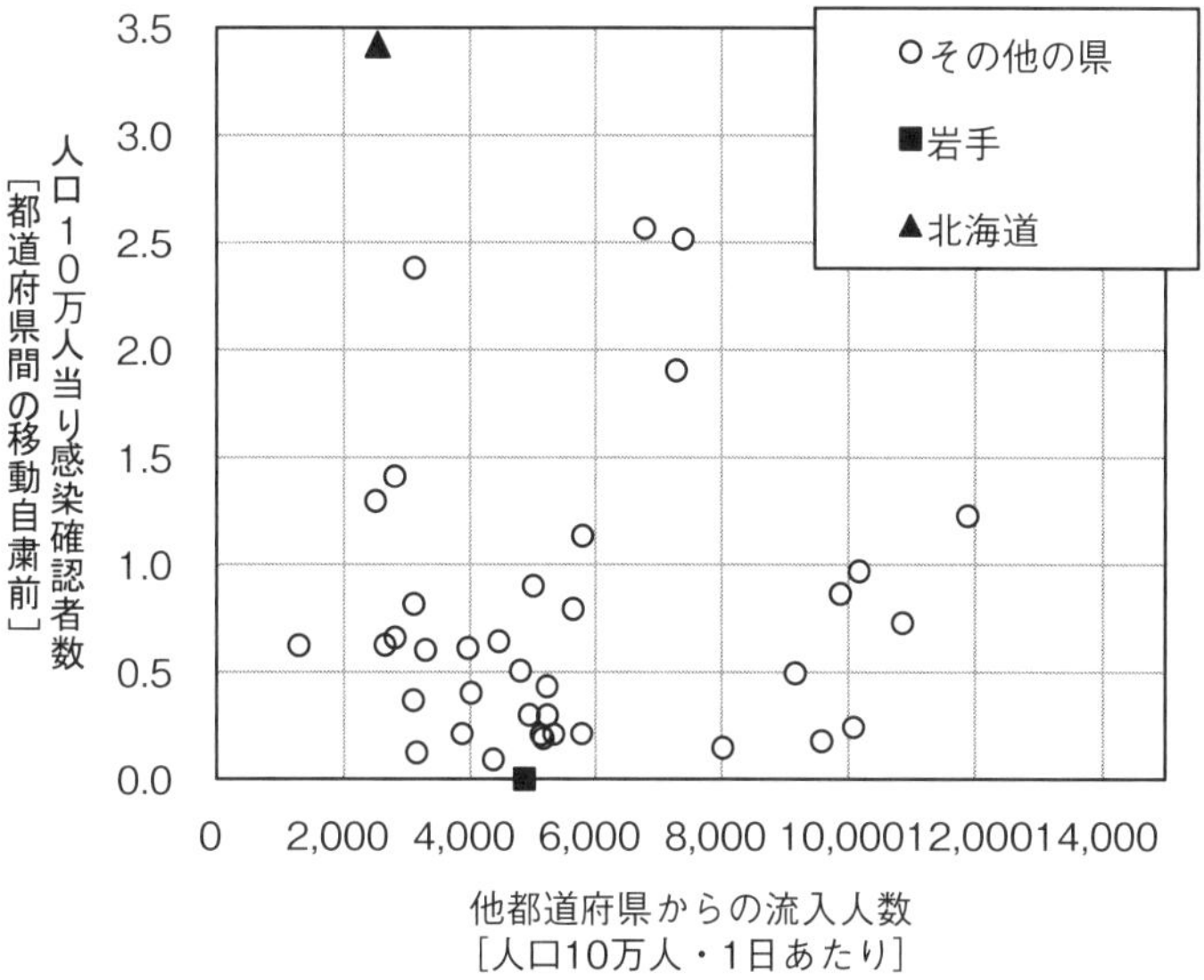

スウェーデンが欧州の中では例外的に強いロックダウン（都市封鎖）を行なわなかったため他の欧州諸国より被害（人口あたりの死者数など）が拡大したとの評価がある。スウェーデンの方針については集団免疫戦略（多くの人が感染して免疫を獲得することで拡大を収束させる）を採用したためとの説明が多くみられたが、これは事実ではないと指摘されている。むしろ対応には長期化が不可避とみて、国民・社会が長く耐えられる持続可能な対策を志向したためという。[注22]

またコロナ以前より、外出は健康レベルの維持向上に役立つという調査[注23]が報告されており、それが地域公共交通を公費で維持すべき根拠としても提示されている（第3章参照）。市中医療機関の医師は「コロナ対策より生活習慣病や筋力低下に気をつけるほうが重要」「健康という観点では、高齢者にとって［自粛］はマイナスな点が多い」と指摘している。[注24] もし人の移動が感染を拡大しているのであれば、人の移動量（あるいは接触機会）と感染者数の間に何らかの相関がみられるはずであるが、明確な証拠はみられない。

国土交通省の「全国幹線旅客純流動調査（第2章参照）」という都道府県境を越える人の移動の統計がある。ただし三大都市圏の各エリア内については、日常的に都府県境を越える人の移動が大量に生じており一体と考えられるためデータから除外されている。図1―3は各道府県について、道府県境を越えて流入する人の数と感染者数の関係（いずれも住民人口一〇万人あたり）の比較である。なお感染者確認数は移動自粛がまだ本格化していない二〇二〇年三月まで（緊急事態宣言前）を示す。

図の○は、三大都市圏以外の都道府県を示す。▲は北海道、■は岩手県を示す。報道されるように岩手県は二〇二〇年七月二九日まで感染者ゼロであったが、県境を越えて流入する人数（人口あたり）が岩手県と同程度の他の道府県でも感染者確認数は大きく異なる。客観的な検討なしに、漠然とした不安だけで県境をまたぐ移動の自粛を掲げても意味があるとは思われない。むしろ「他県ナンバー狩り」など過剰な反応を誘発する原因になっているように思われる。

感染症対策の対象は「ふつうの人」だけ

現在では一般用語となった「バリアフリー」が普及する契機となったのは、国連の「経済・社会委員会（Economic and Social Council）」が一九七四年に国際連合障害者生活環境専門家会議が公表した報告書[注25]であるとされる。報告書では、従来の建物・道路・空間は架空の人間像、すなわち身体的にもっともよく適応できる壮年期の男性（暗黙に女性を除外している）を前提としているが、そうした条件を限定してゆけば、実際にそれに該当する人間は社会全体のうち少数であると指摘している。報告書ではそのような架空の人間を「Mr. Average」（日本語でいえば「ふつうの人」）と呼んでいる。

今回の新型コロナに関するさまざまな対策や提案をみると、まさに交通の面における「ふつうの人」しか念頭にない。すなわち「大企業に所属する正社員のホワイトカラーで、リモートワークが可能であり、自宅ではマイカーを自分で運転可能」などの条件である。二〇二〇年五月四日に厚生労働省が発表した「新しい生活様式」は、まさにこの「ふつうの人」が暗黙のうちに想定されている。その条件に外れる人々は視野に入っていない。筆者も「ふつうの人」ではないだけにこの問題は切実である。

政権との不明朗な関係でしばしば批判の対象となる「株式会社電通（以下「電通」）」は二〇二〇年二月二五日に、本社社員の新型コロナ感染が確認されたため本社の全従業員をリモートワークにすると発表した。[注26]しかしこれを先進事例と評価してよいであろうか。この時点では国・東京都ともオリンピック開催に固執しており、安倍首相（当時）は同二六日に「開催に全力を尽くす」と発言している。「電通」の本社は情報と金をやり取りしていればよいから在宅勤務が可能かもしれない。しかし五輪の開催を強行する以上は、関連工事や各種の準備実務は追い込みの時期にかかっていた。情報を取り扱う分野であっても、企画や原稿の作成はリモートで可能かもしれないが、それらの印刷・掲示などは決してリモートではできない。

筆者は建設現場での勤務経験があるが、チームでの仕事なので常に一緒に行動しなければならず、宿舎も食事も一緒で、しばしば飲み会にもつき合わなければならない。まさにクラスターが発生しやすい環境であるが自分だけ抜けることはできない。実際に季節性インフルエンザの流行期には感染者が多かったが、多くの人は無理をして出勤していた。「電通」本社が在宅勤務だというなら、同時に五輪関係の工事や準備も停止すべきではなかったか。一方で現場労働者の多くは、休むと収入が途絶える非正規雇用である。これまで建設現場でのクラスター発生の報告は少ない[注27]。筆者の経験では、作業中の事故で傷害が発生したのに、被害者側から「黙っていろ」と強要されたことがある。クラスターが発生しやすい環境にもかかわらず報告例が少ないのは、作業の停滞を怖れて報告しない・検査を受けないなど何らかの要因があるのか今後確認の必要がある。

労働基準法では、労働者が雇用主の指示で自宅待機になった場合は平均賃金の六割の休業手当の支払いが決められている。法的にはこれは非正規労働者も対象となっているが、立場の弱い非正規労働者に対しては実態として守られていない。仮にこれが実施されても、もともと余裕のない生活をしている非正規労働者では、収入が六割になれば非常に追い詰められた状況になる。また自主的な自宅待機では補償の対象にならない。労働法制の専門家は、もともとの制度が正社員しか対象にしていないと指摘している[注28]。

コロナで拡大した「格差」

米国の学者ジョン・ゼルナーは「感染症は不平等のリトマス試験紙」と述べている。感染症の被害は社会的・経済的弱者ほど深刻に作用するからだ。極端な例はホームレスの人々だが、低所得者は混み合った環境で暮らし、休めない、あるいは遠隔勤務が不可能な仕事に就いている人が多い。ゼルナーは「家の中にこもるにしても、食料品店には行かなければなりません。では、食料品店で働いているのは誰でしょうか。必要なものをネットで注文すれば、外出せずに済むでしょう。しかし、誰がその荷物を運ぶのでしょうか[注29]」と指摘している。

経済政策はまさに公衆衛生の観点と手法でも評価することができる。デヴィッド・スタックラーとサンジェイ・バスは「あなたの住所の郵便番号を見れば、ある程度平均余命がわかってしまうといっても過言ではなく、それほど健康と社会環境は密接な関係にある[注30]」と指摘している。国民一人あたりのGDP（米ドル基準）が日本よりはるかに上位にある米国でも、経済的な要因で初期医療にアクセスできない（躊躇する）ため死亡したり重症化する事例が多いことが指摘されている。同書は基本的には緊縮財政批判の観点で書かれている。

一般に知られる米国の大恐慌後のニューディール政策（一九三三年のルーズヴェルト大統領就任から第二次大戦勃発まで）は景気刺激策として知られている。日本ではニューディールを象徴する施策としてダム工事など公共工事の実施であるかのように認識されているが、ニューディールは雇用創出とセーフティネット強化を主軸に据えたものである。連邦政府の政策ではあるがその導入は週によって濃淡があり、積極的な州では住民の健康レベルが改善したが、消極的な州では逆であったという。そうした歴史がありながら、現在の米国の状況はかなり厳しい。スタックラーらの著書では新型コロナの拡大は予想されていないが、米国内では、公衆衛生のレベルが低い貧困国のできごとかと思うような感染症の蔓延がたびたび発生している。米国南西部に土着する感染症のコクシジオイデス症（「渓谷熱」等の通称がある）や、二〇〇七年のカリフォルニア州のウエストナイル熱蔓延による非常事態宣言の発出（当時の知事は著名俳優のアーノルド・シュワルツェネッガー）などである。さらに国民保険制度がなかった（二〇一〇年にオバマ政権でオバマケア法が成立したが、二〇一七年のトランプ政権で見直しが行われている）ことがそれを助長した。新型コロナに関しても、米国内での死者の多さは経済政策と密接に関連しているのではないかと考えられる。

現時点で米国で保険に加入していない人が新型コロナに感染したとすると、四七〇万円～八二〇万円の自己負担が発生すると試算されている[注31]。前出のスタックラーらの著書では「民主的な選択は、裏づけのある政策とそうでない政策を見分けることから始まる。特に国民の生死にかかわるようなリスクの高い政策選択においては、判断をイデオロギーや信念に委ねてはいけない。正しくかつわかりやすいデータや証拠が国民に示されていないなら、予算編成にしても経済政策にしても、国民は政治家に判断を委ねることができない。その意味で、わたしたちはこの本が民主化への第一歩となることを願っている」と指摘している。これはまさに日本の新型コロナ対策の規範としなければならない。

米国での調査であるが、リモートワークで仕事を続けることができた人は大学卒業以上で全体の六二％であった一方で、高卒では二二％にとどまった[注32]。日本で同様の調査は知られていないが、同じ傾向がみられると思われる。また日本での二〇二〇年二月～五月に関東地方の一二二六人に対する意識調査によると、新型コロナと疑わしい症状が表れた八二人のうち、五一人は発症後七日以内に出勤していた。このうち三三人は在宅で仕事ができない、二八人は休むと給料が出ない、一三人は解雇される心配があるとの理由を答えている。[注33] 調査者は「仕事は職場でするものという風潮を変え、体調不良時に無理に出勤せずに済む環境整備が必要だ」として自己隔離の意識を高めるように提言している。しかし収入が途絶えたり解雇されるおそれがあれば出勤を止めることは困難である。収入の途絶は生命・健康のリスクに直結し、「確率」にすぎない感染リスクより重大と考えられるからである。出勤が困難な人に対してリモートワークでもできる仕事をシフトするといった対応は大企業でなければ困難である。制度や社会的な体制が整備されていないのに本人の意識の問題による対応を求めても現実的ではない。

新型コロナ下でも、路上生活者や生活困窮者の支援活動を続けている人たちがいる。意外とも思えるが路上生活者の新型コロナ感染率は低いとの報告がある。こうした人々は心身の状況が良好ではなく、高齢であり「情報弱者」でもあるため、一般的には感染症のリスクが高いと考えられる。しかし基本的な「三密回避」「マスク」「消毒」の徹底により感染が防がれているという。路上生活ゆえに以前からマスク着用率が高かったことも影響しているのではないかと推定されている。感染症に対するリスクが高い環境でも基本的な対策により感染が防がれていることは、全ての人に対しても基本的な対策が重要であることを示唆している。[注34]

感染症を数式で解く

感染症に関する専門家の会議体として、もともと二〇一二年に「新型インフルエンザ対策特別措置法（当時）」に基づく「有識者会議」が規定されていた。しかし今回の新型コロナに関して注目された専門家会議（新型コロナウイルス感染症対策専門家会議）[注35]は特別措置法によらず、政府対策本部の決定により政府への提言機関として二〇二〇年二月一四日に設けられた。当初から医療現場に通じた医師が少なく、社会経済の専門家もいないと批判もあった。[注36]「提言機関」という曖昧な位置づけから専門家会議と政府の認識の相異もみられた。議事録を作成しないなどの問題もこの行き違いから生じたものと考えられる。また「八割おじさん」として注目を集めた西浦博（理論疫学、北海道大学・当時）は、正確には専門家会議の委員ではなく厚生労働省のクラスター対策班のメンバーであったが、「何も対策をとらなければ四二万人の死者・八五万人の重症者が発生する」「接触を八割減らせば一か月で新規感染者を大きく減らせる」等との見解を示した。[注37]一方で緊急事態宣言を発出した際の同四月七日の安倍首相（当時）の会見では「七割から八割削減を目指し」との文言となり、認識の相異もみられた。

その「八割」という数値はどのようにして提示されたのか。筆者は新型コロナ以前から、大学の授業で感染症の侵入と拡大のシミュレーションを取り上げてきた。分野は環境政策であるが、感染症は環境と深い関連を有するからである。たとえば国立環境研究所の五箇公一（生物・生態系環境研究センター）は、今回のコロナ感染症拡大は「自然からの警告」であると指摘している。[注38]従来は人間が活動しなかった領域にまで人間が侵入するようになったことや、生物多様性の破壊・地球温暖化・グローバル化の進展などが、今回のコロナに限らずこれからも起こりうる感染症や、それによる社会・経済被害の発生と拡大に関与しているという。また外来生物の侵入とその被害と感染症は類似した性格がある。筆者の授業ではこれまで一定規模の人口を有する架空の都市を事例として扱っており具体的な緊張感は欠けていたが、二〇二〇年からはそれが現実の問題となり愕然とした。理論（数理）疫学の分野で古くから用いられてきた方法は「ＳＩＲモデル」である。これはある地域の人口を、Ｓ（Susceptible・感受性人口、これから感染しうる人）、Ｉ（Infected・感染中人口、他者に感染させうる人）・Ｒ（Recovered・回復者あるいは免疫保持者人口）の三区分に分けて時間的変化をシミュレーションする。実際の計算手法は連立微分方程式を解くことであるが現在ではパーソナルコンピューターで容易に取り扱える。基本的なメカニズムは、ＳがＩと一定の確率で接触することにより新たなＩに変化（Ｉが増加）し、それが回復あるいは免疫を獲得してそれ以上感染させないＲに変化するＳ→Ｉ→Ｒの関係である。

ここでＳがＩと接触しても必ずしも一〇〇％感染するとは限らない。感染の確率は、感染症自体の感染力の強弱や、感染防止策すなわち手洗い・マスクなどにより変化するからである。感染力そのものはウイルスや細菌に固有の性質であって人為的に変えることはできないが、感染防止策により感染確率を低下させることが可能である。また接触数（出会い数）そのものを減らすことによりＩの増加を抑えることが可能である。これらの指標から総合的に「実効再生産数」すなわち一人の感染者が平均して何人の新規感染者を作り出すかの倍率が推定される。[注39] これが一以下（たとえば〇・九）となれば、〇・九×〇・九×〇・九×…のように〇に近づき、すなわち収束に向かう。ＳＡＲＳ（二〇〇二〜〇三年）・ＭＡＲＳ（二〇一二〜一三年）・新型インフルエンザ（Ｈ１Ｎ１・二〇〇九年）のように過去に事例がある感染症や、そのほか一般的な感染症については表１―１のようなデータが知られて

表1—1　実効再生産数の例

種類	実効再生産数（1人から何人に感染させるか）
麻疹（はしか）	12 〜 18
風疹	6 〜 7
H1N1	1.4 〜 4
MARS	0.8 〜 1.3
SARS	2 〜 5
エボラ出血熱	1.5 〜 2.5
新型コロナ	1.4 〜 2.5（推定）

いるが新型コロナでは過去に事例がなく、特に日本国内で「感染者」とされる数字はクラスター追跡で発見された数が主体で真の感染者の実数が不明なので統計的にまだ検証はできない。ただし最近の報告では一・一〜二・一との推定[注40]があり、日本での急拡大以前に推定されていた一・四〜二・五[注41]からそれほど乖離していないようである。

前述の単純なS→I→Rの関係に対して、実際の社会における感染症の動向をより現実的にシミュレーションできるように、いくつかの応用モデルが提案されている。図1—4は鎌倉章によるモデルである[注42]。ある地域に図のように「初期感染者」が参入したとき、感染者と「感受性人口」が接触し感染が発生する。ただし前述のように接触したら一〇〇%感染するのではなく、図のように「感染実現率」が介在する。現実の新型コロナでも、感染者と接触した人すべてが感染するのではなく、むしろ感染しない人の割合が多い。ウイルス自体の感染力は変えられないが、接触の状態は変えられる。また「他者接触ペース」は、この地域の住民が平均的に他者とどのくらいの頻度（一日あたり何人など）で接触するかの指標である。これは新型コロナ対策でもみられるように、行事や外出の自粛・学校の授業停止などの対策により変える（下げる）ことができる。「感染者外出率」は感染が確認された人や、無自覚で感染している人が外出を自粛することにより変える（下げる）ことができる。「平均回復日数」は治療法の開発など

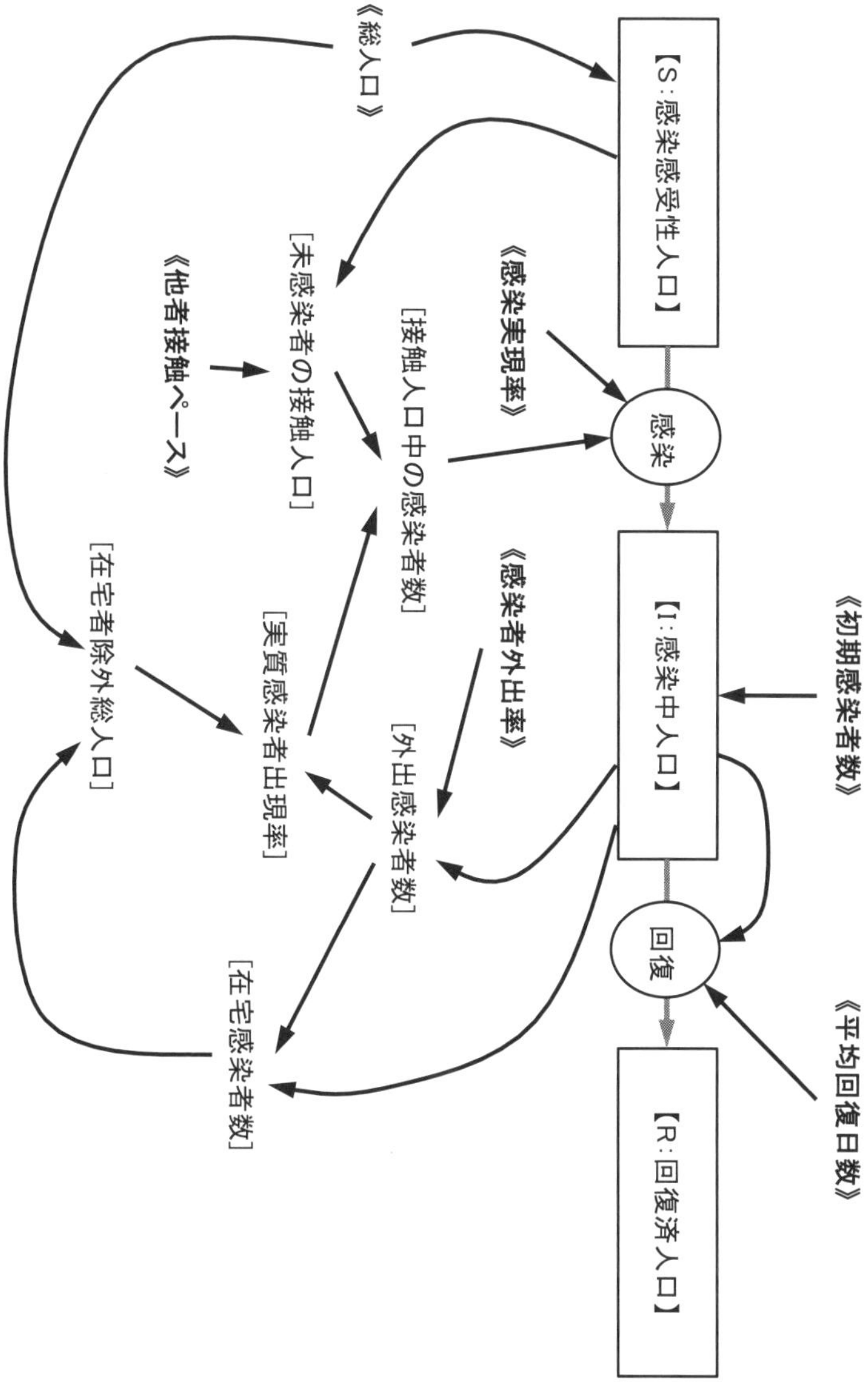

図1—4　ＳＩＲモデルの応用型

で変える（短縮する）ことが可能である。

このメカニズムに対して、総人口（たとえば東京都の人口など）・初期感染者参入数・他者接触ペース・平均回復日数・感染実現率・感染者外出率などに数値を設定してシミュレーションを行った結果が図1―5である。ただしこれはイメージであり正確な実数ではない。というのは実際に毎日発表される「感染者」とは「検査の対象となり発見された人」であって、それ以外の感染者の実数が不明であること、過去に経験がないため感染実現率など明確なデータが得られていない等の理由により、設定した数値が正しいかを確認できないためである。

「八割おじさん」の数字はどこから？

前述のような理由から実数としては正確ではないが、感染拡大あるいは抑制のメカニズムをイメージとして理解することができる。ある時に何人かの感染者が出現（海外からの持ち込みなど）したとして、すぐに急激な拡大が発生するわけではなく、このシミュレーションの設定では一〇〇日後あたりまでは緩やかに増加する。これは新型コロナの実例でも二〇二〇年の一〜二月中は毎日散発的に増加が報告されたレベルの状態である。しかしその後、何も対策を取らないと急激な増加、いわゆる「爆発」が発生する。図の黒太線は感染者数、黒細線は感受性者数、灰色線は回復者数を示す。一〇〇日前後から感染が拡大するが、一方で感染しても回復して免疫を獲得する人が増えてゆくため、感染者が際限なく増えるのではなく、一定期間後に頭打ちになり収束する動きを示す。なおこのパターンは、社会の多数の人々が免疫を獲得することによって感染の拡大を収束させる「集団免疫戦略」に相当する。しかしいずれ収束するといっても、感染者数のピークが数十万人の桁に達すれば「医療崩壊」をもたらし、また感染者の数に比例して死者が発生する。これに対して他者接触ペースを下げる（行事や外出の自粛・学校の授業停止など）、あるいは感染が確認された人が外出を自粛するなどの対策を取ることによりどのような変化が生ずるかを図1―6に示す。

無対策ケースに対して、他者接触ペースの抑制や感染者の外出率の抑制を行った場合、ピーク時の感染者数を抑えることができる。ただし図1―6にみられるように、ピークの山の高さ（ある時点での感染者の数）を抑えると、ピークが出現する時期は後に移動する。高さを抑えて、かつ収束を早くすることは両立できない。こうした検討のうち、ある設定を採用した結果が「八割おじさん」の数値である。

ただし前述のように日本の検査体制では「感染者数」として報告されるのはあくまで「発見された人」であって感染者の実数ではないため、シミュレーションの数値と現実の数値がよく合っているか、すなわちモデル自体やそこで設定した数値が妥当かどうかの検証はできない。

ここで紹介したＳＩＲモデルでも、死者四二万人という結果を「出そうと思えば」出すことができる。しかし「接触削減が八割なら感染が収束するが、それを達成しなければ爆発する」というほどの精度で論じられる数字ではないことに注意が必要である。前述のように感染者の実数と照合できないので確実な検証はできていないが、これまでのシミュレーションの印象としては、設定条件のわずかな違いで結果に大きな差が生ずる不安定な傾向もみられた。これと合致する専門家の見解もみられる。[注43]

図1—5　ＳＩＲ変化の一例

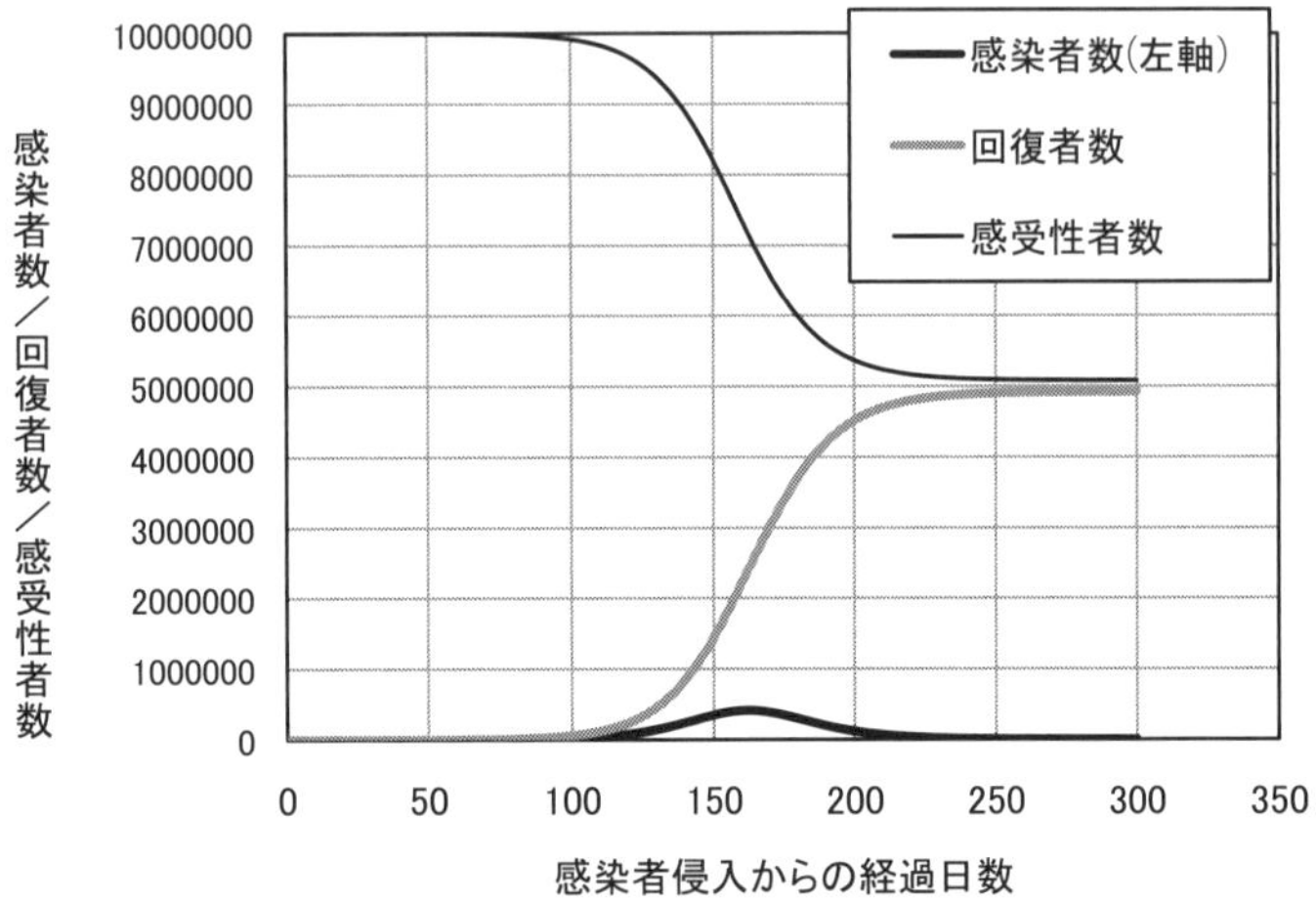

図1—6　対策をとった場合

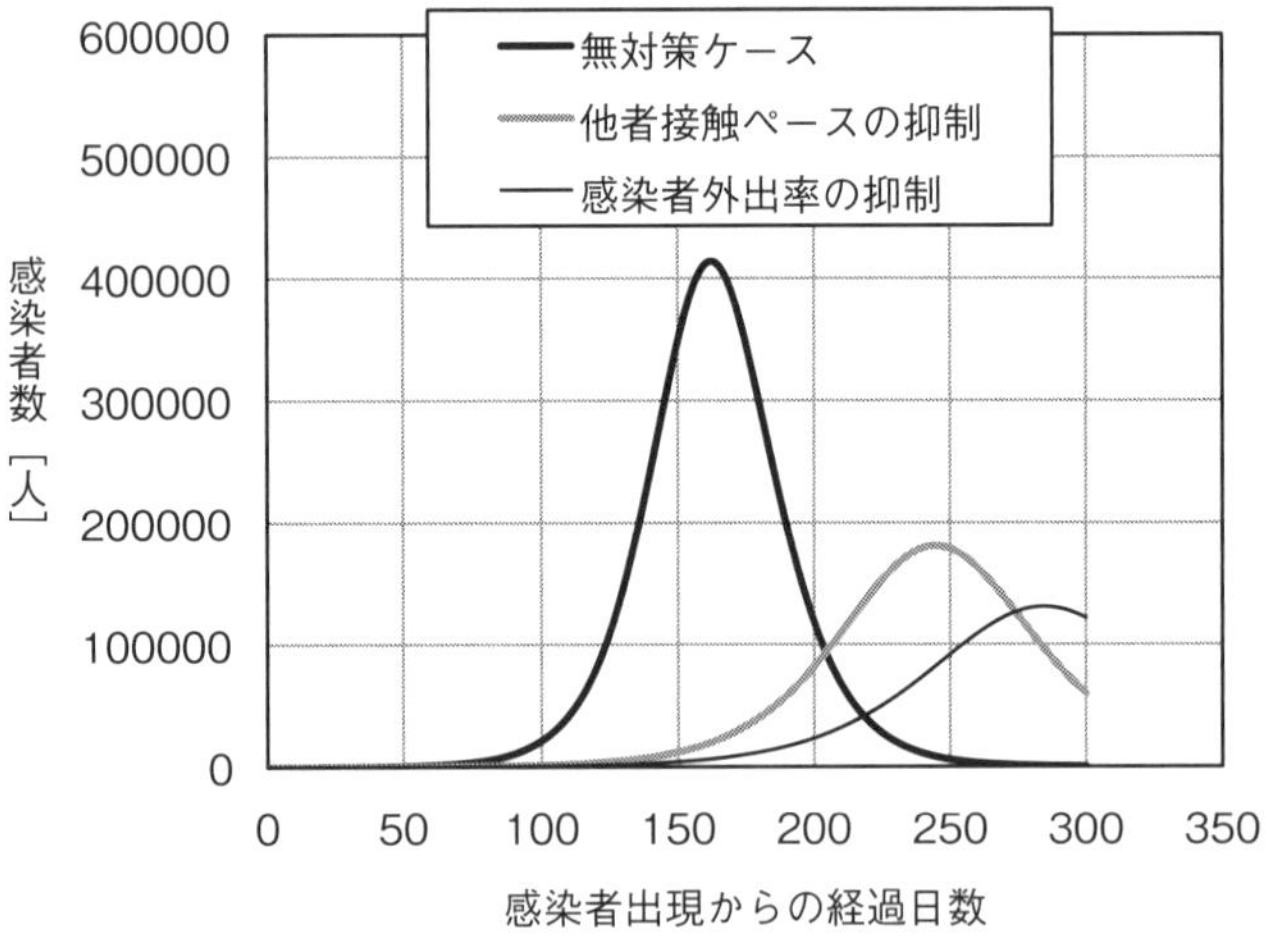

前述の「国内で四二万人の死者・八五万人の重症者」の予測は桁はずれで実態と一致しなかった上に、発言の時点で新規感染者の報告数はピークを過ぎていた。こうした点から「専門家はあてにならない」「危機感を煽るために意図的に大げさな数字を発表した」等の批判的な評価もある。自治体首長の中には、過大な予測に影響されて必要以上の規制を実施したために社会と経済に大きな損害をもたらしたとして「騙された」との反応さえあった[注44]。

しかしシミュレーションとはもともとそのていどの精度であることを認識する必要がある。こうした内容を説明しないから「一〇〇万人が徹底的に自粛生活をしても、数人の不注意な行動が感染爆発を招く[注45]」といった過剰な反応を誘発し、「自粛警察」や「他県ナンバー狩り」、医療関係者や感染者に対する不当な忌避行為、さらには公園で子供が遊ぶのを妨害するために砂場にカッターの刃を撒く[注46]などという愚行をもたらしたのである。

そもそも日本での新型コロナ対策はクラスター追跡に偏ったために検査総数が少なく、感染者とされる数字は発見された数のみであって実数が不明であることもシミュレーションの精度が期待できない原因となっている。

一方でいわゆる先進国の中でも、公衆衛生や医療体制の水準がそれほど違わないと思われるのに感染状況や被害に極端な差があることは、対策の巧拙ではなく、偶然の要素に起因する可能性がある。従って現象の解明も進んでいないのに「日本モデルの成功」などと吹聴するのは危険である。二〇二〇年六月四日の参院財政金融委員会で、麻生太郎副総理兼財務相は「民度が違う」と発言したが、このような認識もまた根拠がない。

「交通」を考慮したシミュレーション

前述のＳＩＲモデルはあるていど感染症の拡大や防止対策の手がかりにはなるが、欠点として、対象の人々を行動や属性（年齢・性別・職業など）が一様な集団として扱っているため、その中の地域的な分布や行動パターン（どこをどのように移動しているか）などの違いを反映できない。ＳＩＲモデルは学生寮の中でのインフルエンザ感染など小規模な事例では現実をよく再現できたとの報告がある一方で、市町村あるいはそれ以上の都道府県など大きな集団になると妥当性は疑問となる。実際の社会では複数の地域間で人の移動があり、人によって行動が異なるから出会い数も異なるなど単純なモデルでは表現しきれないためである。

このような個別の条件を考慮したモデルとして「個人ベースモデル」が試みられている。このモデルのイメージは、コンピュータ上に仮想的な人間（エージェントと呼ばれる）を発生させて、各々が個別に行動する方法である。[注47] エージェントは、各々の環境と一定のパターンにより行動する過程で接触が発生するとしてシミュレーションが行われる。報告の例では図１―７のようなモデルが提示されている。大人単身世帯・大人夫婦のみ・大人夫婦と子供一人あるいは二人の四パターンの世帯が設定され、大人の一方は電車を利用して会社に通勤し、もう一方は家事の仮定で自宅周辺で他者と接触し、子供は学校や幼稚園に通う。各々の場面で他者との接触が発生するともに、世帯内でも家族が相互に接触する。こうしたモデルと現実の人の動きを組み合わせて、より具体的に感染症拡大の動向のシミ

図1―7　個人ベースモデルのイメージ

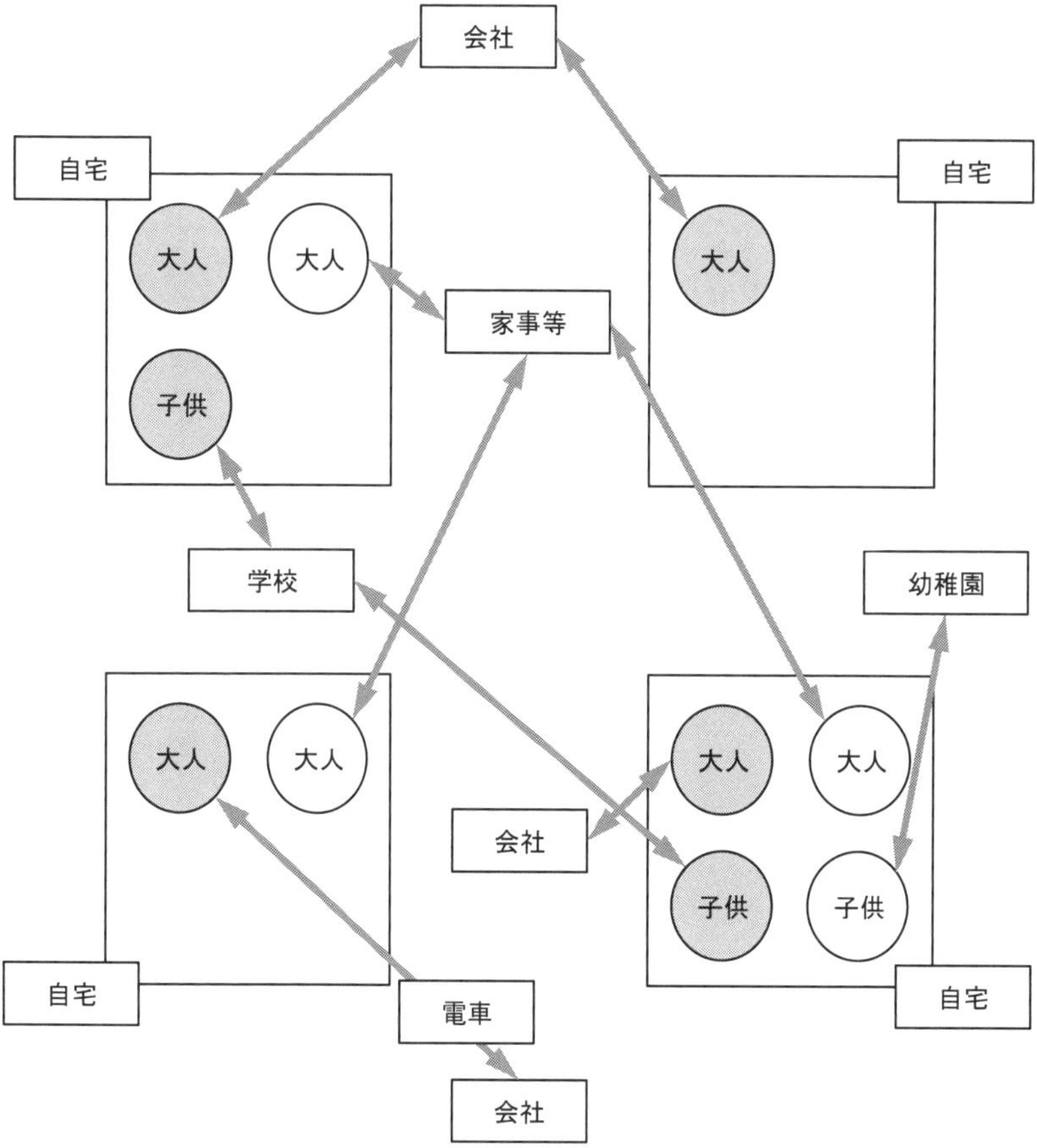

ュレーションを試みる方法である。行動のモデルを細分化してゆけば、いわゆる「夜の街」も再現することができるであろう。

ここで「交通」の観点が重要となる。人の動きとして重要なデータは「パーソントリップ調査」である（後述）。これは都市圏全体を対象に、誰が（年齢別、性別、職業別、障害など移動の困難性）・どこからどこへ・いつ・何の目的で・どのように（鉄道・バス・自動車など）移動しているかを大規模に調査した統計である。コロナを契機にGPSを利用して個人の行動を追跡する方法などが議論されたが、パーソントリップ調査における動きは個人情報ではなく統計的なデータである。プライバシー侵害の面から懸念があるGPS追跡などよりも、こうした既存のデータの活用でも多くの有用な知見が得られるはずである。

東京都市圏の人の動きのデータを用いてシミュレーションを実施した事例が公開されている。注48「何日目にどの地域でどのくらい感染者が出現するか」「鉄道の運行規制はどのくらい効果があるか」「学校一斉休校はどのくらい効果があるか」「ワクチンの供給に制約がある場合、どの集団に摂取するのが最も効果的か」などの評価に結びつけることができる。感覚的に感染をおそれているだけでは「自粛競争」「念のため競争」の連鎖が発生して経済的・社会的に無用な制約を招き、コロナ被害よりも、むしろ国民全体の健康レベルの低下に起因する被害のほうが上回る可能性もある。

こうした検討過程を筆者の大学の授業（二〇二〇年四月から全面的に遠隔授業となったが）で紹介したところ、学生から「このように説明してくれれば冷静に対処できるのに」という感想が数多く寄せられた。しかし政権スタッフの無知と責任回避、専門家の説明能力の不足、不安を煽る一方のメディア、真偽不明のインターネット（SNS）情報の氾濫などから、人々が論理的な説明に接する機会は乏しかった。

脚注

注1　岡田幹治「新型コロナは日本人にとって本当に「怖いウイルス」なのか」『ダイヤモンドオンライン』二〇二〇年八月六日。http://cl.diamond.jp/c/af7LcdgKs5hMcfai

注2　尾関章「「知る」ことの重要性をPCRで知る」『学術の動向』二〇二〇年六月号、七頁

注3　中国での流行を受けて厚生労働省はSARSを二〇〇三年四月三日に「感染症の予防及び感染症の患者に対する医療に関する法律（感染症法）」の「新感染症」に指定した。その後、外国人観光客の感染確認や、感染疑いが複数発生したが、大きな混乱はなく収束した（国内の状況についてのみ記載・以下同様）。

注4　二〇〇九年五月にカナダからの帰国者でH1N1の感染が確認され関西を中心に拡大した。いったん感染症法の指定対象となったが同六月には季節性インフルエンザと同様の扱いとなる。累計九〇〇〇万人以上が感染したと推定されるが、休校はあったものの移動規制の議論等はなく実数は不明のまま収束した。

注5　国内に対する影響はなし。

注6　東京新聞「PCR検査強化、保健所増員…一〇年前に提言されていたのに…新型コロナに生かされず」二〇二〇年六月二一日。

注7　「自民党政策集J―ファイル二〇一〇（マニフェスト）」https://jimin.jp-east-2.storage.api.

nifcloud.com/pdf/pamphlet/j_file2010.pdf

注8　国土交通省国土交通政策研究所「通勤時の新型インフルエンザ対策に関する調査研究（首都圏）」国土交通政策研究第一〇〇号、二〇一一年九月。https://www.mlit.go.jp/pri/houkoku/gaiyou/pdf/kkk100.pdf　国土交通省「公共交通機関における新型インフルエンザ等対策に関する調査研究―公共交通機関における感染予防策に関する検討―」二〇一四年三月。https://www.mlit.go.jp/common/001051394.pdf

注9　『日本経済新聞』「検証コロナ危うい統治⑴　一一年前の教訓放置」二〇二〇年六月九日。

注10　「東名一二キロ・京葉道路七キロ…さあ移動解禁、各地の高速で渋滞」『読売新聞』二〇二〇年六月二〇日ほか各紙報道。

注11　増運賃（罰金）を請求されたが、拘束や送還されるわけではなく実質的には移動できた。

注12　宮脇俊三『時刻表昭和史』角川選書、一九八〇年、一六七頁。

注13　同、一六三頁。

注14　野村明弘「西浦教授が語る〔新型コロナ〕に強い街づくり〔移動の制御〕を正面から議論すべきときだ」『東洋経済オンライン』二〇二〇年七月一六日。https://toyokeizai.net/articles/-/362956

注15　二〇二〇年五月二〇日衆議院予算委員会にて竹森俊平（慶応義塾大学経済学部）発言。『J－CASTニュース』「国内パスポート案に〔翔んで埼玉かよ〕国会で飛び出したアイデアに騒然」二〇二〇年五月二一日。https://www.j-cast.com/2020/05/21386410.html

注16　国土交通省「全国幹線旅客純流動調査」　https://www.mlit.go.jp/sogoseisaku/soukou/sogoseisaku_soukou_fr_000016.html

注17　日経（ウェブ版）「百貨店は時短拡大・バス減便　愛知独自の緊急事態宣言」二〇二〇年四月九

日。https://www.nikkei.com/article/DGXMZO57874370Z00C20A4L91000/?n_cid=SPTMG002

注18　「百貨店は時短拡大・バス減便 愛知独自の緊急事態宣言」『日本経済新聞』二〇二〇年四月九日。

注19　藤田和恵「四〇歳料理人をクビにした社長の酷すぎる言い分」『東洋経済オンライン』二〇二〇年六月一二日。https://toyokeizai.net/articles/-/354938

注20　「コロナで「ロックダウンは必要なかった」英大学研究チームの衝撃論文」『週刊新潮』ウェブ版、二〇二〇年五月二八日号。https://www.dailyshincho.jp/article/2020/05260556/?all=1

注21　和田秀樹「コロナ死よりはるかに多い［外出自粛死］［経済自粛死］の恐怖」『プレジデントオンライン』二〇二〇年五月一四日。https://president.jp/articles/-/35376

注22　翁百合「誤解されたスウェーデン「コロナ対策」の真実「集団免疫戦略」ではなく、「持続可能性」を重視」『東洋経済オンライン』二〇二〇年八月一六日。https://toyokeizai.net/articles/-/369313

注23　たとえば北詰恵一・江斌・市橋愛彩「健康まちづくりのための外出意向と健康関連指標の関係性分析」第六〇回土木計画学研究発表会・講演集（CD―ROM）、二〇一九年一一月。

注24　原田文植「東京の町医者から見えるコロナ感染蔓延の現実」『東洋経済オンライン』二〇二〇年七月八日。https://toyokeizai.net/articles/-/361424

注25　〝Barrier Free Design: Report of a United Nations Expert Group Meeting〟held June 3-8, 1974

注26　「電通、汐留電通本社ビルに勤務する全従業員を対象に、二月二六日からリモートワークを実施」二〇二〇年二月二五日　https://www.dentsu.co.jp/news/sp/release/2020/0225-010021.html

注27　『新潟日報（Ｗｅｂ版）』「柏崎原発工事、感染防止で八割中断」二〇二〇年四月二八日　https://www.niigata-nippo.co.jp/news/national/20200428540391.html

注28　『東京新聞』二〇二〇年二月二二日、竹信三恵子（労働社会学）発言
注29　河合薫「新型コロナが浮き彫りにした格差社会の危険な先行き」https://business.nikkei.com/atcl/seminar/19/00118/00067/?P=1
注30　デヴィッド・スタックラー、サンジェイ・バス著、橘明美、臼井美子訳『経済政策で人は死ぬか　公衆衛生学から見た不況対策』草思社、二〇一四年、一四頁
注31　池田清彦「貧乏人を排除する［スーパーシティ構想］のヤバさに気付かない日本人の脳天気さ　ごく一部の金持ちが街を作り変える」『プレジデントオンライン』二〇二〇年八月二三日 https://president.jp/articles/-/38161
注32　ＮＨＫ Ｎｅｗｓ Ｗｅｂ「飛ぶように売れる豪華クルーザー〜コロナが映し出す格差」二〇二〇年八月一二日 https://www3.nhk.or.jp/news/html/20200812/k10012563581000.html?utm_int=detail_contents_tokushu_002
注33　読売新聞「風邪の症状発症後、六割が七日内に出勤……研究グループ『自己隔離の意識高めて』」二〇二〇年八月一二日 https://www.yomiuri.co.jp/medical/20200812-OYT1T50167/
注34　みわよしこ「なぜホームレスはコロナに感染しないのか?支援団体が明かす究極の対策」『ダイヤモンドオンライン』二〇二〇年七月二四日 https://diamond.jp/articles/-/243720
注35　厚生労働省ウェブサイト「新型コロナウイルス感染症対策専門家会議」https://www.mhlw.go.jp/stf/seisakunitsuite/newpage_00011.html
注36　『読売新聞』「専門家会議を廃止、新たな会議体を設置へ…西村経済再生相」二〇二〇年六月二四日
注37　「北大・西浦教授［八割接触削減］評価の根拠について説明（動画）」二〇二〇年四月二四日

注38　https://www.youtube.com/watch?v=0M6gpMlssPM【TVでおなじみ、ダニ博士が語る】新型コロナウイルス発生の裏にある〝自然からの警告〟 https://www.youtube.com/watch?v=1g3Y36z772Q

注39　実効再生産数の計算式は（直近七日間の新規陽性者数／その前七日間の新規陽性者数）の（平均世代時間／報告間隔）の「べき乗」で求められる。ただし日本でいう新規陽性者数とは追跡調査で判明した数が主であるため、検査数に対する陽性者判明数の比率が、社会全体の傾向を代表しているかどうかはわからない。理論的にいえば、ある時点で国民全体に一斉検査をすればわかるが、それは不可能なので検査数を増やして統計的に社会全体を代表できるかどうかを検証する必要がある。

注40　『朝日新聞』「感染拡大ペース、今春に近づく　厚労省の助言組織が憂慮」二〇二〇年八月七日ほか各社報道

注41　個人ウェブサイト「ポストさんてん日記」http://icchou20.blog94.fc2.com/blog-entry-999.html

注42　鎌倉章「ＳＩＲモデルで感染症を理解する」　http://akirabee.blog.jp/archives/15137088.html

注43　大崎明子「新型コロナ、日本で重症化率・死亡率が低いワケ」『東洋経済オンライン』二〇二〇年七月一七日　https://toyokeizai.net/articles/-/363402

注44　「「吉村知事」が「八割おじさんに騙された」西浦モデルを阪大教授が全否定した「Ｋ値」とは」『週刊新潮』二〇二〇年六月二五日。

注45　山田ここ「緊急調査！コロナ禍の「性的ハラスメント」こんなにあった！」『アサ芸ビズ』二〇二〇年四月一四日。https://asagei.biz/excerpt/14890

注46　『神奈川新聞』「公園にカッターの刃が数十本　横浜・金沢、砂場に散乱」二〇二〇年五月四日、

各社報道。

注48 合原一幸・大日康文・前田博志「世界初の〝通勤・通学の満員電車を考慮した新型インフルエンザ感染大規模解析用システム〟を開発」東京大学生産技術研究所第五七回定例記者会見、二〇〇六年一月一一日。http://www.iis.u-tokyo.ac.jp/topics/2006/060111.pdf

注48 江島啓介・鈴木秀幸・合原一幸「東京都市圏パーソントリップ調査に基づく新型インフルエンザ感染伝播の数理モデリング」『運輸と経済』七〇巻一号、五四頁、二〇一〇年。http://library.jsce.or.jp/jsce/open/00039/201006_no41/pdf/205.pdf で公開

2　人・物・経済の動き

人々はどう動いていたか

感染症と交通が深い関係を有することは前述のとおりだが、「統計なければ政策なし」の格言があるとおり、まず人々はどのように動いているかの実態を知る必要がある。三大都市圏については「パーソントリップ調査データ」と「大都市交通センサス」および補助的に「国勢調査」が基本データとして知られている。「パーソントリップ調査」は、特定の一日について、誰（性別・年齢別・職業別・障害などの属性）、いつ・どこからどこへ・何のために（通勤、通学、業務など）・どのように（公共交通・自転車・徒歩、調査によっては車いす等も対象）で移動したかの調査である。

三大都市圏については一〇年ごとに実施され、東京都市圏が二〇一八年、中京都市圏が二〇一一年、京阪神都市圏が二〇一〇年が最新である。詳細は資料を参照されたい[注1]。二〇二〇年以降に次回が予定されるが、コロナの影響で状況が激変するため結果が注目される。このほか内容はパーソントリップ調査と同じであるが五年おきに「全国都市交通特性調査」[注2]があり、二〇一五年が最新である。調査対象は「三大都市圏」「地方中枢都市圏」「地方中核都市圏（中心都市四〇万人以上）」「地方中核都市圏（中心都市四〇万人未満）」「地方中心都市圏」の中から抜粋したいくつかの都市である。なお二〇一〇年のみ町村部も加えて調査対象となっている。

そのほか全国の各地域で個別に実施されているが[注3]、三大都市圏以外ではパンフレット程度の概要データしか公開されない。まず実態を把握するデータがなければ政策を立案・検討しようがない。公費を投入した大規模な調査のデータをなぜ公開しないのか疑問である。こうした姿勢が交通政策の停滞を招き、ひいてはコロナに起因する公共交通の危機の一端にも関連してくる。ただし福井都市圏（嶺北地域）についてでは例外的に公開されている。注4

また大都市の鉄道とバスに特化した実態調査として「大都市交通センサス」注5がある。このセンサスは五年毎に首都圏・中京圏・近畿圏の三大都市圏で旅客の流動量や利用状況（経路・アクセス交通手段、利用時間帯分布など）に関する調査であり、パーソントリップ調査と共通の項目もあるが、より詳細な項目が調査の対象となっている。注7駅の改札口でカードを渡され「降車駅で渡して下さい」と依頼された経験があるかもしれない。センサスは三大都市圏で同時に実施され、現時点では第一二回（二〇一五年）が最新である。これも同様に二〇二〇年以降に次回が予定されるが、コロナの影響が注目される。

各都市圏の「パーソントリップ調査」と「大都市交通センサス」は、大部分の人の動きが都市圏内で完結していることを前提とした調査であり、圏外との行き来は「その他」として一括されている程度であるが、実際にも圏外との行き来が全体に占める比率は少ない。一方でこの「その他」とは、新幹線・特急・高速バス・航空機・自動車（高速道路や自動車専用道路、幹線国道が主と思われる）・長距離フェリーを利用した、都市圏（都道府県境）を越える交通である。これについては「全国幹線旅客純流動調査」注8というデータがある。この調査は五年ごとに実施され現時点では二〇一五年が最新である。都道府県相互および各都道府県を数個に分割した全国二〇〇余のゾーン間相互の集計がある。同様に二〇二〇年以降のコロナの影響が注目される。

「国勢調査[注9]」には通勤・通学先の調査項目があり、市区町村相互での通勤・通学の移動が把握されている。パーソントリップ調査やセンサスの対象外の地域では参考とする場合もある。五年に一回・全世帯を対象とする国勢調査[注10]とは異なり、「パーソントリップ調査」はある地域に対してはおおむね一〇年ていどの間隔で、かつ全世帯対象ではなく抜き取り調査（数十世帯に一件ていど）である。このため聞いたこともないという人が多いであろうが、抜き取り調査を統計的に拡大（人口あたりなどの倍率で換算）して地域全体のデータを推定している。「全国幹線旅客純流動調査」も抜き取り調査である。

図2―1は東京都市圏パーソントリップ調査から、平日に人々がどのような目的地に対して、どのような手段（鉄道・バス等）で、どれだけ移動しているかを集計した数値である。なお東京都市圏パーソントリップ調査の範囲は、東京都・神奈川県・埼玉県・千葉県の全域と茨城県南部である。目的地としては学校・保育園など通学（通園）と事務所・会社など通勤が多くを占める。移動手段として、パーソントリップ調査では徒歩・自転車も集計されており、特に通学（通園）では半分以上を占める重要な移動手段であることを示している。コロナ対策として「八割削減」が注目されたが、企業の在宅勤務への移行による通勤の削減や、学校閉鎖の効果が大きいことはこのデータからも推定される。小学校以下の学校や保育園の休校（休園）では移動の削減よりも校内（園内）感染の防止が主目的と考えられるが、高校以上では鉄道通学の移動量も多い。こうしたデータを用いて、人の移動を考慮した感染シミュレーションを行ったのが第1章で紹介した個人ベースモデルである。

前述のデータは都市圏あるいは地域圏全体としての人の動きを捉えているが、一方で「人」の側からみたデータもある。図2―2は「平成二七年度全国都市交通特性調査[注11]」より三大都市圏と地方都市

図２—１　東京都市圏の人の動き

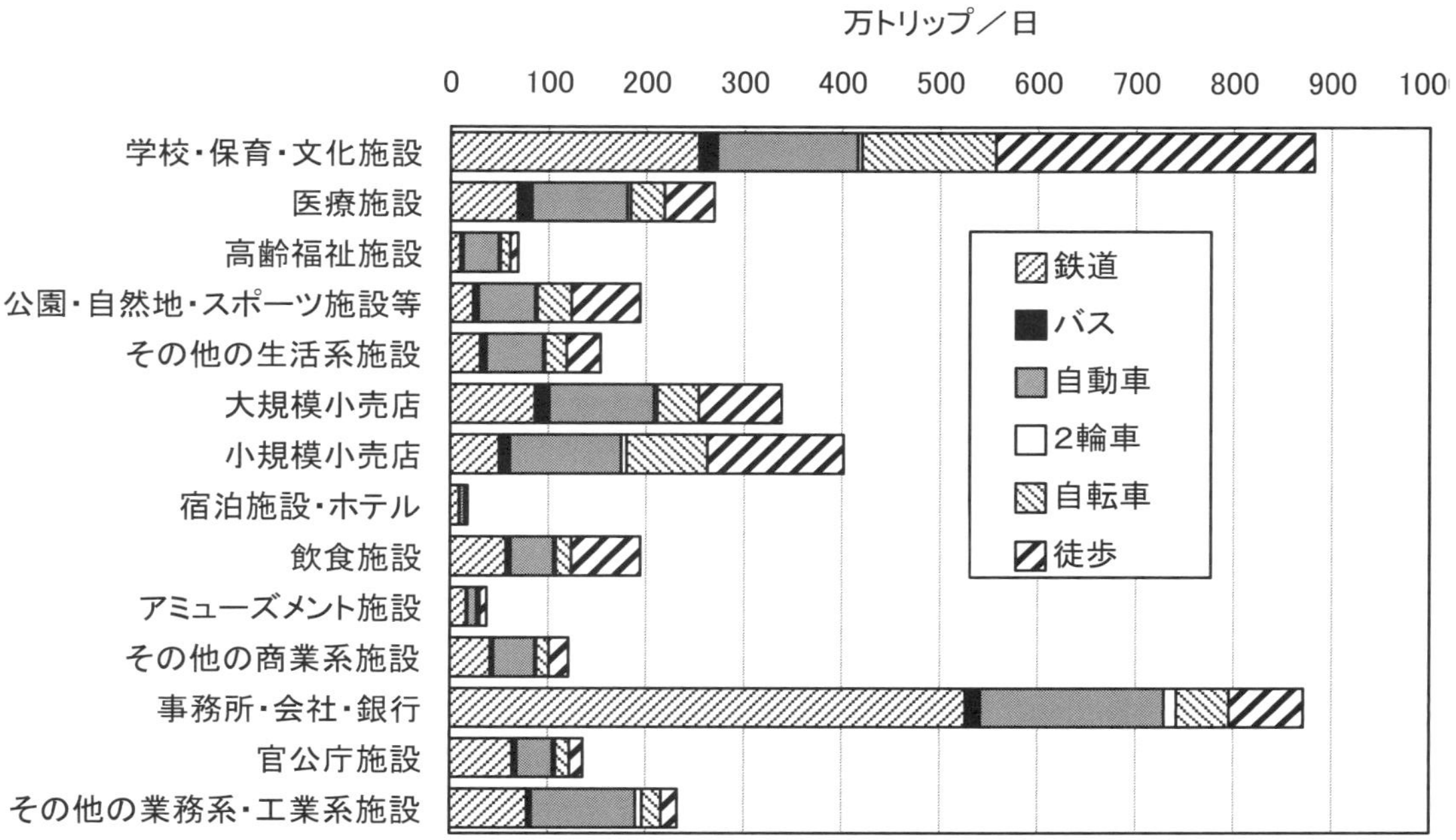

図２－２　都市圏別の代表交通手段の平日トリップ数

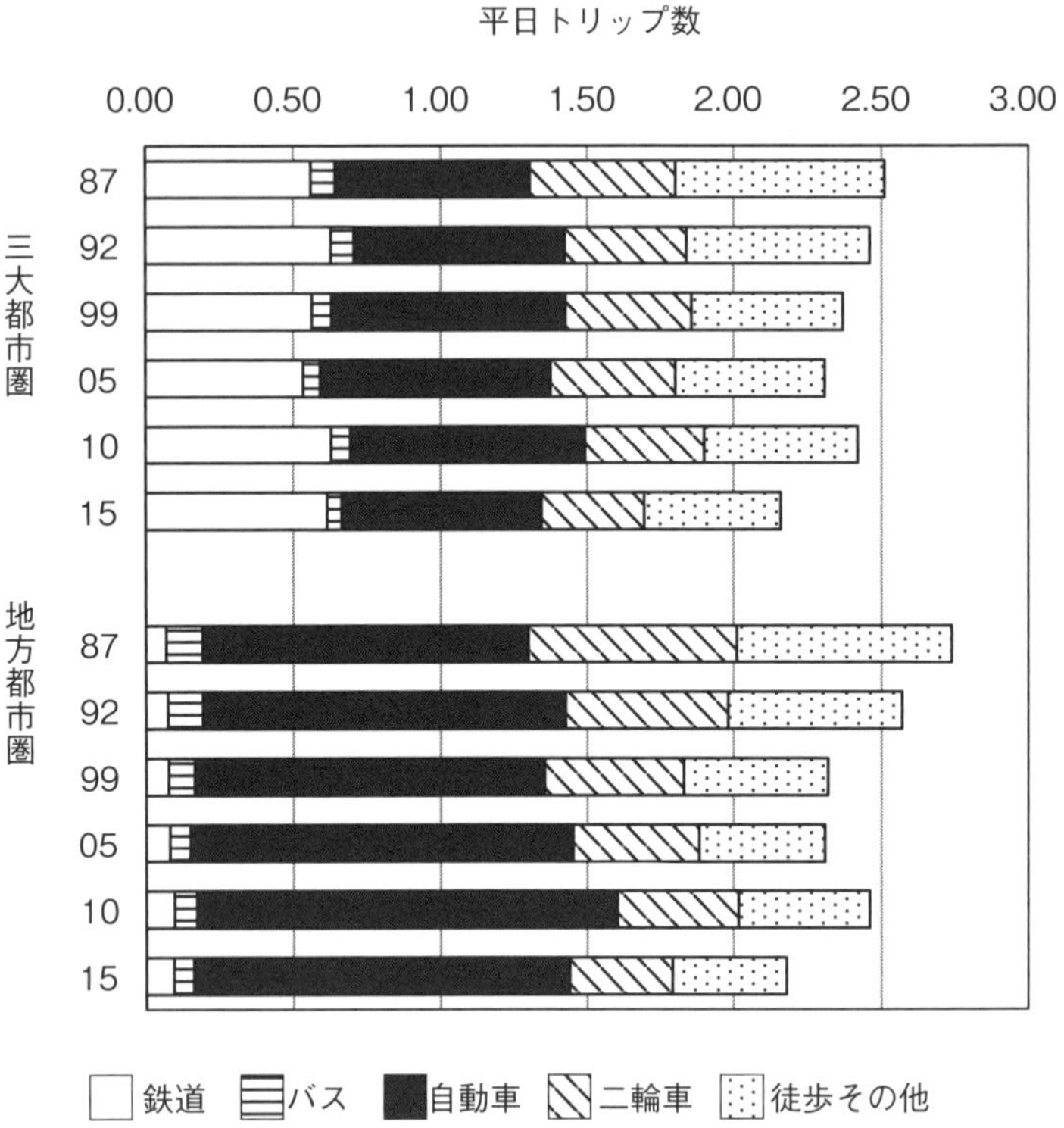

圏における一人・一日あたり代表交通手段（ある移動のうち主な手段）別のトリップ数（通勤・通学・買い物など目的ごとの移動回数）との推移を示したものである。平日では二・〇〜二・五トリップが発生している。たとえば平均的な通勤者であれば、平日では出勤と帰宅で計二トリップに加えて、毎日ではないが帰宅途中でいずれかに立ち寄るなどのトリップを加えて平均するとこのような回数になる。最近（新型コロナ前）では三大都市圏・地方都市圏ともトリップの発生回数は減少傾向にある。要因としては高齢者の割合の増加で現役をリタイアする人の増加による影響が大きいと考えられている。また代表交通手段としての自動車のトリップ回数も、三大都市圏では減少傾向であり、地方都市圏でも少なくとも増加傾向とはいえない。

また同調査には年齢階級別の集計がある。年齢層が高くなるにつれ自動車によるトリップ数は減少してゆくが、経年変化をみると七五歳以上の区分において自動車による移動が増加している。この三〇年の間に自動車への依存がますます高まるとともに、特に地方都市圏・町村部において高齢者の移動は実態としては自動車によって担われるようになった。しかしその一方で道路逆走、店舗への突入、子供を轢くなど、高齢者が関与した交通事故が増加している。

高齢者の交通事故は、かつては歩行者（自転車）として被害者の立場が議論の主な対象であったが、近年は高齢者が交通事故の加害者となる事故も増加している。成人の大部分が免許を取得するようになってその年齢層が年々繰り上がってゆく一方で、ことに地方都市圏・農山村地域での公共交通のサービスが質的・量的に低下してますます自動車に頼らざるをえない状況が拡大することによって必然的にもたらされた結果である（第5章参照）。

人の動きはどう変わったか

図2―3はＧｏｏｇｌｅ社が提供するデータ[注12]からコロナ感染拡大の時期以降の人の動きの変化を示すものである。二〇二〇年三月中旬より買物・公共交通・職場の人出が減り始めるのに対応して在宅率が増加している。特に例年のゴールデンウイークにあたる時期には人出が最低になった。同六月以降は次第に回復したが例年の一〜二割減少となっている。ただし時間帯により、あるいはダイヤの乱れ等により、新型コロナ以前に匹敵する混雑がみられる場合もある。

このデータは本来は「ソーシャル・ディスタンス」の推定の参考とするために、さまざまな対象区域の混雑度を示すために取得されたデータであるとされている。このデータは基準値からの変化率を示しており、「基準値」とは「二〇二〇年一月三日〜二月六日の五週間における該当曜日の中央値」と解説されている。ただしＧｏｏｇｌｅアカウントのロケーション履歴をオンにしているユーザーのデータしか取得できないため、たとえばスマートフォンを所持していない人や、所持していてもＧｏｏｇｌｅ関連のアプリを使用していない人のデータは取得されていないため、必ずしも人の動きの実数を示すものではない。また「ソーシャル・ディスタンス」の推定を目的としていたために、一定以上に人が集合していない場所のデータは反映されていない。データは世界的に集められているが、日本では都道府県別までのデータとなっている。対象区域の分類は下記のとおりである。

図2—3　感染拡大から緊急事態宣言以降の人出の変化

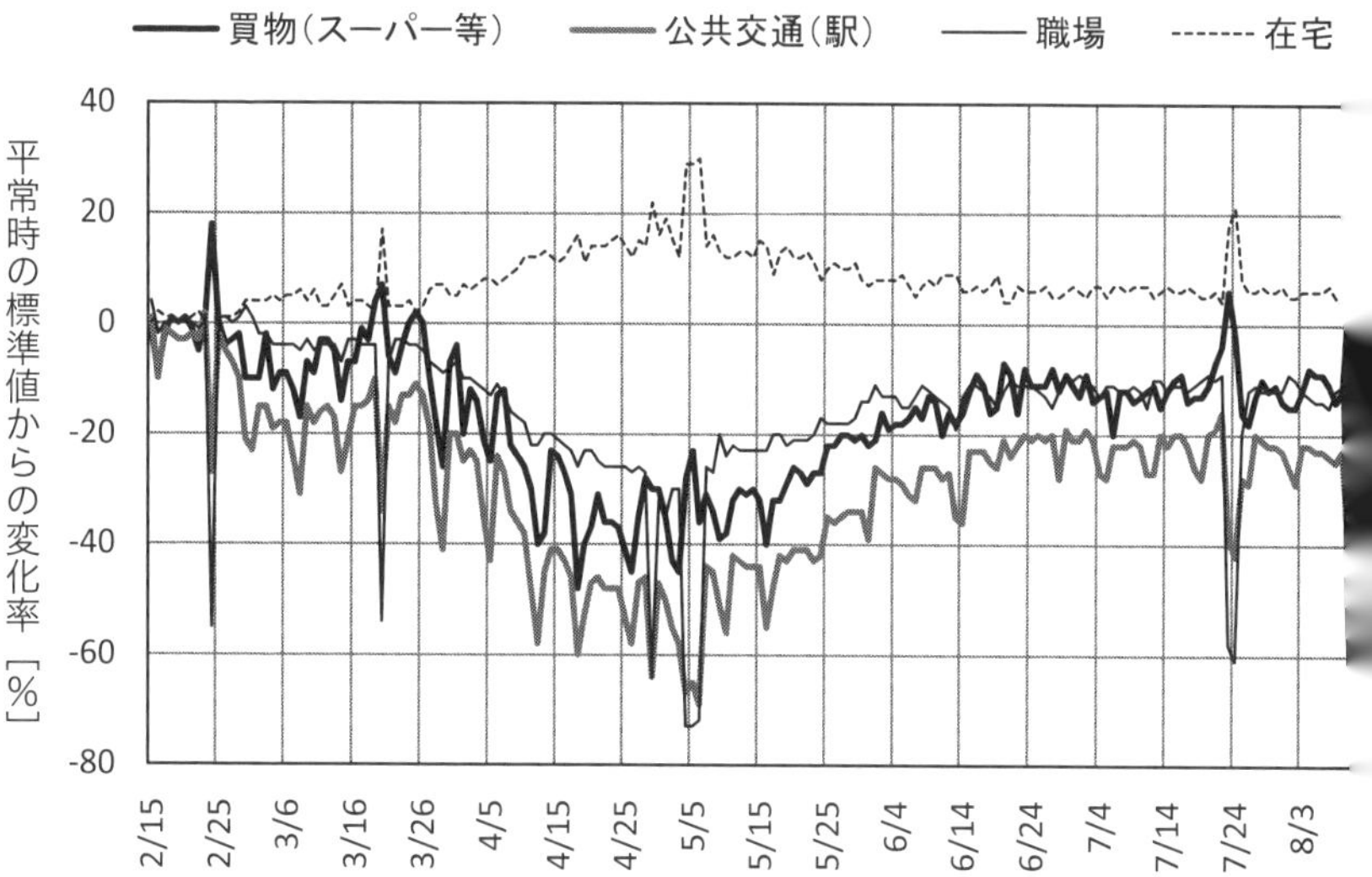

①買物等（食料品店、食品問屋、青果市場、高級食料品店、ドラッグストア、薬局など）
②公園（地域の公園、国立公園、公共のビーチ、マリーナ、ドッグパーク、広場、庭園など）
③乗換駅（公共交通機関の拠点、地下鉄・バス・電車の駅など）
④小売・娯楽（レストラン、カフェ、ショッピング センター、テーマパーク、博物館、図書館、映画館など）
⑤住居
⑥職場

マイカーへのシフトの動き

二〇二〇年二月頃よりマスクの品不足が発生したが、供給がおおむね回復した四月以降には街中でみかける人々のほぼすべてがマスクを着用するようになった。これに対して筆者が自宅周辺の主要道路で計数してみたところ、マイカー利用者のマスク着用率は二割ていどであった。すなわちマイカーは安全、あるいは自宅の延長という認識と思われる。感染に対する懸念から、都市内の移動で、徒歩・自転車で可能な距離を超える移動については公共交通からクルマへの転換がみられる。「新型コロナウイルスの感染リスクを避けられる交通手段として乗用車での移動が人気となっている」[注13]「少しでも感染リスクを減らそうと、新幹線ではなくマイカーでの移動を考えている人も多いだろう」[注14]「公共交通機関で他の多数の乗客と共に、長時間、同じ機内・車内にとどまらなければならないというのは、なんとなく不安がつきまとう」[注15]など、公共交通を感染源と決めつけた言説が数多くみられる。

自動車関連企業が、マイカーを所有している二〇〜六九歳の一〇〇〇人にネットアンケートを実施したところ、全体の六割（二〇代男性では八割）が「緊急事態宣言下、クルマを運転する機会が増えた」と回答している。[注16]また在宅勤務をした人に車の中で仕事をしたことがあるかを聞くと一割が「仕事をしたことがある」と回答している。アンケートでは「車内テレワーク」と名付けているが、日本の住宅事情を反映して仕事に集中するためにクルマが利用されている実態が示された。

また別の調査では、コロナを契機に「クルマを買いたくなった人」が「買うのを中止・延期した人」を上回り、生活に必要な移動を安全に行うことができると認識され、特定警戒八都道府県、特に東京ではクルマ移動が増加した結果が示されている。[注17]資料では「[新しい日常」を前向きに捉え、プライベート空間としてのクルマをうまく使いながら安全に自分の時間を楽しむ人々が今後はさらに増加するものと推察する」「新しい日常に向け、プライベート空間としてのクルマニーズが高まる。クルマは、

〝新たな移動様式〟を支えるパートナーへ」としている。

これらはいずれも自動車関連企業によるインターネット調査であり、そのまま客観的資料として採用できるかは疑問であるが、全体として公共交通の利用が敬遠された分だけ、マイカーによる移動のニーズが高まったといえよう。また感染の不安やソーシャル・ディスタンスを意識するわずらわしさを避けて、車に乗ったまま映画を鑑賞する「ドライブインシアター」が復活している。[注18]屋外での映画や音楽イベントを推進する団体の代表は「電気自動車（ＥＶ）を対象に環境に配慮したイベントで地方の観光誘致にも活用できる」と述べている。なお電気自動車など新たな技術が、アフター・コロナの交通政策に有効かどうかは第３章で触れる。

ホテル・旅館等でも、他の都道府県からの宿泊客を警戒して平常時にはみられなかったさまざまな制約を課すなどの動きが報告されている。一方でマイカーでは夜間に道の駅に駐車して車中泊を行なう行為がしばしばみられる。平常時は宿泊代節約が主な目的であったが、今後は新型コロナ対応の煩わしさを嫌うことによる車中泊が増加すると思われる。いずれにしても地域のホテル・旅館等の収入がそれだけ失われる結果を招く。またこれを見越して軽自動車でも車中泊がしやすい推奨車種などの宣伝もみられるようになった。[注19]なお二〇二〇年八月以降にはドライブ中に感染した例も報告されるようになった。[注20]今後、家庭・勤務先・学校等で周囲に感染者の存在が珍しくない状況になれば、前述のマスク着用率が低い無防備なマイカー利用者こそ感染リスクが高い状況も起こりうる。また炎天下に乳幼児をマイカー内に放置して重大な結果を招く事故がたびたび報告される。これも「マイカーの中は安全」「自宅の一部」という意識が背景にあるのではないか。

インターネットは「物質転送機」ではない

新型コロナに関して、二〇二〇年五月四日には厚生労働省が専門家会議の「提言」を受けたと称して「新しい生活様式」と称する「実践例[注21]」を公開した。

その中で通販の利用や持ち帰り・出前・デリバリーの利用が記載されている。また緊急事態宣言の前後あるいは期間中には、著名人やタレントも付和雷同して「家から出ない生活」を誇示・奨励するような言説を吹聴した。

しかしそのような生活様式は実行可能だろうか。

通販やフードデリバリーの注文はインターネットで可能であるが、少なくとも食品は現地に現物が届かなければ無意味である。あたかもインターネットを「物質転送機」のように捉えている議論が多く、物流に携わる人の労働が視野に入っていない。

配達員が届け先の住人から消毒スプレーを吹きつけられたなどのトラブル[注22]もこうした認識から生じているのではないだろうか。

アンケート調査の例[注23]によれば、新型コロナの拡大影響後にインターネットで購入・契約した品目として表2―1のような品目が挙げられている。これをみても、ほとんどの項目はデータのやり取りでは済まず、現物の移送が必要になる。

表2―1　新型コロナの拡大影響後にインターネットで購入・契約した品目

日用品	食べ物の出前や宅配・持ち帰り	食材（米・野菜・肉など）
洋服	化粧品	レトルト・インスタント食品
有料動画配信サービス	飲料（アルコール以外）	健康食品・サプリメント
アルコール飲料	金融商品（株・FX・投資信託など）	育児用品・ベビーフード
有料テレビ放送	保険の加入／契約更新	

スーパーマーケット協会の調査によると、客一人あたり平均買上げ点数は、平日が九・五点、土日祝日が一〇・七点とされている。[注24] また全国の人々が一日（コロナ前の平常時）に何回くらい買い物に出かけているかについては、全国を対象とした公的統計は見いだせないが、前出のパーソントリップ調査等を参考に推定が可能である。これらの資料から、スーパーマーケット（大規模小売店舗）のほか市中の小規模小売店舗も加えると、全国で一日平均およそ二・六億個（点数）の買物が行われている。これに対して宅配便取扱個数は全国の一日平均でおよそ一二〇〇万個である。日常の買物のごく一部でも通販すなわち宅配に移行すれば、たちまち宅配事業の能力が逼迫する。しかもスーパーマーケットであれば「食品と洗剤」のように異なる種類の商品を同時に購入し持ち帰ることができるが、ネット注文による通販の場合は商品の種類ごとに別々の配送となるケースが多く、その点からもますます配送効率が低下し、その結果として配送回数が増える。「宅配生活」など物理的に不可能なのである。

スーパー等が「三密」であるとの指摘がみられるが、消費者が従来どおりの買物行動を続けているからこそ、生活必需的な物流が維持され、日常生活の安定が保たれている。物流が崩壊すれば、従来から障害や高齢などのために食品など生活必需品の入手を宅配に依存する人や、スーパーマーケットや一般商店で入手できないアレルギー対応食品を取り寄せる必要がある人などに危険を及ぼす。「宅配生活」などというのは社会の大半の人々が「ユーチューバー」として生活しようと試みるようなもの（その場合には広告を出す側がいなくなるからシステム自体が崩壊する）で、一定以上に拡大すれば「宅配生活」そのものが成立しなくなる。

図2―4は前出Ｇｏｏｇｌｅ社のデータより、国別（日独伊）の買物等（食料品店、食品問屋、青果市場、高級食料品店、ドラッグストア、薬局など）の人出の変化率を示したものである。比較的緩い外出規制を選択した日本やスウェーデンでは、買物等の外出状況は平常時（コロナ前）と大きく変化していない。あるいは「買い置き」のために普段よりも増加する状況を招いた可能性もある。

スーパーマーケット協会やクレジットカード事業者の調査では、日本の二〇二〇年二月には旅行や宿泊が落ち込む中でスーパーマーケットの売り上げは急伸している。[注25] これに対して、より厳しい外出規制を実施したドイツ・英国・イタリア・米国（ニューヨーク）では瞬間的には大きな落ち込みがみられる。しかし米国（ニューヨーク）でも間もなく二〇％前後の減少に回復しており、やはり生活必需品の買物等の規制は困難と考えられる。なおこのデータは一定以上の混雑度が観察されたエリアの人出の状況を示すものであり、商品の購入点数・品目や購入（消費）額は反映されていない。

別の統計によれば日本の場合、店舗への来店手段としては「車」が六八・〇％と最も多く、次いで「自転車・バイク」が一六・〇％、「徒歩」一六・〇％の順となっている。売場面積別にみると、売場面積が大きい店舗ほど「車」での来店が多く、売場面積が小さい店舗ほど「自転車・バイク」「徒歩」

図2—4　国別の買物等の人出の変化率

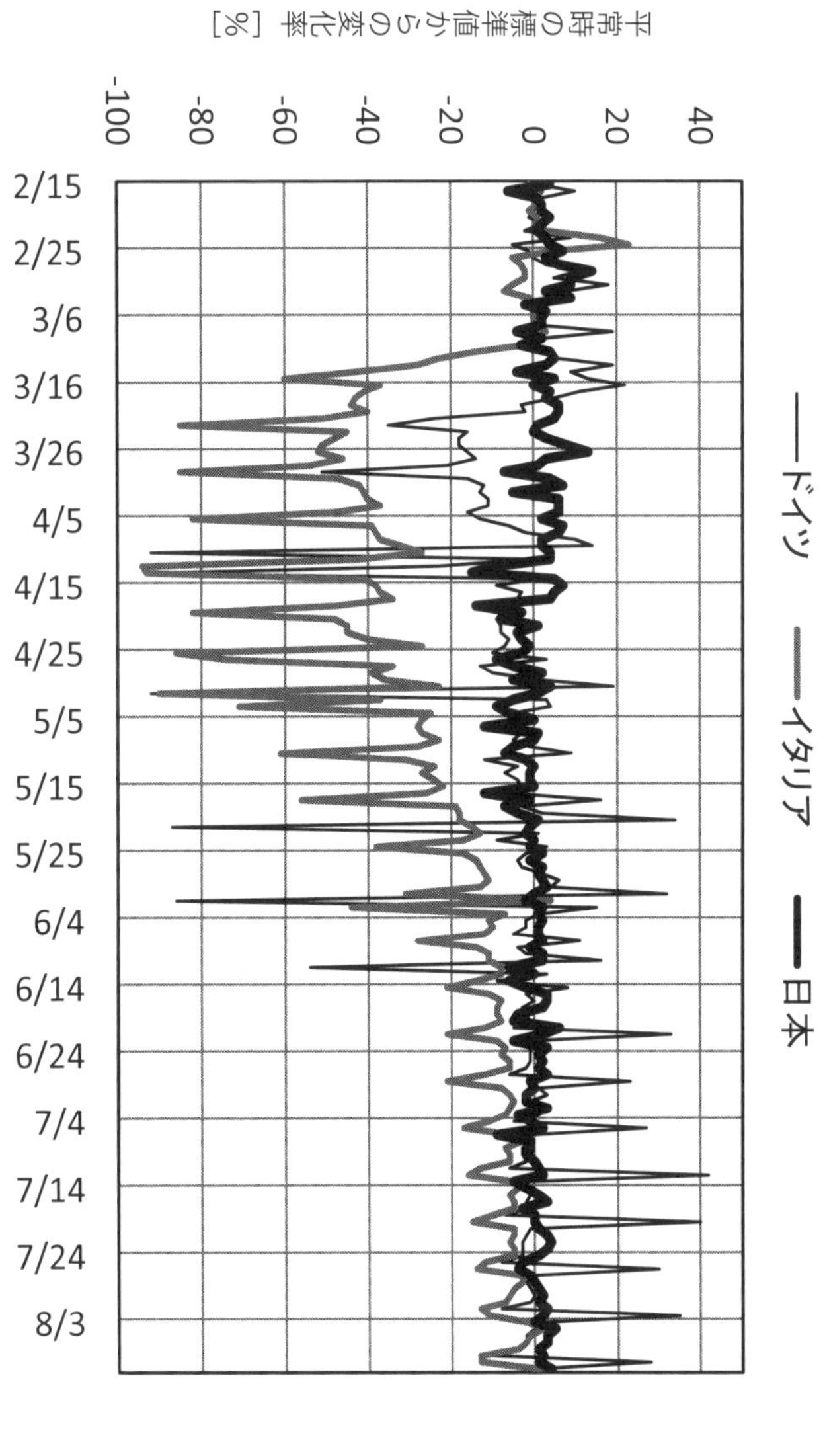

での来店が多くなっている。同一の面積区分であれば、地方圏では「車」での来店が多い一方、都市圏では「自転車・バイク」「徒歩」での来店が多い」としている。[注26]

宅配便はどう対応したか

新型コロナの影響によるネット通販の利用増で宅配サービスの荷物量が増加した。宅配事業者にとっては需要増の一方で、感染リスクの条件下でどのように事業を継続するかについて苦慮していると伝えられる。佐川急便によると日用品の荷物はコロナ前より一〇〜二〇%増えたとしている。ヤマト運輸からも同様の回答があった。大手宅配事業者のセールスドライバーは平常時で一日平均一五〇個の荷物を扱うという。[注27]近年の物流では全体として小ロット化（荷物・貨物一個あたりの重量の軽量化）が進展している。その背景にはＢｔｏＢ（企業間の移送）からＢｔｏＣ（企業から個人・通常のネットショッピングの形態）およびＣｔｏＣ（個人相互間・ネットフリーマーケットなど）の増加がある。ＢｔｏＣの文房具販売サイトでは、現在では家電製品から家具まで扱っている一方で、極端な場合にはボールペン一本でも宅配便で配送される。

これらのビジネスでは、取引額が一定以上の場合は「送料無料」としているケースが多い。しかし表示上は「無料」であるとしても配送コストは無料ではない。これらのビジネスで取り扱われる商品のほとんどは有形の物体であり、現物を現地に届けなければビジネスそのものが成立しない。プラットフォーマー（ネット上のマーケット設置者）・出品者・利用者の間でコストを押しつけ合っている構造は、最終的には配送ドライバーの労働の軽視に帰着しているとの批判もある。[注28]「物流業界は無料サービスの宝庫」と批判的に表現する論者もある。工場や物流センターでの「荷待ち」「荷物の積み降ろし」は荷主への無料サービスであり、二次輸送（末端の配送）は「送料」のほか「再配達」「時間帯指定配送」なども見かけは無料である。しかも配達時間帯の指定サービスに関して「五〜七時指定で五時ちょうどに来るな」などという理不尽なクレームまで寄せられるという。[注29]

緊急事態宣言が発出された二〇二〇年四月七日以降、ＥＣ（Ｅコマース。インターネット上で商品やサービスの売買、決済を行うビジネス）が急増した。これ自体はアマゾン・楽天など従来から普及しているビジネスである。発注や決済はインターネットでできるが、商品の場合には現物を届けなければ取り引きが完結しない。ヤマト運輸では一日に一人のセールスドライバーが運ぶ荷物は前年同期比で約一・五倍となり労働環境は厳しいものとなっている。[注30]荷物の内訳としては、ＢｔｏＢが大きく落ち込んでいる一方で、ＢｔｏＣとＣｔｏＣが増加した。しかしＥコマースの配送単価は低く収益率は必ずしも良いものではない。宅配便業者や日本郵便では外注（契約）ドライバーの雇用で荷物取扱量の変化に対応しているが、これは労働者の側からみれば不安定な雇用であり、望ましい状態とはいえない。

ただしコロナによる意外な変化も報告されている。在宅勤務や外出自粛により、道路の渋滞がなく配達車の走行がスムースになり、受取人の在宅率が向上して不在再配達が減り、配達方法の変化（「置き配」や受領印の省略など）による処理時間の短縮など配送効率が向上するという思わぬ影響があった。[注31]逆に緊急事態宣言解除に伴い、再び不在再配達が増えているとの報告もある。

緊急輸送と自衛隊

物流が本当に逼迫した場合、自衛隊の出動を要請すればよいのではないかとの提案もある。しかしこれは量的に不可能である。全国で民間の貨物車が約六〇〇万台、特種用途車（公用の緊急車両のほか、タンク車・冷蔵車・移動販売車のような車種）が約一七〇万台存在するのに対して、自衛隊で貨物の積載が可能な車両は、小型トラック（〇・五トン積み）六八〇〇台、小型トラック（一・五トン積み）三二〇〇台、中型トラック（〇・五トン積み）六〇〇〇台などである。このほかジープ型（自衛隊の用語では「高機動車」）やマイクロバスなど本来は貨物車でない車種の転用を合わせたとしても総合計で二万台前後である。

貨物車でない車種に貨物を積んでも積載効率は著しく低い。自衛隊に輸送能力があるように認識されるのは、自然災害など局地的な要請に対して広域から車両を召集するからであり、今回の新型コロナへの対応のように全国で一様に輸送力の増強が要請される場合には、民間の貨物車の数に比べれば物理的な能力としてはわずかな割合でしかない。

かりに自衛隊の輸送力を利用するとすれば、限られた地域を厳重に封鎖しなければならない場合や、特殊品目を指定して運送する場合のみであろう。もともと「新型インフルエンザ等対策特別措置法」自体も限られた地域の封じ込めを想定した対処を記述しており、全国的な「ステイ・ホーム」に対応する物流は想定外であった。

ステイホームにはワークアウト

日本と比べて厳しい外出規制を実施したドイツでは、二〇二〇年三月一八日にメルケル首相がメディアを通じて印象的な演説を行っている。「ここで、普段滅多に感謝されることのない方たちにもお礼を言わせてください。このような状況下で日々スーパーのレジに座っている方、商品棚を補充している方は、現在ある中でも最も困難な仕事のひとつを担っています。同じ国に住む皆様のために尽力し、言葉通りの意味でお店の営業を維持してくださりありがとうございます[注32]」という内容である。

人々が「ステイ・ホーム」を実行するには「外」で働く人が必要である。「ステイ・ホーム」や「八割削減」が呼びかけられた。人々が外出を極力自粛して自宅生活を行えば人の移動が大きく削減できるだろうか。そう単純ではない。非常事態下であっても、あるいは非常事態だからこそ、食品など生活必需品の生産・流通や医療・福祉サービスを止めることはできない。厳しい外出規制を実施した外国でも、食品など生活必需品の入手のための外出は、移動範囲の制限等を設けるとしても認めざるをえなかった。山中で自給自足の暮らしを営んでいないかぎり食品は購入しなければならない。食品を購入するには、それを製造する人・輸送する人・売り場の人が外に出て仕事に従事しなければならない。食品を製造すれば、あるいは自宅で消費すれば廃棄物が発生するから、それを処理する仕事がある。

電気・ガス・水道のライフラインも必要である。これらが供給されなければそもそも家にいられない。電気はエネルギーの転送であるが、ガスと水道は配管を通じてではあるが現物の配送が必要である。また利用者側でガスを電気に転換することは可能（燃料電池）だが、その逆はできない。また最終的に熱としての用途なら電気とガスは選択の余地（互換性）があるが、水はそれ自体が物体として必要である。

また多くの人は意識していないと思うが、水道を使う結果として、下水道が整備されている地域では下水処理も稼働しなければならない。[注33] それにはやはり電気その他が必要である。たまたま外出自粛期間中のある期間、筆者の自宅（集合住宅）にはエレベータ点検・修理の人が来ていた。こうした安全のための仕事も止められない。

また第3章とも関連するが、鉄道やバスは一部で減便が行われたものの運行は継続されたので、それらを運行する従業員も必要である。

このような背景から逆に考えると、かりに食料品など最低限の生活必需品の製造・流通に限定するとしても、多くの人々が「ステイ・ホーム」を実行するには、その舞台裏でどのくらいの人々が外に出て働く必要があるのだろうか。試算の方法については後述するが、その就業者の数は約二四〇〇万人（事業主と従業員の合計）に達する。いかに「ステイ・ホーム」を唱えたところで、就業者の約半分は外に出て働く必要がある。

「八割削減」とは、大企業の正規雇用者でホワイトカラー等の条件に該当し、遠隔勤務が可能な人々のみである。「ステイ・ホーム」や「八割削減」の議論では「普段滅多に感謝されることのない方たち」が依然として視野に入っていない。

産業のつながりを捉える

「ステイ・ホーム」の消費行為は、産業のメカニズムを通じて派生的にさまざまな労働を誘発（あるいは必要と）している。すなわち「ステイ・ホーム」を実行すればするほど、外で働く人を多く必要とする結果になる。こうした問題を検討するために、一つの方法は個々のユーザーが消費する商品やサービスから逆に追って、その製造や提供に必要な電力の消費量を積み上げる方法が考えられる。しかし世の中に存在する無数の商品に対してこのような集計を行うことは現実的でない。これに対して「産業連関分析」を適用することによって、精度などに制約はあるものの製造や流通の「舞台裏」をあるていど推定することが可能となる。

もし、ある商品（サービス）の生産が単一の工程で行われるだけなら、どのくらい労働力を必要としているかは単純な計算で済む。しかし現実には、自給自足の生活を営んでいるのでないかぎり、どのような商品（サービス）でも単一の工程で生産されることはまれであり分業が行われている。ある産業の製品が別の産業の原料になる関係を積み重ねた結果として製品が消費者に届く。また分業は、必ずしも物理的に同じ場所で行われないから、必然的に工程間での持ち回りが生じる。第一次産業（農林業・畜産業・水産業など）では、部品を集めて組み立てるなどの過程は存在しないから工業製品のような意味での分業はないように思われるが、最終的に消費者の手元に届くまでに、商業という機能を経て流通される。いずれの過程でも輸送が必要となる。

またサービス分野（第三次産業）でも、有形の商品は製造しないが、そのサービスを提供するためにエネルギーや資材を使い、自動車を運行すれば燃料消費も発生する。こうした検討にあたって、ある商品の製造・流通過程をさかのぼって解明することは、あたかも電話の逆探知のような作業であり、社会全体にわたって分析することは非現実的である。また生産者に対して、製品に関してどのくらいの原材料やエネルギーを使っているかのデータを公開してもらおうとしても、実務的には企業秘密などの制約があり容易ではない。生産者にしても、自分の企業で担当した工程はよくわかっていても、上流・下流の他企業のデータは捉えられない。それでも工業製品ならまだ数字を出しやすいが、農業になると計算がさらにむずかしい。肥料や農薬をつうじて農産物にどれだけエネルギーや資源が間接的に分配されるのかなど、各農家にとってはもちろんのこと、専門家にとっても計算は困難であろう。

このような問題に対して産業連関分析を適用すると、個別にエネルギー消費量や環境負荷を追跡しなくても、ある商品がどのくらいエネルギーや汚染物質にかかわっているかを概略で分析することができる。どのような産業の分野でも、何らかの生産の要素（原料、エネルギー、労働力）を投入して、生産を行っている。生産といっても有形の物質にかぎらず、いわゆる第三次産業に分類されるような業種は、無形のサービスを生産している。また、ある産業は別の産業に対して買い手となると同時に、また他の産業に対して売り手にもなる。その集積が、経済システム全体のネットワークを形作っている。商業も、商品の流通を通じて商業マージンを産み出す生産行為とみなされる。

「ある産業の製品は別の産業の原料に…」という流れを逆に下流から、つまり最終の消費者の側からたどると、消費者が商品Aを一〇〇円で購入したとき、それを生産した者に一〇〇円の金の流れをもたらすだけでなく、その生産者に原材料やエネルギーを供給する別の者に、また何円かの金の流れが生じているはずである。さらに、その原料の原料に…という関係が何十、何百と積み重なって、経済システムの全体が構成されている。産業連関分析では、ある最終の需要が、経済全体に対して、どのくらいの波及的な影響を引き起こしているかを計算することができる。なお産業連関表の基本は、総務省が五年ごとに公表する国内の産業連関表（現時点は二〇一五年版）であるが[注34]、各都道府県と一部の市町村でも独自に地域産業連関表を作成している。

生産された財貨やサービスは、多くの取引を繰り返しながら、やがて最終ユーザー（個人や組織）に到達する。その終点に達した部分が「最終需要部門」と呼ばれる。最終ユーザーには、一般消費者の家計消費・国や地方の公務部門・公的資本形成（いわゆる「公共工事」など）・民間設備投資・輸出などの分野がある。この手法は、後にコロナに起因する経済への影響を推定する際にも応用できるが、ここでは人々が「ステイ・ホーム」を実施することに関して、すなわち一般消費者の家計消費の落ち込みに起因して生じる就業者への影響を産業連関分析により推定する。

一般消費者は、何を・どのくらい消費しているのだろうか。家賃・住宅ローン・金融・保険等の項目は、額としては多いが数字のやり取りのみである。一般に「買い物」の範疇と考えられる項目としては、食料品に一九兆八一〇〇億円、飲食サービスに一九兆五〇〇〇億円、飲料に四兆五二〇〇億円、衣服その他繊維製品に四兆三一〇〇億円などである。電気・水道・ガスは必需品であるが、これらは「ステイ・ホーム」による消費量の増加はあるものの入手方法には影響を与えない。一方で「物」は動かさないが、利用者のほうが動かなければならない分野もある。

医療に八兆六四〇〇億円、娯楽サービスに八兆二七〇〇億円、さまざまな個人向けサービス（クリーニング・理美容）に四兆二四〇〇億円、旅館やホテルに三兆〇五〇〇億円などである。なおこれらの価格は正確には商業マージンと運賃を除いた「生産者価格」であり消費者が実際に支払う価格とは異なるが、ここでは説明が煩雑になるため省略する。こうした一般消費者の家計消費によって、通常は四一四〇万人の就業（事業主と従業員の合計）が誘発されていると考えられる。次に、かりに娯楽や旅行を見合わせ、奢侈品の購入を中止するにしても、前述のように生活必需品の製造・流通のために稼働する分野や、医療・福祉・保育など停止することができない分野の就業者はどのくらい必要かを推算する。分野別に「ステイ・ホーム」を想定した消費の削減率を設定して計算すると、二四三八万人の就業（事業主と従業員の合計）が誘発されていると考えられる。すなわちいかに「ステイ・ホーム」を唱えたところで、就業者の約半分は外に出て働く必要がある。

「食品」だけでは流通できない

海外では日本より厳しい外出規制が実施され、イタリアでは「生活必需品の生産以外の産業を停止」という措置が実施されたが、感染症下でも生活必需的で止められない代表的な分野として食品産業がある。しかし食品産業だけを独立して稼働することはできない。食品産業が稼働するには、農業から二兆九八〇〇億円、畜産業から二兆六〇〇〇億円、漁業から一兆〇七〇〇億円などの原材料を購入する必要がある。

図2―5　消費減少率の大きな品目

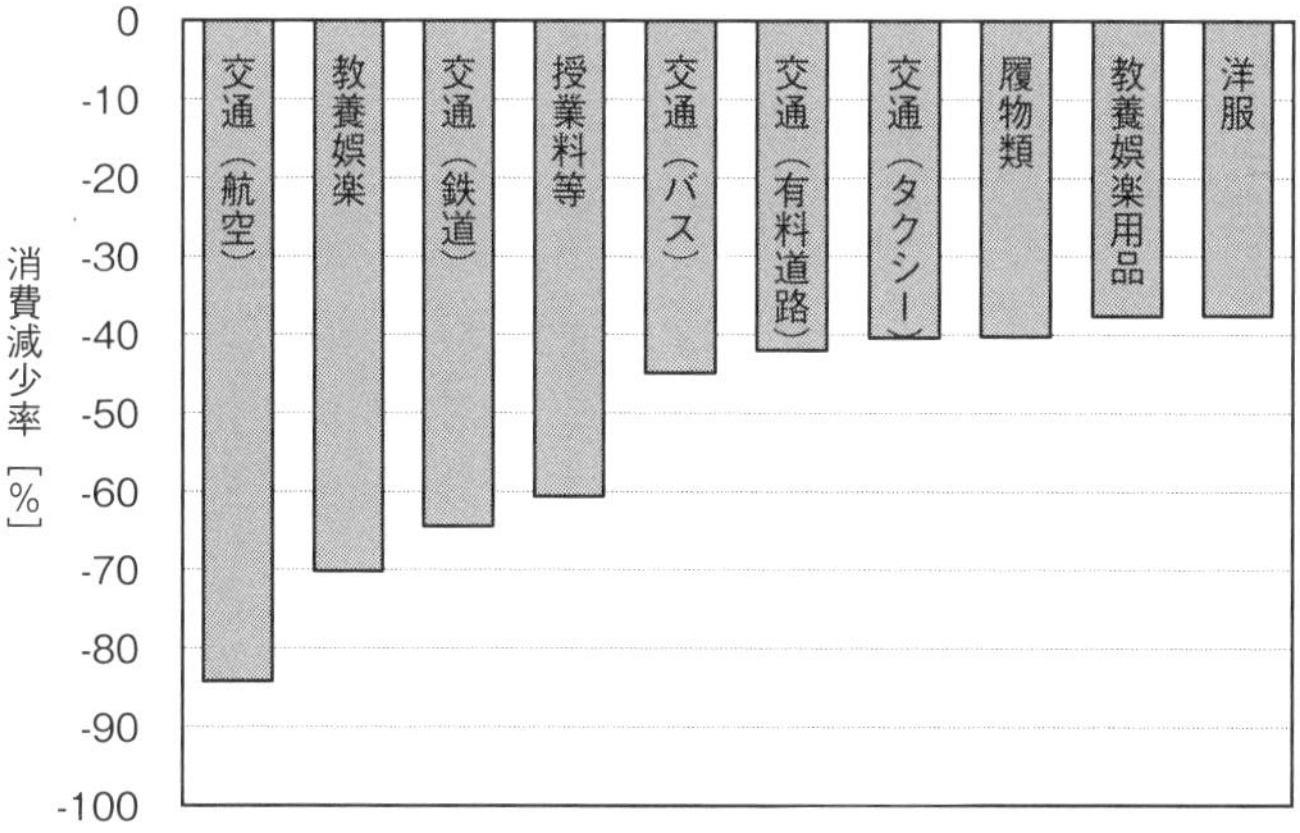

また商品としての食品を流通させるためには容器・包装が必要である。紙パッケージ等に六五〇〇億円、プラスチック容器に四五〇〇億円、輸送に九八〇〇億円等が必要である。工場や事務所を稼働させるためのさまざまな間接サービスの支出が四五〇〇億円ある。さらに食品産業自体でも、たとえばパン工場で小麦粉・バター・調味料から自社工場で製造しているケースはほとんどないであろう。食品産業の中でも相互にやり取りがある。このように生活必需品の生産に限定するにしても、産業のネットワークは一部だけ独立して稼働することはできない。食品ではないが二〇二〇年四月頃よりアルコールの品不足が深刻になった際には、アルコール自体の製造能力は十分にあったが容器の供給が制約となっていたという[注35]。

従業者の面でも同じである。食品産業自体には約一三七万人が従事している。しかし食品産業を稼働させるためには、それ以外に派生的に約三四八万人が働く必要がある。このうち管理部門など一部はテレワーク可能としても、製造部門は実際に出勤の必要がある。医療関係についても同様である。二〇二〇年三月~五月にかけ、感染者を受け入れた医療機関で、シーツなどのクリーニングや院内の清掃を委託先の業者に拒否される事例が相次いでいたことがわかった。[注36] 医療機関によっては医療廃棄物として捨てる選択を採ったケースもあるが、それにしても費用の問題とともに医療廃棄物として処理する業者との間に同じ問題が発生する。

消費低迷による経済影響

新型コロナによる消費低迷の実測あるいは今後の予測については、企業や経済関係者の重大関心事であるため多数の報告がある。EC(ネットショッピング)を扱っている企業の受注データによるもの、アンケート調査(インターネット経由)によるもの、クレジットカードの決済情報によるものなどさまざまである。また新型コロナの世界的な収束には年単位の期間がかかると予想されるため海外旅行の動向等は予測が困難である。また経済の活動レベルが全体に低下する中で、分野によっては増えた品目もある。いずれの調査が正しいと断定することはできないが、一例では、総務省の家計調査統計に対応して、二〇二〇年三月に「平時と異なる大きな増減のあった消費品目」として次のような調査結果がある。[注37] 全体では一〇〇品目に及ぶが、変化率の大きい品目について示すと次の図2—5のようになる。移動・外出自粛が呼びかけられた影響もあり、交通関係の品目が多数登場している。

同報告のデータを参考として、この比率で消費減少が一年間続くと仮定した場合の経済や雇用への影響を前述の産業連関分析により試算する。その結果、ＧＤＰとして三二兆九〇〇〇億円の減少、従業者の誘発（この場合は減少）数として四二五万人の減少が推定される。ただし従業者の減少数については、各産業部門の生産額の減少に比例して従業者が減少すると仮定しているために、計算としてはこのような数値となる。実際には各産業部門において生産額の減少に比例してただちに従業者を解雇あるいは廃業（個人業主など）するわけではないので、得られた結果は過大となる傾向がある。また産業連関分析では、その年に発生した需要の変化（増加あるいは減少）はその年内に影響の波及が完了すると想定しているが、実際には影響が翌年度以降に分散される可能性もあることから、単年度としてのＧＤＰへの影響はやはり過大に推計される傾向がある。時間的な経過の影響を検討するには別の経済モデルと組み合わせて試算する必要がある。

脚注

注1　東京都市圏交通計画協議会「パーソントリップ調査データ」データ提供ページ、一九八八年・一九九八年・二〇〇八年・二〇一八年（ウェブ上で利用できる年）。https://www.tokyo-pt.jp/data/01_02　中京都市圏交通計画協議会「パーソントリップ調査データの提供」データ提供ページ、二〇〇一年・二〇一一年（同）。https://www.cbr.mlit.go.jp/kikaku/chukyo-pt/offer/index.html　京阪神都市圏交通計画協議会「パーソントリップ調査データ」データ提供ページ、二〇〇〇年・二〇一〇年（同）。https://www.kkr.mlit.go.jp/plan/pt/

注2　国土交通省「全国都市交通特性調査」。https://www.mlit.go.jp/toshi/tosiko/toshi_tosiko_

tk_000033.html

注3　国土交通省「パーソントリップ調査」パーソントリップ調査の実施状況。https://www.mlit.go.jp/toshi/tosiko/toshi_tosiko_tk_000031.html

注4　福井県「第三回福井都市圏パーソントリップ調査（平成一七年）の地区別およびテーマ別集計結果」。https://www.pref.fukui.lg.jp/doc/toukei-jouhou_/opendata/list2_ptrip_tiiki.html

注5　国道交通省「大都市交通センサス」　https://www.mlit.go.jp/sogoseisaku/transport/sosei_transport_tk_000007.html

注6　センサスでは「京阪神」でなく「近畿」の名称であるが調査範囲はほぼ同じ。

注7　国土交通省「第一二回大都市交通センサス調査結果集計表」。https://www.mlit.go.jp/sogoseisaku/transport/sosei_transport_tk_000035.html

注8　国土交通省「全国幹線旅客純流動調査」。https://www.mlit.go.jp/sogoseisaku/soukou/sogoseisaku_soukou_fr_000016.html

注9　総務省統計局・国勢調査のウェブサイト。http://www.stat.go.jp/data/kokusei/2010/

注10　全国民・全世帯など対象の全数を調査することは「悉皆《しっかい》調査」という。

注11　「平成27年度全国都市交通特性調査」。https://www.mlit.go.jp/toshi/tosiko/toshi_tosiko_fr_000024.html

注12　Ｇｏｏｇｌｅ社「コミュニティ　モビリティ　レポート」。https://www.google.com/covid19/mobility/

注13　『日刊スポーツ』「［県外ナンバー狩り」に注意…お盆帰省もコロナ変化」二〇二〇年八月九日。https://www.nikkansports.com/general/nikkan/news/202008080000696.html

注14　『ＮＥＷＳポストセブン』「見直されるマイカー　長距離運転も苦にならない［意外な五台］」二〇二〇年八月一〇日 https://www.news-postseven.com/archives/20200810_1584709.html

注15　『Ｊタウンネット』「［ほぼ毎週車中泊］［暇さえあれば次の行き先探す］一度ハマったら抜け出せないドライブ中毒の症状とは」二〇二〇年八月二五日。https://news.nifty.com/article/item/neta/12150-771186/

注16　㈱ホンダアクセス「緊急事態宣言下のカーライフに関する調査」二〇二〇年七月一日。https://www.honda.co.jp/ACCESS/press/2020/pdf/hac2020070102.pdf

注17　㈱デルフィス「コロナ禍における［移動］［クルマ］に関する意識調査を実施」二〇二〇年五月一九日。https://www.delphys.co.jp/activities/detail.php?id=37

注18　『東京新聞』「ドライブインシアター続々と復活　ｗｉｔｈコロナで接触避ける」二〇二〇年六月二六日

注19　「軽自動車で車中泊！フルフラット仕様ができるおすすめ一六台」https://cobby.jp/smallcar-shachuhaku.html

注20　「新型コロナ一三六五人感染　ドライブ中の感染事例も」『ＦＮＮプライムオンライン』二〇二〇年八月五日　https://www.youtube.com/watch?v=ebzajb_XsDc

注21　厚生労働省「新型コロナウイルスを想定した「新しい生活様式」の実践例を公表しました」二〇二〇年五月四日、同六月一九日改訂　https://www.mhlw.go.jp/stf/seisakunitsuite/bunya/0000121431_newlifestyle.html

注22　『日本経済新聞』「荷物増に感染リスクも　宅配網、綱渡りの新常態」二〇二〇年七月五日。https://www.nikkei.com/article/DGXMZO61033840R00C20A7H11A00/

注23　「コロナ影響下での消費者動向、アフターコロナへの展望を調査」『マナミナ』。https://manamina.valuesccg.com/articles/885

注24　全国スーパーマーケット協会「スーパーマーケット年次統計調査報告書」二〇一九年一〇月。http://www.super.or.jp/wp-content/uploads/2019/10/2019nenji-tokei.pdf

注25　「新型コロナの個人消費への影響は？データから見えた新事実」『日経ＸＴＲＥＮＥ』二〇二〇年四月二一日。https://xtrend.nikkei.com/atcl/contents/18/00302/00001/

注26　全国スーパーマーケット協会「スーパーマーケット年次統計調査報告書」二〇一九年一〇月、一〇九頁。http://www.super.or.jp/wp-content/uploads/2019/10/2019nenji-tokei.pdf

注27　『日本経済新聞』「荷物増に感染リスクも宅配網、綱渡りの新常態」二〇二〇年七月五日。https://www.nikkei.com/article/DGXMZO61033840R00C20A7H11A00/

注28　［「送料」は「無料」じゃない！「送料無料」を喧伝する裏に潜む運送業軽視」『ハーバー・ビジネス・オンライン』二〇二〇年二月七日。https://hbol.jp/212374

注29　『日本経済新聞』「荷物増に感染リスクも宅配網、綱渡りの新常態」二〇二〇年七月五日。https://www.nikkei.com/article/DGXMZO61033840R00C20A7H11A00/

注30　「ヤマトＨＤ《ホールディングス》、［宅配便急増」でも喜べない深刻事情」『東洋経済オンライン』二〇二〇年六月九日。https://toyokeizai.net/articles/-/355377

注31　「荷物激増の配達員たちが何とかパンクしない訳　宅配ドライバーの告白、コロナ禍の意外な恩恵」『東洋経済オンライン』二〇二〇年六月五日。https://toyokeizai.net/articles/-/354574

注32　日本語訳は　https://www.mikako-deutschservice.com/post/コロナウイルス対策についてのメルケル独首相の演説全文による。

注33　下水に関しては市民向けの解説書『だれも知らない下水道』という良書があるので参照していただきたい。加藤英一『だれも知らない下水道 増補版』北斗出版、一九九九年。

注34　総務省「産業連関表」解説ページ。https://www.soumu.go.jp/toukei_toukatsu/data/io/index.htm

注35　新井美江子「アルコール消毒液が大増産でも店頭に並ばない意外な理由」『ダイヤモンドオンライン』二〇二〇年四月一六日。https://diamond.jp/articles/-/234802

注36　「シーツ洗濯を拒否される病院続々、業者が感染懸念…三か月分たまった例も」『読売新聞』二〇二〇年六月二一日。

注37　「新型コロナで激変する消費構造～何が増えて何が減ったか?-品目別に解析～」第一生命経済研究所、二〇二〇年五月八日。http://group.dai-ichi-life.co.jp/dlri/pdf/macro/2020/hoshi200508.pdf

3　公共交通とコロナ

公共交通は感染源なのか

報道によると、感染の実効再生産数（一人の感染者が何人感染者を発生させるか・第1章参照）は二〇二〇年七月一八日時点で、首都圏一・一、関西圏一・五、中京圏二・〇、九州北部二・一となっており、意外にも鉄道の分担率が高い都市圏ほど実効再生産数が低い[注1]。また同八月以降には、公共交通の分担率が低く、ことに鉄道がほとんどない（那覇市のモノレールのみ）沖縄で急速な拡大がみられた。また第1章で紹介した国交省・国立感染症研究所の首都圏を対象としたシミュレーションでは、電車での感染はないとして計算している。シミュレーションでは首都圏の電車の運行本数の制限による拡大防止効果をケーススタディしているが、それは電車で感染するからではなく、外出先から感染を持ち帰り家庭内や学校で拡大する影響を考慮した試算である。不安はありながらも大都市圏で鉄道が継続して利用されているのは、一般的に推奨される対策（マスク・換気・会話の自制など）を講ずれば、鉄道は主な感染源ではないという経験知が形成されてきたためではないか。国土交通省によると、時速約七〇㎞で走る電車で窓を一〇センチ程度開ければ車内の空気は五〜六分で入れ替わるという。基本的な対策を講じて居ればクラスターは防止できる可能性が高い。経路不明の感染者が増えているが、現状では電車や飛行機でのクラスターの報告はない[注2]。

二〇二〇年二月一八日、福岡市営地下鉄の車内で非常通報ボタンが押され「咳をしているのにマスクをしていない乗客がいる」と通報があり、双方の客は口論していたという[注3]。かりに相手が感染者だとすれば口論で感染リスクは高まるから、何が目的で通報したのか不可解であるが、不安による不合理な行動がたびたび伝えられた。

日本の大都市圏の鉄道は、利用者数・混雑度・接触時間（長距離通勤）が圧倒的に大きいうえに、二〇二〇年三月ころまではほぼ平常なみの利用が続いていたにもかかわらず、急激な拡大源とならなかった理由については今後解明の必要がある。一方で公共交通での感染の可能性を指摘する報道もみられる。[注4]欧米の科学者らが二〇二〇年七月六日にＷＨＯ（世界保健機関）や各国保健当局に対し新型コロナが空気感染する可能性について書簡を提出した。ただしこの記事では「空気感染の可能性は低い」とする専門家のコメントも掲載している。

また利用の方法による感染リスクの相異についても明確な情報はない。ある感染症の研究者は「換気ができる出入り口付近に立ち、他人からの飛沫が直接かからないように壁側に顔を向ける」[注5]と推奨している。ところが別の研究者は「満員電車では座席付近より、立っている人が多いドア付近の方が三倍近くリスクが高まる」[注6]と逆の指摘をしている。これは車両内の気流の流れをシミュレーションした結果に基づき推定した結果だという。

ドア付近の乗客が飛沫を発生させた場合、天井と乗客の間にできる気流に乗って広がるのに対して、座席の乗客が飛沫を発生させた場合、それは空調や天井付近の気流の影響を受けにくく近くに落下するので感染確率が低いという。この研究は二〇〇九年の新型インフルエンザ（Ｈ１Ｎ１）に関連して行われ、二〇一三年に発表されている。公共交通の利用に際して呼びかけられている「窓開け」についても、窓際の乗客が飛沫を発生させた場合、外部から吹き込んだ風で飛沫を拡散させるため、かえ

図3—1　人の動きと新規感染者報告数

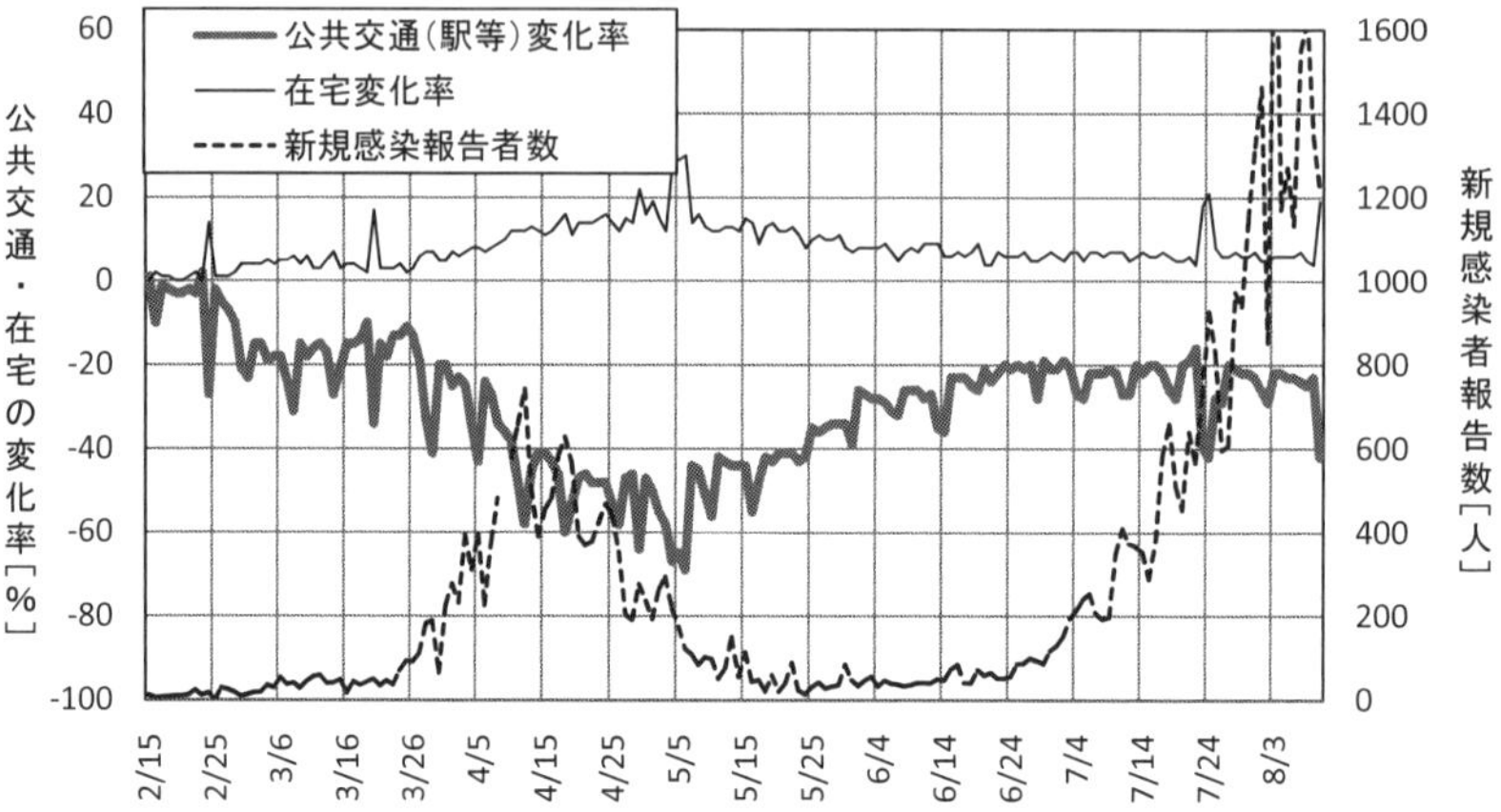

ってリスクを増すという見解もある。[注7] ＷＨＯ（世界保健機関）もＣＤＣ（米疾病予防管理センター）[注8]も窓開けが有効とは表明しておらず、日本の専門家会議も窓開けが有効との根拠は示していないという。他にもいくつか相反する議論がみられ確実な情報はない。

一方で米国・ニューヨークでの調査では、公共交通機関の職員一三〇〇名を対象に検査を実施したところ、感染率は一般市民より低いという結果が得られた。公共交通機関の職員は不特定多数の乗客との接触が多いにもかかわらず感染率が低いことは、マスクなど一般的に入手できるレベルの防護具でも感染防止効果があることを示すと評価されている。[注9] 日本では公共交通機関の職員の感染も散発的に報道されたが運行に支障を来たすまでには至っていない。なおニューヨークの事例は多数の対象者に抗体検査を実施したことにより判明した事実であり、日本のように検査数を限定していれば知ることができない。

図３—１は前出のＧｏｏｇｌｅデータによる人の動

きの変化（公共交通と在宅）および、日本の新規感染報告数の推移を示す。Ｇｏｏｇｌｅデータに関しては人の移動状態を必ずしも反映していないこと、また最大二週間のタイムラグや各人の感染防止行動（マスク・手洗いなど）の普及などプラス・マイナス双方の不確定要素がある。しかし三月中旬以降には公共交通の利用者が減る一方で在宅率が上昇したにもかかわらず新規感染報告数が増加し、欧米ほどではないものの「爆発」に類似したパターンが観察されている。また六月一九日（緊急事態宣言解除）以降に公共交通の人出が回復しても新規感染者報告数は一か月程度は増加しなかった。この傾向から推定するかぎり公共交通が「爆発源」になったとは考えにくい。また第1章で検討したように移動自粛が感染拡大防止に有効であったのかも疑わしい。

米国では公共交通機関が新型コロナの感染拡大を加速させている可能性を示す論文が発表され、ＣＤＣ（米国疾病予防管理センター）が企業に対して「可能であれば従業員が公共交通機関を避けて一人で車を運転して通勤するように促す」というガイダンスを発表した。一方で公共交通機関が新型コロナの感染源であるという検証はされておらず、欧州のいくつかの国で特定された集団感染の中で公共交通機関に起因するものはなかったとの反論も提示されている。[注10]

「日本モビリティ・マネジメント会議」は「安全な公共交通の乗り方」とするポスター（パンフレット）を提供している。[注11]同資料によると、①換気を確実にする（空気感染）、②目・鼻・口を触らない（接触感染）、③会話を控える、あるいはマスク着用（飛沫感染）の三点を守れば感染リスクは「ほぼゼロ」と表現している。ただし身体が密着するほどの満員車両では対策の実行が困難になるので避けるようにとしている。これらのポスター（パンフレット）は実際にいくつかの交通事業者の車内に掲示された。

ただしこれらの対策は公共交通の利用如何にかかわらず推奨されている対策であって、いわば公共交通を「やむをえず利用する場合」の対策である。公共交通の積極的な利用を奨励する根拠としては訴求力が弱い。前述のように、自動車業界は人々の「公共交通は危険」という潜在意識に乗じて「そんな面倒なことをするくらいならクルマを使えばよい」とアピールしており、公共交通の側の説明としては極めて弱い。交通事故に関する安全性ならば客観的データに基づいて明言できるが、感染症対策に関して対抗するには別の切り口が必要であろう。

公共交通の危機

コロナによる移動自粛の影響で、公共交通事業者（鉄道・バス・タクシー等、企業名でタクシーを冠していてもバスを運行あるいは受託している事業者、あるいはその逆もある）の窮状が伝えられている。大手交通事業者については全国紙等で、また地域交通事業者については地方紙・地方版等により状況が報道されている。市民団体の（特非）ＲＡＣＤＡ大阪・堺ではこれらの報道により「コロナ禍交通影響リスト」を作成している。[注12] 随時更新されているが二〇二〇年六月一九日の都道府県間の移動自粛解除後から抜粋すると、国土交通省九州運輸局が管内のバス・鉄道・タクシー・旅客船の事業者一〇四社を対象に聞き取り調査を行ったところ、同年五月までにすでに一三社が休・廃業し、七五社が一年以内に資金繰りが不安になると回答した。[注13] 群馬県の上毛電鉄は同年四〜五月の運輸収入が前年比七五％減となり、同社社長は「運行すればお金がかかり、三密を避けると採算が取れない」「政府が推奨する『新しい生活様式』でテレワークや徒歩、自転車の併用が広まれば利用客は元に戻らない」と述べている。[注14]

他の事業者についても、報道された範囲だけでも同様の窮状が伝えられており、実態はさらに深刻であると予想される。バスに関してもさまざまな困難が生じている。新型コロナの影響により曜日や時間帯による道路の混雑状況が大きく変化してダイヤ通りの運転が困難になったり、フードデリバリーの自転車が急増するなど注意を払わなければならない要因の増加もある。また勤務環境が変化して慣れない路線を運転したり、鉄道よりも乗客と至近距離で接する業務が多くなることから感染リスクへの不安も大きい。[注15]

一方で現段階では真偽不明ながら、新型コロナ収束後の経済対策として高速道路無料化が提案される可能性がある。また生活支援に便乗して、自動車産業による自動車関連諸税の減免等の要求が登場する可能性も高い。これは新型コロナで疲弊した地域公共交通にさらにダメージを及ぼす。もとよりこれは、新型コロナがいつ・どのように収束するかにより大きく異なるうえ、どのような状態を以て「収束」とするかについての社会的合意はまだ見出されていない。しかしウイルス自体をゼロにすることは不可能であるから、いずれは「共存（ウィズ・コロナ）」せざるをえないが、そのレベルをどこに想定するかが課題である。

梅原淳はＪＲ六社（旅客会社の東日本・東海・西日本・北海道・四国・九州）について、楽観ケースから厳しいケースまで各々三ケースを設定して二〇二〇年度（二〇二一年三月まで）の収支予測を試みている。[注16] 概略の条件として、観察された実績から、二〇二〇年四月では六〇～一〇〇％の減収、同五月では多少回復して五〇～九五％の減収としている。六月以降のシナリオについては次の表3―1のとおりである。一方、営業費用についても旅客の減少に応じて列車を間引くとして各シナリオごとに表のように設定している。ただしこの試算では、営業費用の削減について、旅客の減少に応じて列車の運転本数を間引くとしているので、結果として「三密」は解消されない前提になる。

表3―1　JR六社の影響予測

シナリオ	営業収入の設定	営業費用の設定（節減）
シナリオ1（楽観）	新幹線、在来線の定期旅客、定期外旅客とも二〇一九年度の水準に戻る	年間を通じて列車の運転本数の一〇％相当を間引く
シナリオ2（中間）	新幹線・在来線とも定期旅客は二〇一九年度の水準に戻るが、定期外旅客は二〇％減が続く（「新しい生活様式」の励行により、ビジネス客、旅行客とも落ち込む）	六月以降、列車の運転本数の二〇％相当を間引く
シナリオ3（厳しい）	新幹線・在来線とも定期旅客は二〇一九年度の水準に戻るが、定期外旅客は四〇％減が続く（インバウンド需要は当面見込めず、夏の旅行需要も期待できない）	六月以降、列車の運転本数の四〇％相当を間引く

全国レベルでも優良企業と認識されているJR本州三社（東日本・東海・西日本）を図3―2に、またもともと経営が厳しい三島会社（北海道・四国・九州）を図3―3に示す。シナリオ1と2でさえも、本州三社でJR東海のみが営業損益がプラスに留まるだけである。これは東海道新幹線の収益がもともと膨大であるためであるが、シナリオ3になるとすべての本州三社で営業損益がマイナスと

図3―2　ＪＲ本州三社の20年度損益見通し

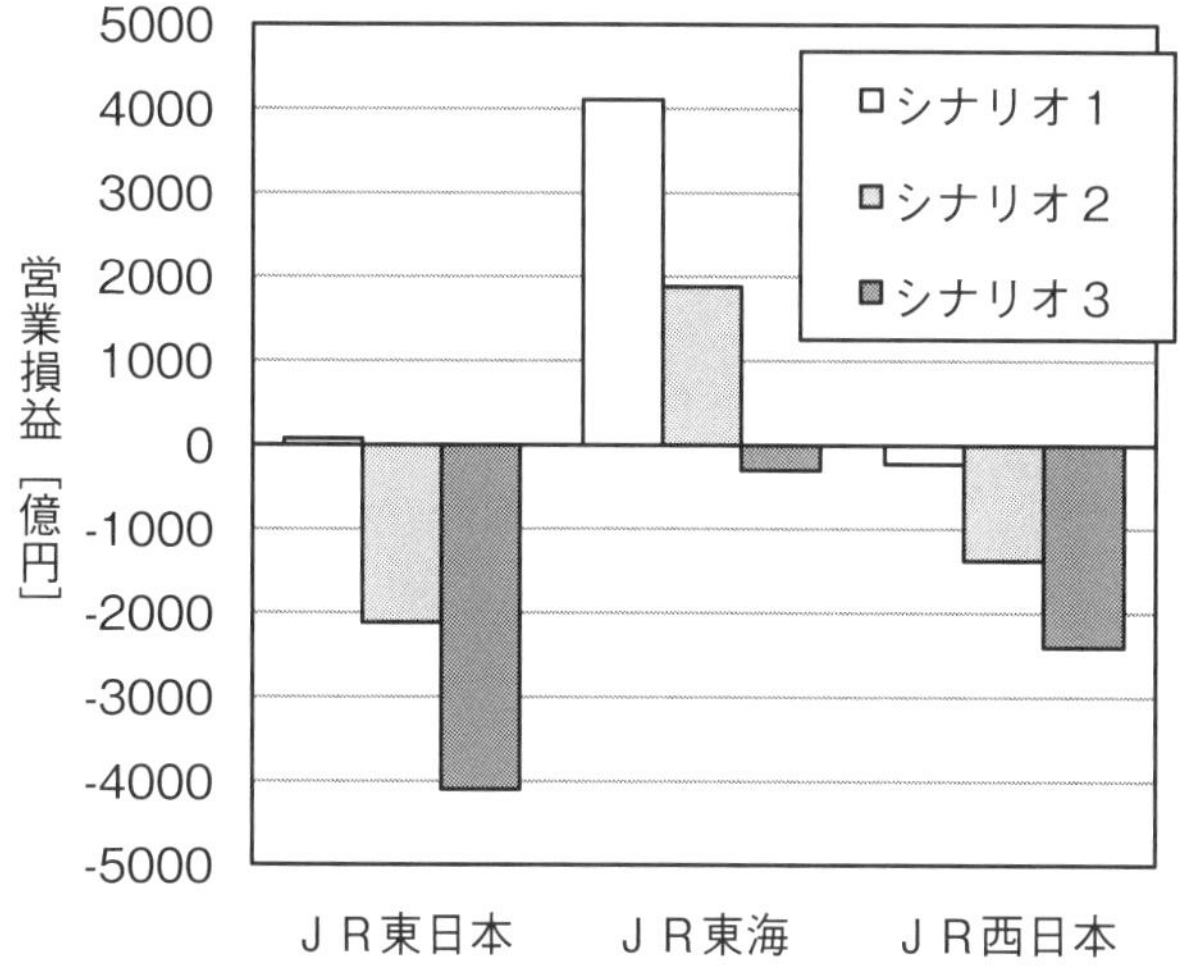

図3―3　ＪＲ三島会社の20年度損益見通し

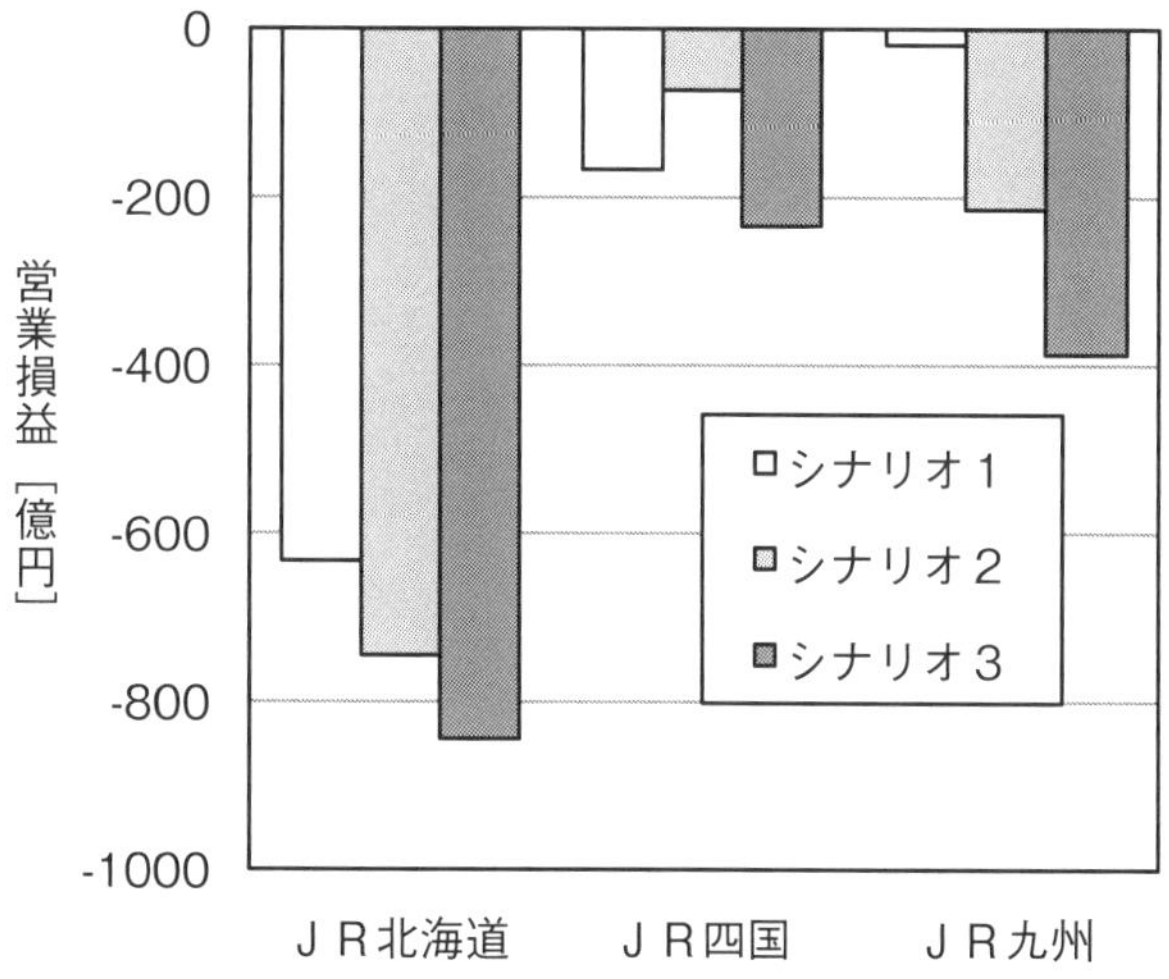

なる。もともと営業損益がマイナスの三島会社では損失額がさらに増加することは当然である。

前述の梅原の試算はＪＲ六社（旅客会社）の二〇二〇年度の推定であるが、より厳しいシナリオもありうる。もし「新しい生活様式」として利用者の減少が恒常的に定着するのであれば、中小私鉄はもとより大手私鉄でさえも窮地に陥る。図３―４は利用者が恒常的に三割減少した場合の営業状況を、鉄道事業者の種類別に示す。この図は「営業係数」で表示している。営業係数とは、一〇〇円の営業収入を上げるのに営業費用が何円かかっているかを示す数値であり、鉄道事業者あるいはその中での各路線の収支状況を示す基本的な指標である。営業係数が一〇〇を超えるといわゆる「赤字」であり、その数字が大きいほど収支状況が厳しいことを示す。

ＪＲ本州三社（旅客会社）や大都市圏の大手私鉄・東京メトロでも、利用者二割減で営業収益はようやく黒字を計上するかどうかのレベルとなり、三割減ならばすべて赤字に転落する。関連事業の収益で補填する方法もありうるが、新型コロナの影響で関連事業もダメージを被っている上に、金額的にも補填が可能な範囲ではない。もし大都市圏の鉄道すら独立採算で維持できなくなった場合でも公的補助がないとすれば、もともと「三密」でなければ成立しないビジネスモデルなのだから、鉄道事業者は利用者が減少した状態での「三密」に復帰するように対策を講ぜざるをえない。すなわち利用者の少ない路線の廃止、電車の編成両数や列車本数の削減、人員削減によるサービス低下、さらに運賃値上げなどである。それはいっそう利用者離れを招く要因となり、いわゆる「蛸の足喰い」に陥り経営はますます厳しくなる。すでにＪＲ東日本・西日本は終電車の繰り上げを発表している。理由は深夜作業が不可避となる保線従事者の労働環境改善のためとしているが、新型コロナの影響による乗

図３—４　利用者３割減の場合の鉄道事業者収益

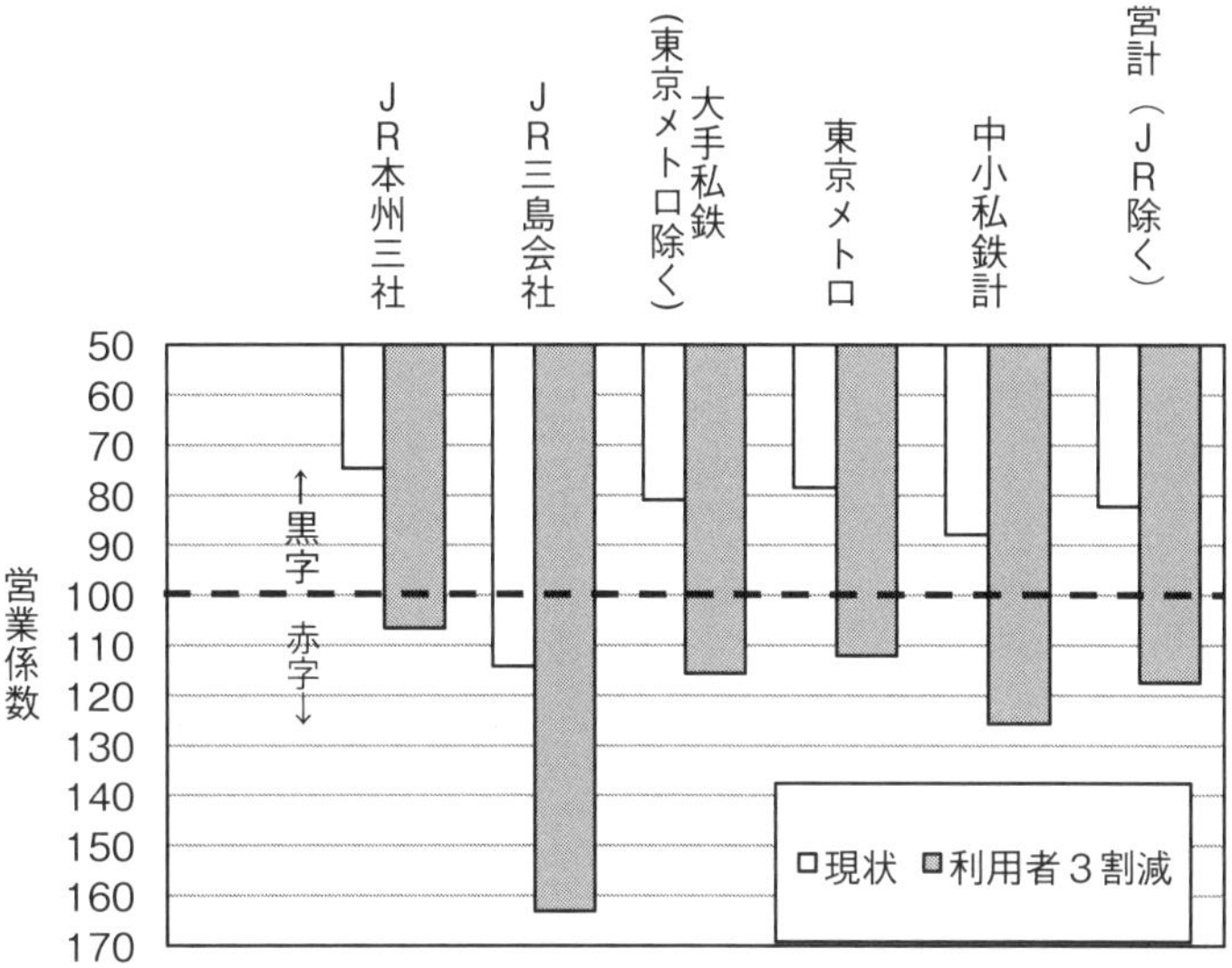

客減少に対応したものとみられる。[注17]

次に、各鉄道事業者の中の路線別としても検討する。今後恒常的に利用者が二割減少した場合に営業損益がマイナスとなる路線をリストアップし「存続困難」とみなした。全国の鉄道路線別の営業損益の推定は厖大な作業であるが、網羅的に営業収益を推定した中嶋茂夫の試算[注18]を利用して適宜修正して使用した。個別の路線の存廃は各々の事業者の判断によるので断定はできないが、かりにそれらが廃止されたとすると、日本の現状の鉄道ネットワークの図3—5に対して、「存続困難」の路線を除くとどのような状態に至るかを図3—6に示した。

なお沖縄の鉄軌道は沖縄都市モノレールのみ（存続困難）なので地図を省略した。二割減少した場合には新幹線の中でも営業損益がマイナスになる路線があり、また北海道新幹線の札幌延伸、九州新幹線の長崎延伸とも、新型コロナ前から赤字が予想されているが、いわゆる「国策」として新幹線は維持されるものと想定した。なおリニア新幹線の問題点と実現性については別途第6章で取り上げる。

もっとも鉄道事業者にとって、少子高齢化が避けられない社会的趨勢であるという前提から、新型コロナによる大幅な減収はいずれ来るべきものが早く来たともいえる。各事業者も長期的な経営計画ではそれを視野に入れている。計画といっても積極的な攻勢というより撤退作戦とみたほうがよい。国鉄を継承して一九八七年に発足したJR各社でも、地方路線ではJR発足時に対して新型コロナ前から利用者が八〜九割減少している線区がみられる。

JR北海道は経営の負担となる不採算路線に関する資料を公表し経営分離の意向を示唆してきたが、二〇一六年一一月には「当社単独では維持することが困難な線区について」を公表した。[注19] 対象は一〇路線・一三区間で合計一二〇〇㎞にのぼる（一部は既に廃止済み）。JR北海道ではただちにこれらの路線・区間を廃止するとは言明していないが自治体が費用を負担しなければ維持困難であるという最後通告として提示している。北海道ではローカル線どころか札幌市内に乗り入れていた定山渓鉄道（私鉄）が一九六九年に廃止された。またJR九州は路線別の収支と平均通過人員を公開した。[注20] こうしたデータは以前は企業内情報として公開されなかったが、今になって公開しているのは、自治体の費用負担がなければ廃止を示唆する意図と考えられる。二〇一七年七月の水害で被災したJR九州の日田彦山線（添田〜夜明間）については、JR九州は年間一億六〇〇〇万円の支援金を沿線自治体に要求して協議した結果、鉄道復旧を断念しバス転換が決定した。[注21]

図３—６　鉄道ネットワーク（新しい生活様式）

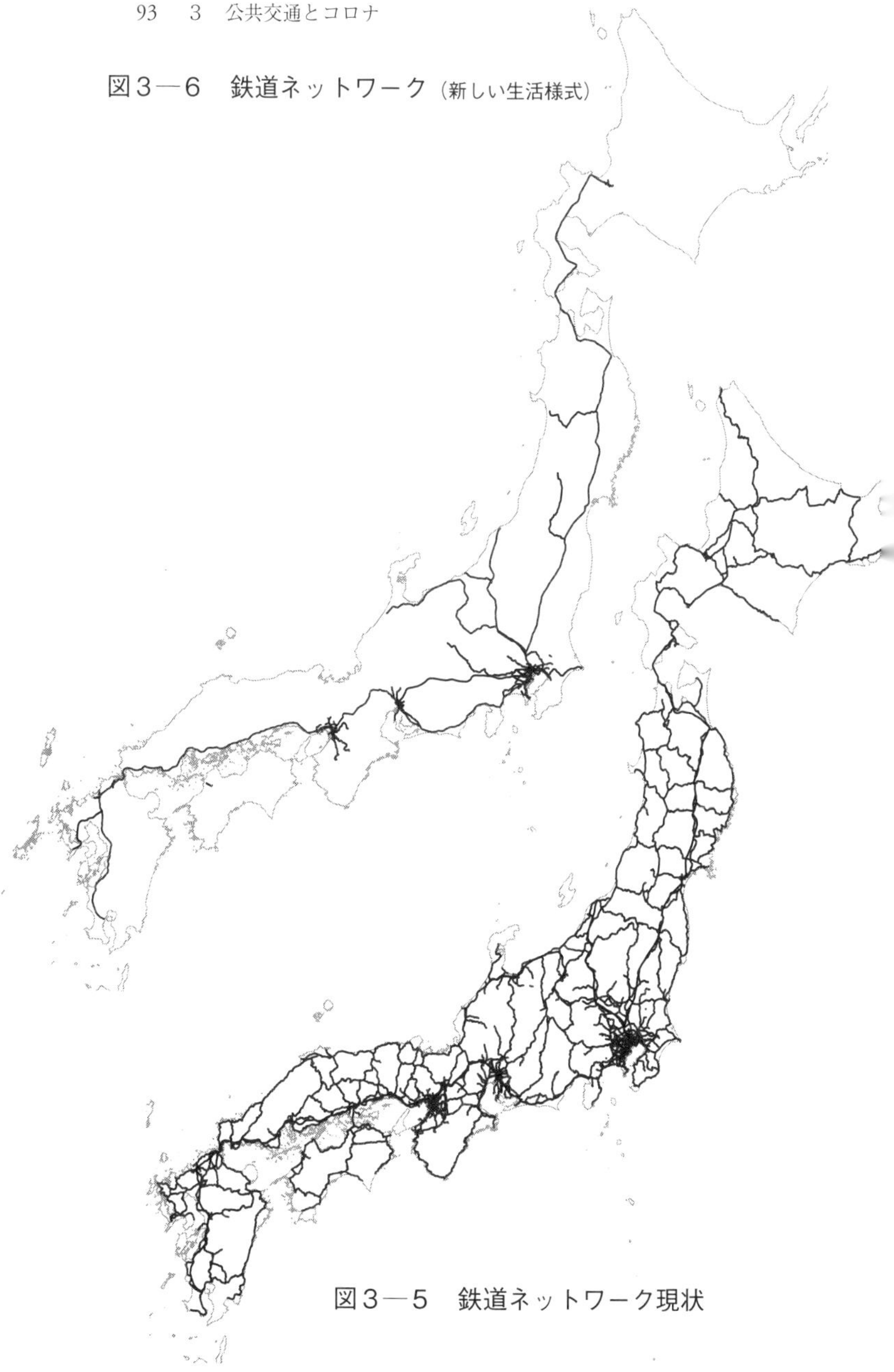

図３—５　鉄道ネットワーク現状

経営の苦しいJR三島会社といえども地域では大企業であるが、中小のバス・タクシー事業者はさらに危機的な状況であり、前述の市民団体の調査にもあるとおりすでに休・廃業が発生している。神田佑亮（呉工業高等専門学校）は二〇二〇年四月の時点で、①楽観シナリオ1（五月解除、徐々に回復）、②楽観シナリオ2（五月解除、業績回復遅い）、③中期化シナリオ（八月解除、徐々に回復）、④長期化シナリオ（年内解除、徐々に回復）の四ケースのシナリオについて、公共交通の全分野（航空・新幹線・在来線・各種バス・タクシー・船舶）への影響（運輸収入の減少）を表3―2のように試算している。[注22] なお神田の試算は単年度の損失であり、翌年以降の影響は不明である。緊急事態宣言解除（二〇二〇年六月）以降の情勢では、これらの推定よりもさらに厳しい状況となっている。

表3―2　新型コロナの影響による公共交通の損失額試算

（単位・億円）	①楽観シナリオ1（五月解除、徐々に回復）	②楽観シナリオ2（五月解除、業績回復遅い）	③中期化シナリオ（八月解除、徐々に回復）	④長期化シナリオ（年内解除、徐々に回復）
地域公共交通（船舶・タクシー・バス・中小私鉄）	九六〇〇	一兆一六〇〇	一兆七五〇〇	二兆二七〇〇
鉄道大手（JR・大手私鉄）	一兆八一〇〇	二兆一六〇〇	三兆二六〇〇	四兆二四〇〇
航空（国内・国際）	七九〇〇	九四〇〇	一兆四一〇〇	一兆八一〇〇

環境優位性の消滅

全国の自治体の環境や交通に関する計画や施策では、大都市圏はもとより地方都市圏でさえも「マイカーから公共交通機関への転換によるCO₂排出量の削減」が定型句のように記述されてきた。しかし鉄道は自動車に比べるとはるかに重量の大きな車両を使用し、いかに編成両数を削減しても一両以下にはできないため、輸送量が小さいとエネルギー原単位、すなわち輸送量（一人・一㎞の輸送）あたりのエネルギー消費量が増大する。コロナによる利用者数の減少により、輸送量あたりで評価する場合には状況はますます厳しくなっている。一方で自動車は一台におおむね一人ずつ個別に乗車（統計上は一台あたりの平均乗車人員は一・六人前後）するから、車両自体の燃費改善はエネルギー原単位の低下に直結する。図3―7は「鉄道統計年報[注23]」を利用して「普通鉄道」「地下鉄」「路面」「ゴムタイヤ方式（モノレールや新交通）」の分類で、輸送密度（ある鉄道事業者や路線に対して、一日・一㎞あたりの通過人員）と鉄道のエネルギー原単位（一人・一㎞あたりのエネルギー消費量・メガジュール単位）を算出した数値である。短距離で発進・停止を繰り返す路面電車については普通鉄道や地下鉄よりエネルギー原単位が若干大きい傾向を示している。

バスについては事業者数が膨大であり、高速バスからコミュニティバスまで使用形態がさまざまである。コミュニティバスや農山村部のいわゆる「生活路線」ではほとんど空気輸送の例も珍しくない。こうした事情から内訳の算出は難しく、概略の全国的な平均[注24]として評価した。航空機は離陸時にエンジンをフルパワーで使用するが、巡航高度に達して水平飛行している時には離陸時の三分の一程度のパワーしか使用しない。このため短距離路線ほど輸送量あたりのエネルギー消費量が多くなる。航空機では天候や航路状況に応じて経路や高度が変わるので鉄道と厳密な比較は難しいが、航空統計[注25]から東京（羽田）～福岡便で実績の平均としてエネルギー原単位を求める。同じ図に、現状で普及してい

るガソリンハイブリッド車と電気自動車のエネルギー原単位を合わせて示す。[注26]

中長期的なエネルギー需給構造（原子力・化石燃料・再生可能エネルギーなど）については多様な議論があり確実な予測は難しいが、電気自動車が普及した将来を想定すると、鉄道については輸送密度が五〇〇〇～一〇〇〇〇人なければ環境優位性を発揮することはできない。図3―8は環境優位性を発揮できる鉄道路線として、コロナ以後の利用者減少を考慮して輸送密度一〇〇〇〇人以上の路線を抽出したものである。大都市圏と主要幹線以外ではほとんど鉄道の環境優位性は失われるであろう。またバスについては、現状でもエネルギー原単位はガソリンハイブリッド車・電気自動車を上回っているから、新型コロナの影響により輸送量が低下するとエネルギー原単位はさらに上昇する方向となり、環境優位性は期待できない。鉄道と航空機の比較では、ほぼすべての範囲で鉄道のほうがエネルギー原単位が少ない。気候変動に対する関心の高まりから、EU圏では航空機に代えて鉄道の利用を奨励するキャンペーンが注目されたが、[注27]これは新型コロナ後でも有効であろう。

公共交通の社会的価値

それでは公共交通の存在意義はいずれに見出すべきか。新型コロナ前の首都圏の鉄道混雑とそれによる影響を経済価値に換算すると年間三二四〇億円との試算もある。[注28]内容は①混雑により引き起こされる遅延による経済損失、②肉体的・精神的ストレスによる経済損失、③満員電車で身動きができない（他の生産的な行為ができない）ことによる経済的損失などを考慮したものである。この費用を、

図3―7　輸送密度と鉄道のエネルギー原単位の関係

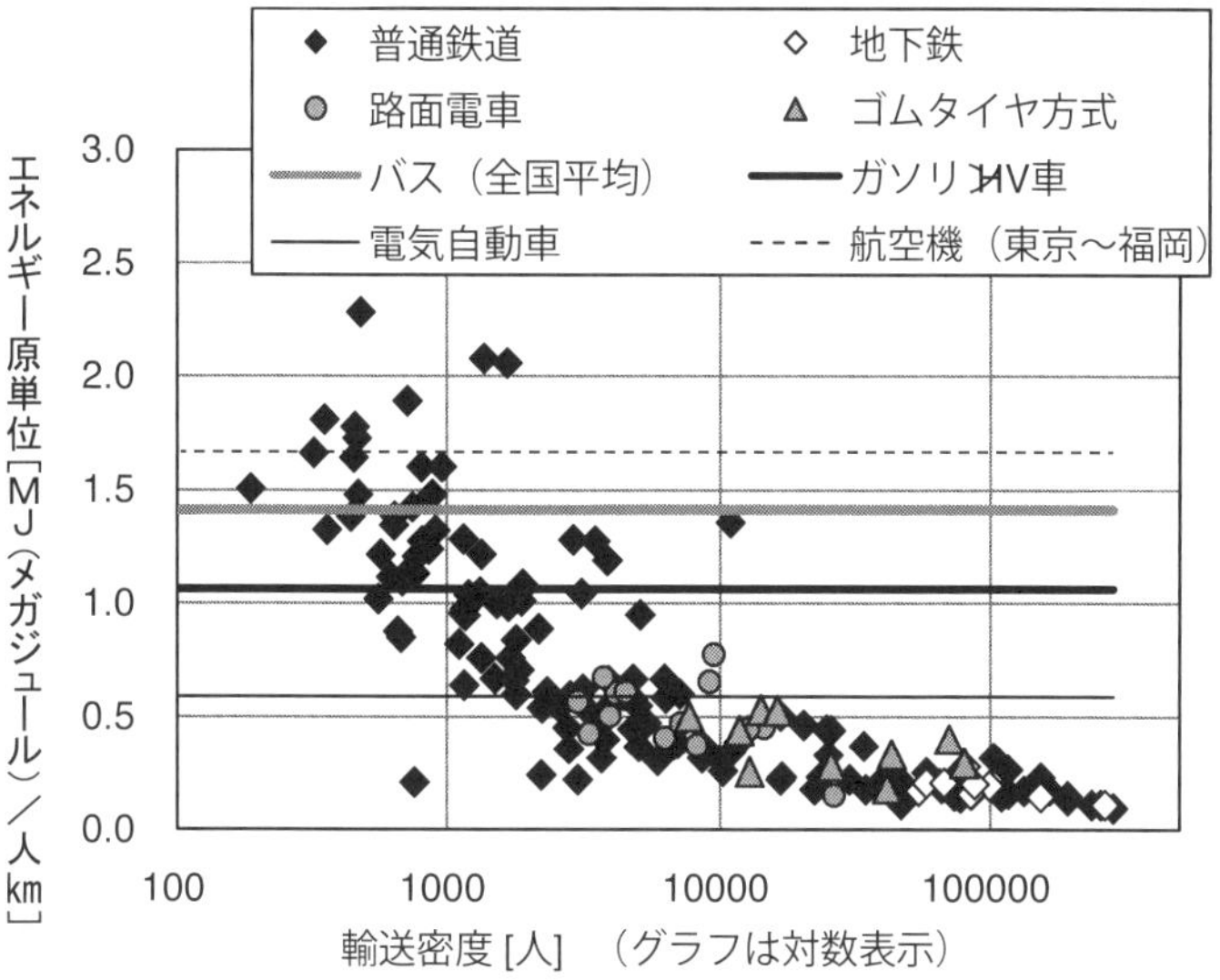

さまざまな労力（行列・詰め込み・ぶつかり合い・諍《いさか》い・迷惑行為）の背景などとして利用者が負担することによって、東京都市圏あるいは、混雑度はいくらか低いものの三大都市圏の鉄道輸送がこれまで成り立ってきたのである。

　一方で日本の大都市が海外の多くの大都市よりも治安が良いのは、移動の手段として公共交通を利用する人の比率が高いことが要因として指摘されている。国を問わず重大犯罪の過程には自動車が関与するケースが多い。移動や逃走、物品の搬送には自動車は犯罪者にとってきわめて「便利」だからである。また別の面として、人々が移動に公共交通を使う比率が多いことは公共の場所に通行人が多いことであるから、かりに犯罪を企てる者がいても人目につきやすいので犯罪の実行が抑制される。これに対して自動車が主な移動の手段であると、人々は車外のできごとには無関心になり、犯罪が蔓延する余地が作り出される。

新型コロナに関して「他人と接触せずに移動できる」という側面のみに注目すれば「マイカーは安全」と認識されるかもしれない。しかしマイカーは市民の孤立・分断を深め、都市生活のレベル向上にはつながらない懸念がある。その関係はボゴタ市（コロンビア）のエンリケ・ペニャロサ元市長（一九九八～二〇〇一年在任）の政策によって実証された。ボゴタ市はかつて犯罪都市として知られ、世界一危険な都市の汚名を冠していた時期もあった。ペニャロサ市長は「先進的な都市とは、貧しい人でもマイカーを使う都市ではなく、むしろ裕福な人でも公共交通を使う都市のことである」[注29]との理念を示し、公共交通や自転車道路の整備を進めることによって治安の改善がみられたため国際的に注目された。その他にも格差是正を目指す各種の政策を実施したことによる複合的効果ではあるが、車の中と外で富者と貧者が対立する社会ではなく、誰もが隣り合って公共交通の座席に座ることが安心・安全な社会に向かう一つの要素であることを示した。

ところが先進国であるはずの日本では、新型コロナ前から「マイカーがないと基本的な生活のニーズも満たせない」という状況が拡大してきた。公共交通のサービスが乏しい地域では自動車は日常生活に不可欠ではあるが、それは必ずしも普遍的に人々の移動の自由に寄与しているとはいえない。経済的条件によっても移動の自由に関する格差が発生するからである。世帯の年間収入と交通関連（鉄道・バスその他・自動車）の支出[注30]や、世帯の収入と自動車の保有率[注31]には明確な比例関係がある。

移動距離あたりの公共交通の運賃・料金や自動車の運行費用は世帯の収入にかかわらず一定である

図3―8　コロナ後に鉄道が環境優位性を発揮できる範囲

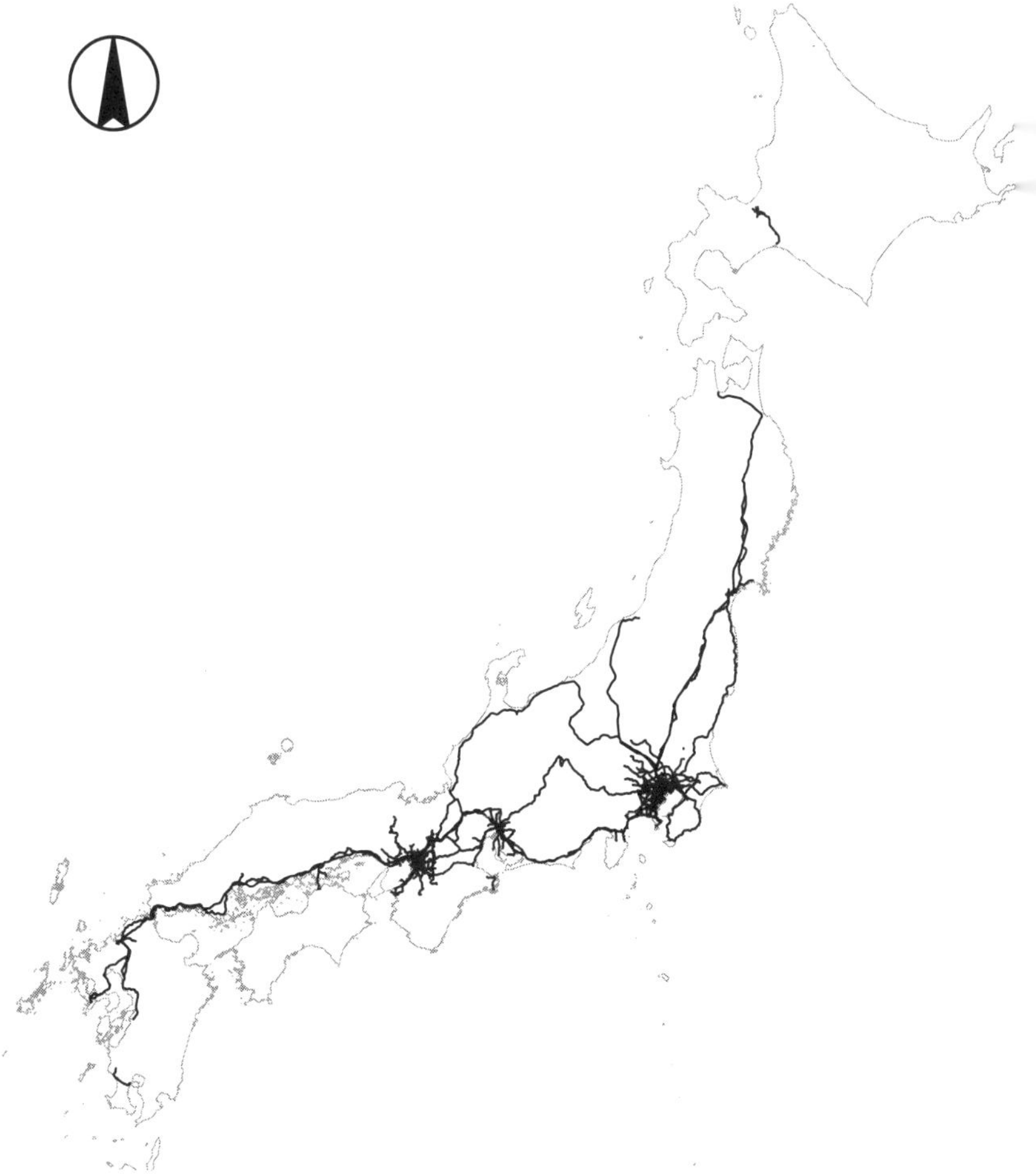

から、交通関連の支出は直接的に移動の距離と比例する関係にある。収入の差は移動の自由の差に直結し格差をもたらす。また自動車の保有率に関して注目されるのは、年収区分が最も少ないレベルでも半数近くの世帯で何らかの自動車が保有されていることである。これは就業のために無理をしてでも自動車を保有せざるをえない実態を示している。経済的・社会的格差の議論では移動の制約こそが就業・教育・健康レベルその他社会的な活動やサービスに参加できない制約（社会的排除）をもたらしている。

公共交通は格差是正のシステム

どのような社会でも何らかの格差は存在するが、何の対策もとらずそれを放置すれば格差は拡大する方向になりやすい。そこで古今東西を問わずさまざまな格差是正の方策が議論されてきた。小島英俊（交通史）は「十九世紀前半に理想主義を掲げたフランスのサン・シモン派の人たちは、駅や車内でのコミュニケーションが、単に人間相互を近づけるだけでなく、それによって階級差別もなくす役割を果たすのではないか、と鉄道による平等化の実現に期待を示している。またフランス人のベクールの「来たる鉄道車両は従来の駅馬車のように階級と資産によって区別するようなシステムを継承してはならない」という主張を紹介している。注32

日本では明治維新前の一八六〇（万延一）年に幕府の訪米使節団が鉄道に乗り、団員の村垣範正はその驚きを記録している。原田勝正（歴史学）は「この体験は、当時身体をよせ合って交通機関に乗

図3—9　総合医療機関へのアクセス距離別人口

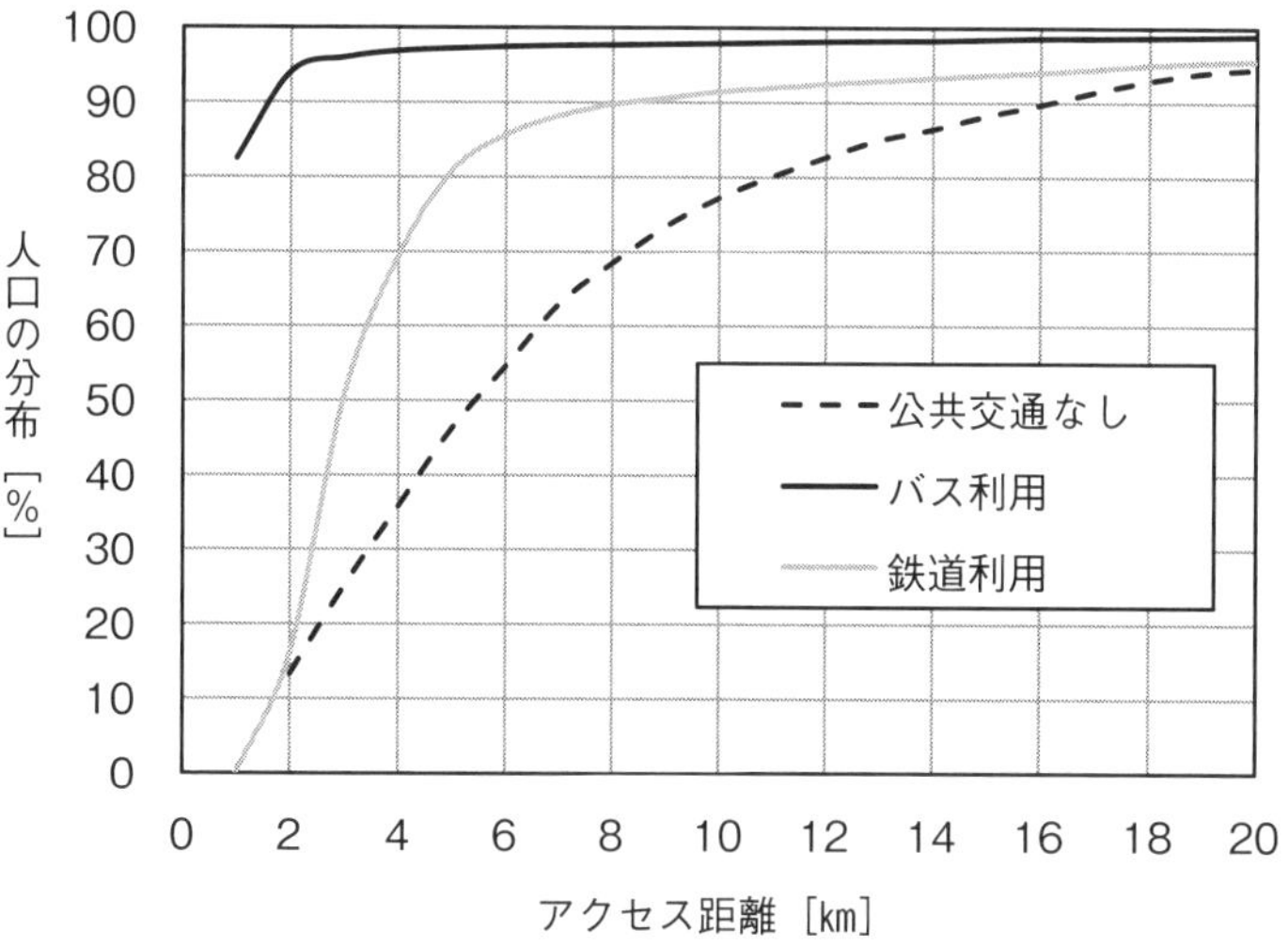

る、すなわち乗合いの機会がほとんどない、少なくとも陸上交通機関ではまったくないために、非常におどろくべきものであったにちがいない。また、上級武士として、彼は自分の身分より低い者が、身体を接して同席するなど思いもよらぬことだったであろう。それは、いちじるしく彼の身分意識を刺激したにちがいないのである」[注33]と述べている。

現代の生活を考えた場合、地域における「生活の質」を確保する要因はいくつか考えられるが、代表的な生活インフラとして最寄りの総合医療機関を例に考える。

もし鉄道やバスが存在しなければ、最寄りの総合医療機関まで一〜二kmを越える距離ではマイカーあるいはタクシー（もし存在していれば）を使う必要がある。しかし鉄道やバスがあれば、乗車中は自分自身が移動する必要がないから距離の負担が緩和される。かりにタクシーを使ったり別の人に送迎してもらうにしても全行程でそれに依存する必要はなく負担が少なくて済む。図３—９は愛媛県を例に、公共交通機関が全くなかった場合・鉄道を利用した場合・バスを利用した場合について、どのくらいの割合の人口が最寄りの総合医療機関までどのくらいの距離でアクセスできるかを示す。[注34] バスを利用した場合、利便性（一日あたりの本数など）の制約はあるにしても九割以上の人口が最寄りのバス停まで一～二㎞でアクセスできる。ほとんどの総合医療機関は至近距離にバス停がある。また県内では鉄道は限られた地域でしか利用できないが、それでも五㎞まで人口の八割がカバーされる。大都市に比べて鉄道やバスが必ずしも便利とはいえない愛媛県であっても公共交通の存在はこのように人々の生活の質の確保に貢献している。

　鉄道の社会的価値として、これまで大都市圏においては道路交通では対応できない大量・高速・正確な輸送、また地方都市圏においては自動車が利用できない人々の交通手段などが挙げられてきた。双方に共通的な特性として輸送量あたりのエネルギー消費・環境負荷・事故発生率が低いことなども評価されてきた。しかし中長期的には少子高齢化による利用者の漸減は不可避である。今回の新型コロナの影響でその傾向は急激に加速されたが、これはいずれ来たるべきものが来たともいえる。従来評価されてきた鉄道の社会的な存在価値だけでなく、別の面から評価がなされる必要がある。

　北陸地域はかつて「国鉄の駅ごとに私鉄が接続している」と言われたほど多くの中小私鉄の路線が存在していたが、その多くが廃止された。

図３—10は北陸三県（富山・石川・福井）について、一九九五年と二〇一五年の国勢調査のデータ[注35]

を比較して、駅から半径二km以内のメッシュ（格子状の区画）と、それ以外のメッシュに対して、二〇年間の変化で人口が「〇（消滅）～二五％」「二五～五〇％」「五〇～七五％」「七五％～一〇〇％（一九九五年を維持）」「一〇〇％以上（増加）」の五段階のいずれに属するかを比較したものである。なお半径二km以内とは、一般に駅まで徒歩アクセス可能な半径二km以内の範囲が「駅勢圏」とされることによる。

駅から半径二km以内のメッシュでは、人口減少が〇～二五％（概ね現状維持）に留まる割合が四割ていどあるのに対して、駅なしのメッシュではその割合が二割である。逆に人口半減以下が予想されるメッシュは、駅から半径二km以内では三割弱であるのに対して、駅なしのメッシュでは六割に達する。人口が半減以上の状態になるとコミュニティそのものが存続困難であろう。もちろんこの結果は相関関係を示すだけであって、駅が人口の維持に貢献しているとの因果関係の証明ではないが、地域鉄道の存在価値を示す一つのヒントとなるのではないか。

冨山和彦は、地方再生はコンパクトシティ化と駅前商店街の復活が要点になると指摘している[注36]。郊外型のロードサイド店に在来の商店街の客が奪われ、いわゆる「シャッター街」と化した経緯はもはや過去のできごとであり、現在はその郊外店すら退出が始まり「郊外シャッター街」が出現しているると指摘している。郊外店は基本的に自動車での来店を前提としたビジネスであるが、高齢化・人口減少に伴って自動車での来店の機会が減ってゆく。

地方を成り立たせるためには、駅を核とした歩いて暮らせる範囲に各種の生活機能の集約が有効であると提案している。地方都市では駅前がシャッター街と化している地域が多いとはいえ、現状でも

図3—10　1995年に対する2015年における人口の比率

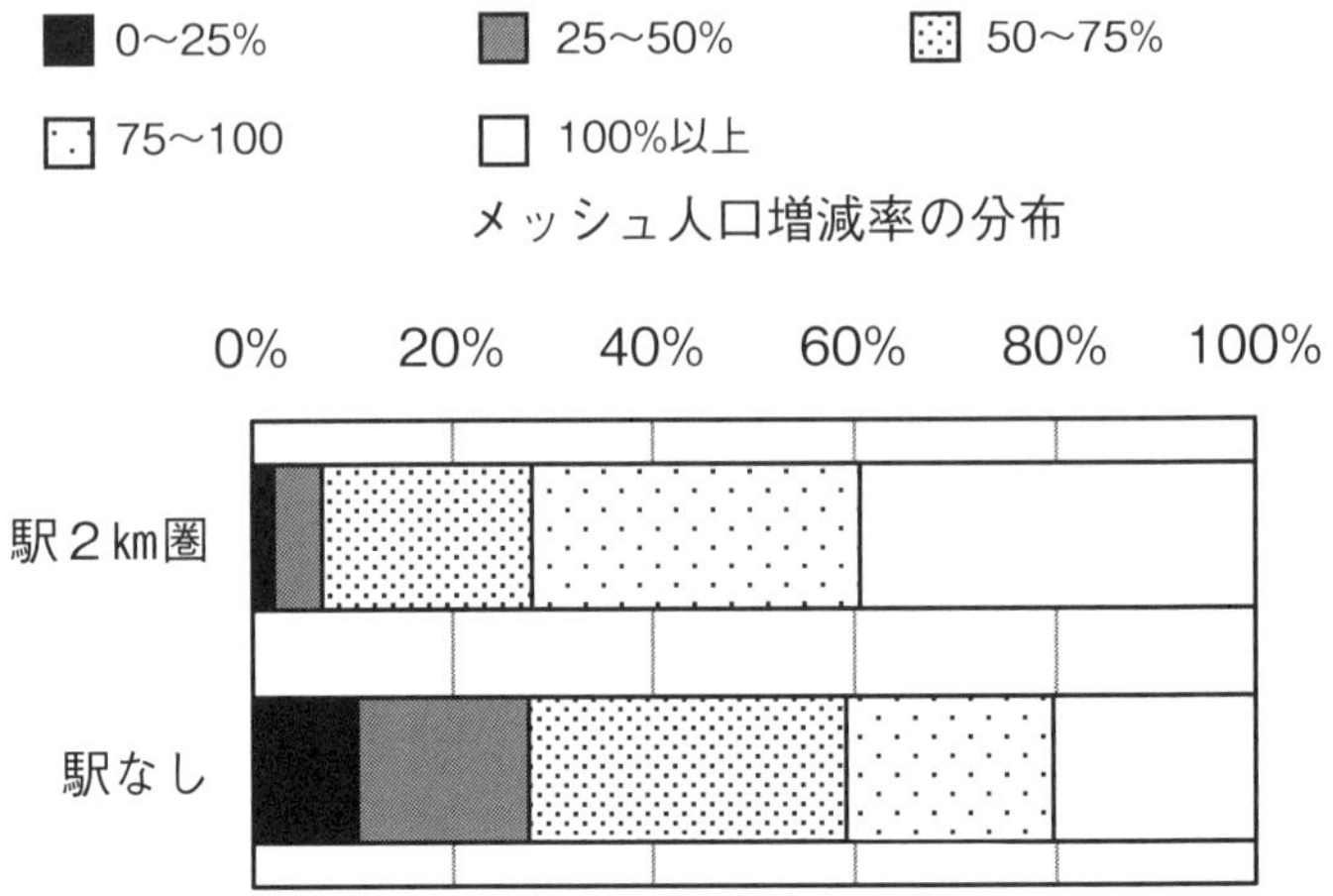

鉄道駅の周辺はあるていど生活機能が集約されてコンパクトシティ的な特性を有しているため、人口の減少が抑制されていると考えられる。これは鉄道が地域社会の維持に果たす役割を示唆しているのではないだろうか。

　地域公共交通の存在価値を評価する考え方として「クロスセクターベネフィット」がある。

　これは「ある部門で実施された施策が、他の部門に利益（節約）をもたらす効果」を指す。もしその施策がなければ他の部門に出費が発生する。地域公共交通サービスの存在により、医療・福祉・まちづくり等の行政費用が節約されていると評価できる。便益が発生している分野は表3—3のとおりである。人口五万人程度の地方都市を想定して試算した例では、その地域で公共交通の維持のために国・県・市で合計七〇〇〇万円を補助している一方で、クロスセクター効果の観点で産み出している便益は三億五六〇〇〇万円と試算している[注37]。

表3—3　クロスセクターベネフィットの評価項目

分野	公共交通がなかった場合に他のセクターで必要となる費用
医療	医療機関までの送迎サービス 事業医師による往診 医療費の増大対策
福祉	タクシー券配布や新たな移送サービス事業 さらなる介護予防事業
商業	日用品の訪問販売
交通安全	増加する交通事故対応 高齢者ドライバーのさらなる安全教育
教育	スクールバスの運行
総務	事業所近くでの居住による人口流出対策
観光	観光地やイベント会場への送迎バス運行
まちづくり	土地の価値低下等による税収減少対策
建設	道路混雑に対応した道路整備
環境	さらなる温室効果ガス削減対策
防災	災害時における市民の移動手段の調達
地域コミュニティ	さらなる外出支援事業

自動運転は地域交通に寄与するか

前述のように中小都市・農山村部では、新型コロナの影響で地域の公共交通が壊滅的な打撃を被って事業の継続が困難になっている。こうした地域でクルマを所有（運転）できない人々は、もともと便利とはいえなかった地域公共交通を辛うじて生活の足として利用してきたが、新型コロナ後には生活に必要な最低限の移動手段も失うこととなる。これに対して「自動運転車」の普及を期待する意見がみられるが、それは地域の交通問題を解決するであろうか。もともと運転できない人を対象としているのだから、こうした状況での「自動運転車」に求められる機能はブレーキ補助や急発進防止のレベルではなく、完全な自動運転機能であろう。

自動運転車の開発過程ではさまざまな試みがなされてきたが、自動運転をレベル分けして段階的に実現する目標が国際的に合意されている。[注38] 在来の車を「レベル０」として、車間距離と車線の維持の機能をドライバーの責任下で使う場合は「レベル１」、その機能が作動中はドライバーが関与しなくてよい場合は「レベル２」というように、自動運転が可能な条件が拡大されるごとにレベルが上がる。最終的にすべての場所と状況でドライバーが介在せず走行が可能な、すなわち運転能力のある人間が乗っていなくてもよい自動運転車を「レベル５」としている。しかし「レベル４」までは制御システムが対応できない状況になると警報が出てドライバーに操作を交替するように求められる。「レベル４」と「５」のギャップは大きい。

いずれも米国であるが、これまでの公道走行試験ではシステムが前方のトレーラーを認識できず衝突（二〇一六年五月・ドライバー死亡）、同じく分離帯に衝突（二〇一八年三月・同）、歩行者を認識できず衝突（二〇一八年三月・歩行者死亡）などの重大事故を起こしている。「レベル5」がここ数年のうちに実現し普及するとは思われない。部分的には地域内（コミュニティ）バスの自動化などへの適用は考えられるが、それもまだ試験段階であり新型コロナ対策としてここ一〜二年の普及を期待することはできない。

脚注

注1『朝日新聞』「感染拡大ペース、今春に近づく 厚労省の助言組織が憂慮」二〇二〇年八月七日ほか各社報道。

注2『日本経済新聞』「新型コロナ『正しく恐れて』わかってきた特徴と対策」二〇二〇年八月一五日。https://www.nikkei.com/article/DGXZZO62684590V10C20A8000000/

注3「福岡市地下鉄、『マスクせずにせき』と非常通報ボタン　新型肺炎」『毎日新聞』二〇二〇年二月二〇日ほか各社報道、

注4 日刊ゲンダイ「欧米でコロナ空気感染の指摘が　電車クラスターの危険性は」二〇二〇年七月八日。https://www.nikkan-gendai.com/articles/view/life/275704

注5「【新型コロナ】「外でマスク」は意味がない⁉　SNSに惑わされない命を守る知識」『週刊新潮』二〇二〇年二月一三日、松本哲哉（国際医療福祉大学教授・感染症学）発言

注6「〈新型コロナ〉満員電車内のウイルス飛散予測　ドア付近が感染リスク高」『東京新聞』二〇二〇年三月二九日、山川勝史（京都工芸繊維大・計算流体力学）発言。

注7　「三密回避の窓開放は逆にウイルスを拡散　元ＷＨＯ専門委《ママ》が指摘」『日刊ゲンダイ』二〇二〇年五月一一日、左門新（元ＷＨＯ専門委員）発言。

注8　米合衆国連邦政府機関であるが、正式名称は〝Centers for Disease Control and Prevention〟であり〝Federal〟や〝United States〟は冠しておらず米国外でも活動する。

注9　日テレＮＥＷＳ２４「ＮＹ抗体検査　公共交通機関職員感染率低い」二〇二〇年五月一〇日。https://www.news24.jp/articles/2020/05/10/10640460.html

注10　「通勤電車やバスなど公共交通機関は新型コロナウイルスの感染を拡大させるのか？」『Ｇｉｇａｚｉｎ』二〇二〇年六月一八日。https://gigazine.net/news/20200618-covid-19-fear-transit/

注11　日本モビリティ・マネジメント会議「ＣＯＶＩＤ19特設ページ」。https://www.jcomm.or.jp/covid19/

注12　ＲＡＣＤＡ大阪・堺「コロナ禍交通影響リスト」。https://drive.google.com/file/d/1jB54Cldc8JTLNJCPiUM96ygAcNfGNiaT/view?usp=s

注13　記事出所は『日本経済新聞』「九州の交通事業者、一三社が休廃業　コロナの影響で」二〇二〇年六月一九日　https://www.nikkei.com/article/DGXMZO60569240Z10C20A6LX0000/?fbclid=IwAR0jdBEjKT1vCl8zIyUnpUnOEm5cy_HPNuTMPUg0QSsBHh1rL-TyUtqPnAE

注14　記事出所は『上毛新聞』「上信・上電・わ鉄　地方鉄道三社苦境　休校・外出自粛で大幅減収」二〇二〇年六月一日（上信・「上信電鉄」、上電・「上毛電鉄」、わ鉄・「わたらせ渓谷鉄道」）。https://this.kiji.is/639837219807003745?c=598039864057267297&s=f&fbclid=IwAR2DzVOPGAMt5Sdm7AlmHQw_KI7p9nAMv4akn6Lm1ZrYC01FKTF2DZb90Cg

注15　『ＷＥＢ ＣＡＲＴＯＰ』「コロナがバス業界を襲う！　最近路線バスの走りが「ぎこちなく」な

ったワケ」二〇二〇年七月一日。https://carview.yahoo.co.jp/news/detail/57eb5a2b59d6a9ccbbe63a37ddae21eaa86db586/?fbclid=IwAR25cetSp5GuDbve1PJnWps3SuBuTyk7HD586Tr_mgvOPmPbVYF0LimiTF4

注16　梅原淳「赤字転落も？ＪＲ本州三社の二〇年度〔鉄道収支予測〕」『東洋経済オンライン』二〇二〇年五月二九日。https://toyokeizai.net/articles/-/352369　梅原淳「大ピンチ、ＪＲ〔三島会社〕二〇年度の鉄道収支予測」『東洋経済オンライン』二〇二〇年六月一〇日。https://toyokeizai.net/articles/-/354831

注17　『読売新聞』「首都圏終電繰り上げへ　来春のダイヤ改正で　ＪＲ東　山手線など検討」二〇二〇年九月三日ほか各社報道。

注18　中嶋茂夫「国内全二〇〇社五〇〇路線の経営収支ランキング」『徹底解析!!最新鉄道ビジネス』洋泉社ＭＯＯＫ、二〇一二年、二二頁。

注19　北海道旅客鉄道「当社単独では維持することが困難な線区について」二〇一六年一一月一八日 https://www.jrhokkaido.co.jp/pdf/161215-4.pdf　北海道旅客鉄道「平成２６年度線区別の収支状況について」二〇一六年二月一〇日。http://web.archive.org/web/20160210105033/http://www.jrhokkaido.co.jp/press/2016/160210-1.pdf

注20　九州旅客鉄道「線区別ご利用状況」（二〇一八年度）。https://www.jrkyushu.co.jp/company/info/data/senkubetsu.html

注21　西日本新聞「利用低迷を鮮明に　合理化への布石か、ＪＲ九州の一七線区赤字公表」二〇二〇年五月二八日。

注22　神田佑亮「「最低三・五兆円！」公共交通に与える影響試算レポート」『ＪＣＯＭＭ緊急会議交通

崩壊を防げ！』二〇二〇年六月七日（オンライン開催）。https://www.jcomm.or.jp/covid19/forum/

注23　国土交通省「鉄道統計年報［平成二四年度］」。http://www.mlit.go.jp/tetudo/tetudo_tk6_000036.html

注24　国土交通省「自動車輸送統計調査」「自動車燃料消費量調査」各年版より。https://www.mlit.go.jp/k-toukei/saishintoukeihyou.html

注25　国土交通省「航空輸送統計調査（交通関係統計資料）」。https://www.mlit.go.jp/k-toukei/saishintoukeihyou.html

注26　（財）日本自動車研究所・ＪＨＦＣ総合効率検討特別委員会「ＪＨＦＣ総合効率検討結果」二〇〇六年三月。http://www.jari.or.jp/Portals/0/jhfc/data/report/2005/pdf/result_main.pdf

注27　橋爪智之「欧州で伸びる鉄道利用、理由は［飛ぶのは恥］」『東洋経済オンライン』二〇一九年九月二一日。https://toyokeizai.net/articles/-/303428

注28　ナビタイムジャパン・トータルナビ事業開発メンバー「初試算！満員電車の経済損失は年間三二四〇億円　首都圏の通勤時遅延、ストレスを金銭換算」。

注29　「何故バスが活きた民主主義の象徴なのか」。https://www.ted.com/talks/enrique_penalosa_why_buses_represent_democracy_in_action?language=ja

注30　総務省「家計調査年報」各年版。http://www.e-stat.go.jp/SG1/estat/List.do?lid=000001135066

注31　総務省「全国消費実態調査」各年版。http://www.e-stat.go.jp/SG1/estat/List.do?bid=000001061698&cycode=0

注32　小島英俊『鉄道という文化』角川選書四五二、二〇一〇年、三〇頁。

注33　原田勝正『鉄道史研究試論』日本経済評論社、一九八九年、三五頁。

注34　国土交通省「国土数値情報ダウンロードサービス」。http://nlftp.mlit.go.jp/ksj/index.html　総務省「地図でみる統計（統計ＧＩＳ）」http://e-stat.go.jp/SG2/eStatGIS/page/download.html　等より整理。

注35　市区町村別メッシュコード一覧および各年国勢調査の一㎞メッシュデータは総務省統計局ウェブサイトより。http://www.stat.go.jp/data/mesh/m_itiran.htm　http://e-stat.go.jp/SG2/eStatGIS/page/download.html

注36　冨山和彦『なぜローカル経済から日本は甦るのか』ＰＨＰ新書№九三一、一三七頁。

注37　西村和記・土井勉・喜多秀行「社会全体の支出抑制効果から見る公共交通が生み出す価値―クロスセクターベネフィットの視点から―」『土木学会論文集Ｄ３（土木計画学）』七〇巻五号、二〇一四年、Ｉ―八〇九頁。

注38　自動車技術会ＪＡＳＯテクニカルペーパー「自動車用運転自動化システムのレベル分類および定義」。http://www.jsae.or.jp/08std/data/DrivingAutomation/jaso_tp18004-18.pdf

4 「三密」の科学

百年目の「ガラアキ」

ちょうど一〇〇年前の一九二〇年に当時の「阪神急行電鐵」の神戸線が開通した際に、同社グループ企業の実質的な創業者の小林一三《いちぞう》（戦前の第二次近衛内閣で商工大臣にも就任）が発案したとされる新聞広告のキャッチコピーがある。それは「新《あたら》しく開通《でき》た　神戸ゆき急行電車（神戸終點に於て市電に連絡便利）綺麗で早うて。ガラアキで眺めの素敵によい涼しい電車[注1]」という文言であり、鉄道関係者の間では「ガラアキ広告」として伝説となっている。

小林は鉄道・沿線の不動産事業・エンタテーメント（当時は宝塚歌劇）を複合させた私鉄のビジネスモデルを成功させ、先駆的な経済人のモデルとして知られている。このキャッチコピーには鉄道のサービスに求められる要素が凝縮されている。すなわち「他の路線と連絡が便利」「きれい」「速い」「空いている」「眺めが良い」「涼しい」の諸点である。これに対して現在の都市鉄道は、「涼しい」はエアコンの普及により、また「連絡が便利」は郊外路線と地下鉄の相互乗り入れの拡大で改善された一方で、激しい混雑や駅構内での水平・垂直移動の煩雑さなど別の問題も生じている。また限られた線路施設に多くの列車を走らせるため、スピードも戦前レベルからさほど改善していない。

利用者の「ご理解・ご協力」を繰り返すだけで今回のコロナ災害を迎えた。「ガラアキ」では鉄道事業の本体は成り立たないが、沿線の不動産事業やエンタテーメントなどを統合したビジネスモデルの発想は先見の明があった。ただし沿線の不動産事業（住宅開発）が進展するにつれて、それはいずれ鉄道の「三密」をもたらす要因となり、自己矛盾を内包していたともいえよう。新型コロナの影響ではからずも百年目の「ガラアキ」が出現したことは皮肉である。

新型コロナにより公共交通機関、とりわけ大都市の鉄道の感染リスクが懸念されたが、新型コロナ以前から鉄道利用時のトラブルの多くは過度の混雑が原因である。筆者は「混雑の解消」こそ本質的な問題であることを前著『鉄道は誰のものか』[注2]で提案してきた。しかし第3章で指摘したように、営利企業としての鉄道事業者には、根本的に混雑を解消するインセンティブは働かない。鉄道事業者は繰り返し「マナー」を強調し、利用者がもっとマナーを守れば鉄道の利用が快適になるかのようなキャンペーンを繰り広げてきたが、問題を利用者のマナーに押しつけるのは筋ちがいである。大都市だから、人が多いから仕方がないという説明では説得力が乏しい。世界中に大都市は数多くあるが、少なくとも先進国を自称する国で、日本のような行列・詰め込み・ぶつかり合い・諍いが日常的に頻発していた状況は他に例を見ない。新型コロナ対策についても同じである。鉄道事業者では「ドア開け・空調・窓開けにより車内の換気に配慮している」と放送している。しかしドア開け・空調は今までも行われてきた操作であるし、窓開けについては第2章で指摘したように有効性は確認されていない。これまでの「車内マナーのお願い」の自動放送に「新型コロナ対策」が加わっただけではないか。

鉄道なしでは存在しない日本の大都市

伊藤滋（都市計画家・東京大学名誉教授）は、東京は都市計画があったから成立したのではなく、

図4—1　三大都市圏の平均通勤所要時間（鉄道）

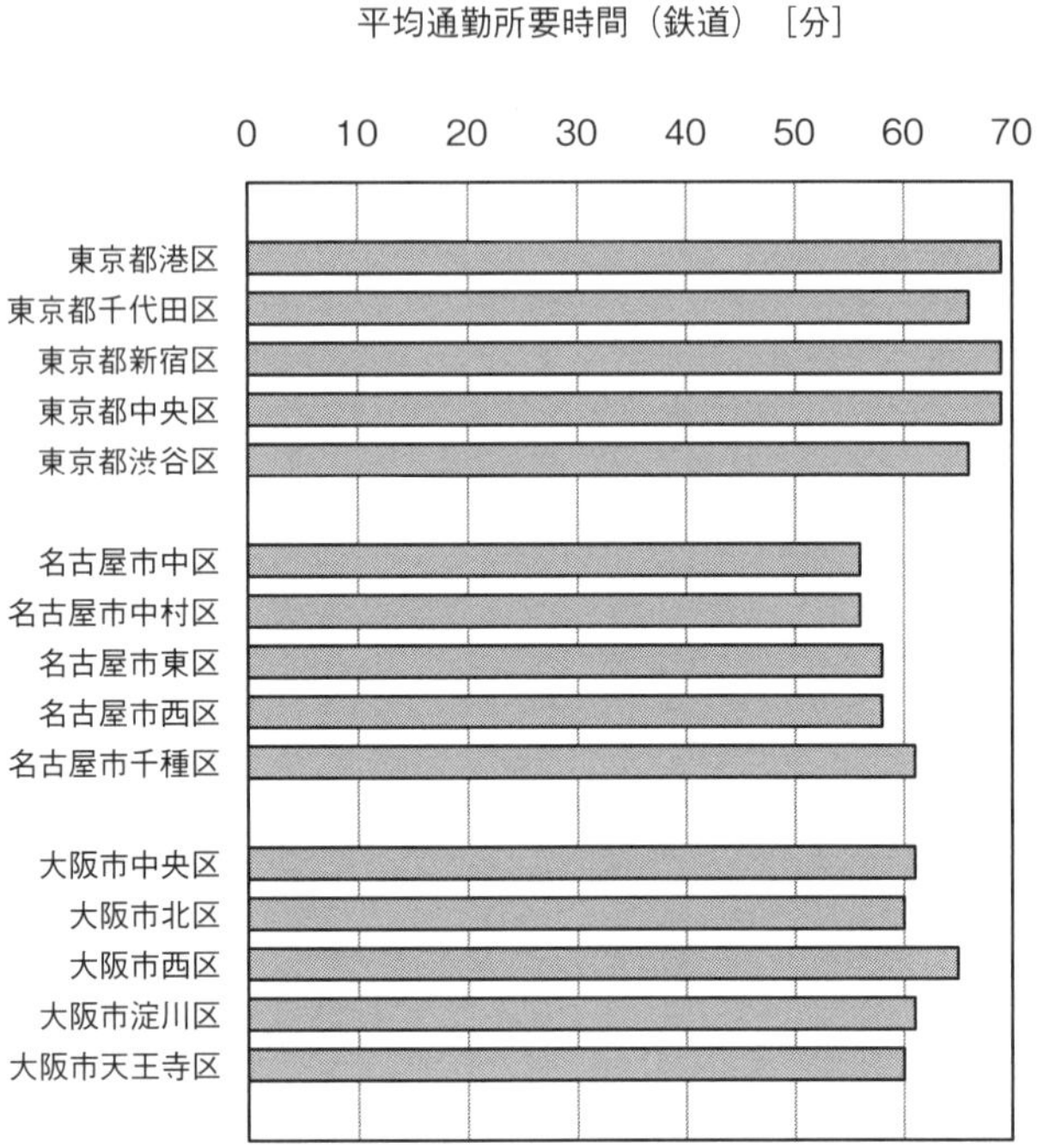

鉄道省（その後継の国鉄）の存在により大きくなったと指摘している。[注3] 須田春海（前・市民運動全国センター長）は「東京圏は何によって支えられているのか、エネルギー、物資輸送、水、それぞれ重要である。しかし、決定的に重要なことは、三〇kmよりはるか遠く五〇km～七〇kmの圏域から、一時間半～二時間の時間をかけて、勤労者が都心の職場に集まってくる、その忍耐と犠牲によってこそ、本質的に存在しえているのである」「いったい通勤時間はどこまで伸びるのか。限界説は、つねに勤労者の忍耐で突破されている」[注4]と述べている。図4—1は「大都

図4―2　平日の千代田区の手段別・目的別到着人数

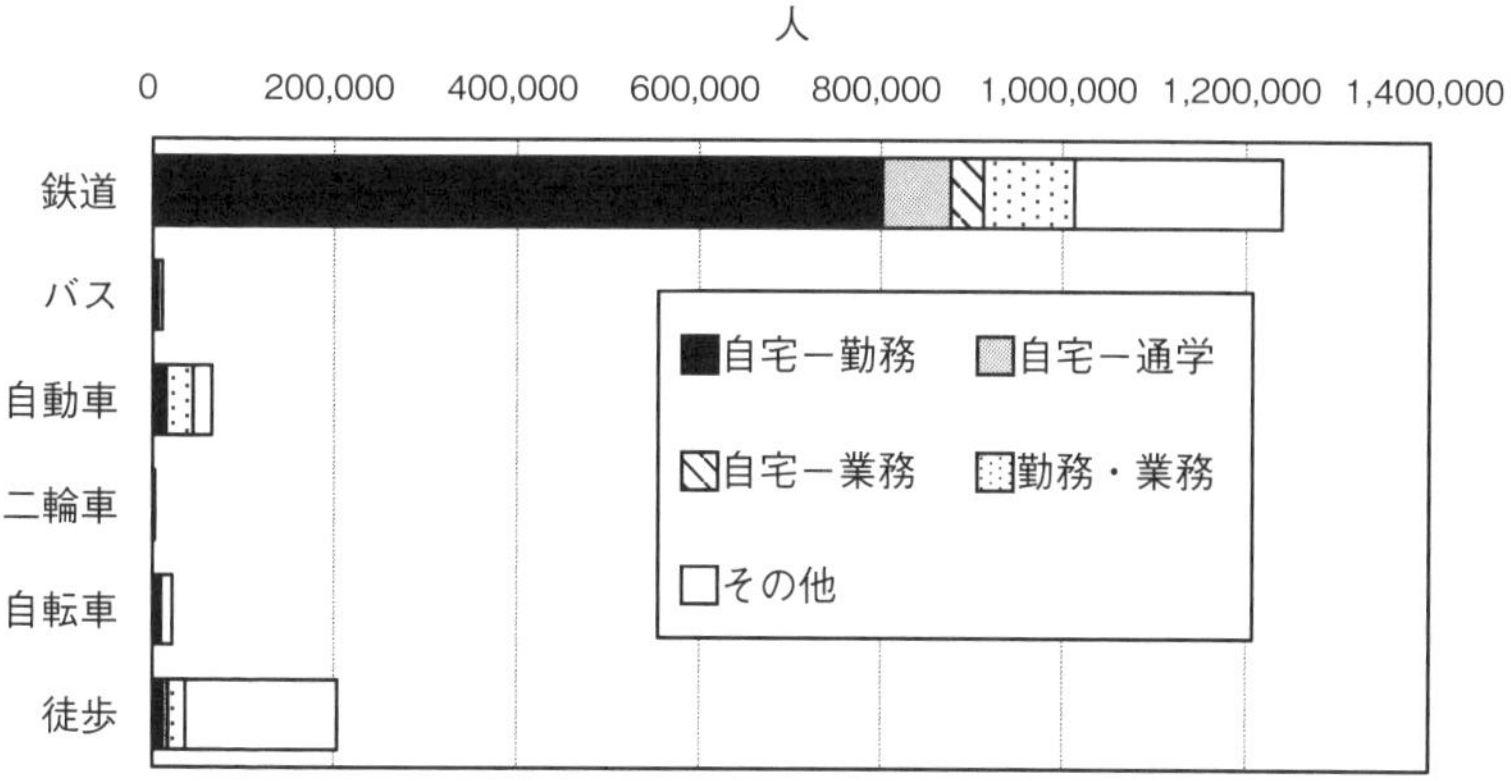

市交通センサス」（前述）より、各三大都市圏のうち通勤者数の多い到着地について平均通勤所要時間（鉄道利用）を示す。名古屋圏・大阪圏では東京圏より若干短いものの、いずれにしても平均で一時間前後を費やしている。

図4―2は東京都市圏パーソントリップ調査[注5]より平日の千代田区の手段別・目的別到着人数（自区内移動も集計）を示す。ほぼ自区内移動に限られる徒歩を別とすると、手段としては鉄道の占める比率が圧倒的に多い。千代田区には多くの大学・予備校等も立地するが、やはり最も多くを占めるのは通勤である。その良し悪しはともかくとして現実の東京、ひいては日本の社会・経済活動は鉄道の通勤輸送がなければ成り立たない。

同じく東京都市圏パーソントリップ調査より集計すると、千代田区に到着する鉄道利用者の平均移動距離の分布は一八km前後（中央線では高円寺～阿佐ヶ谷付近、総武線では市川付近など）が最多となっており、さらに遠方からの通勤者も合わせると全体での平均利用距離は約二六kmである。前述の平均所要時間の六〇分前後とおお

図４―３　広大な駐車場

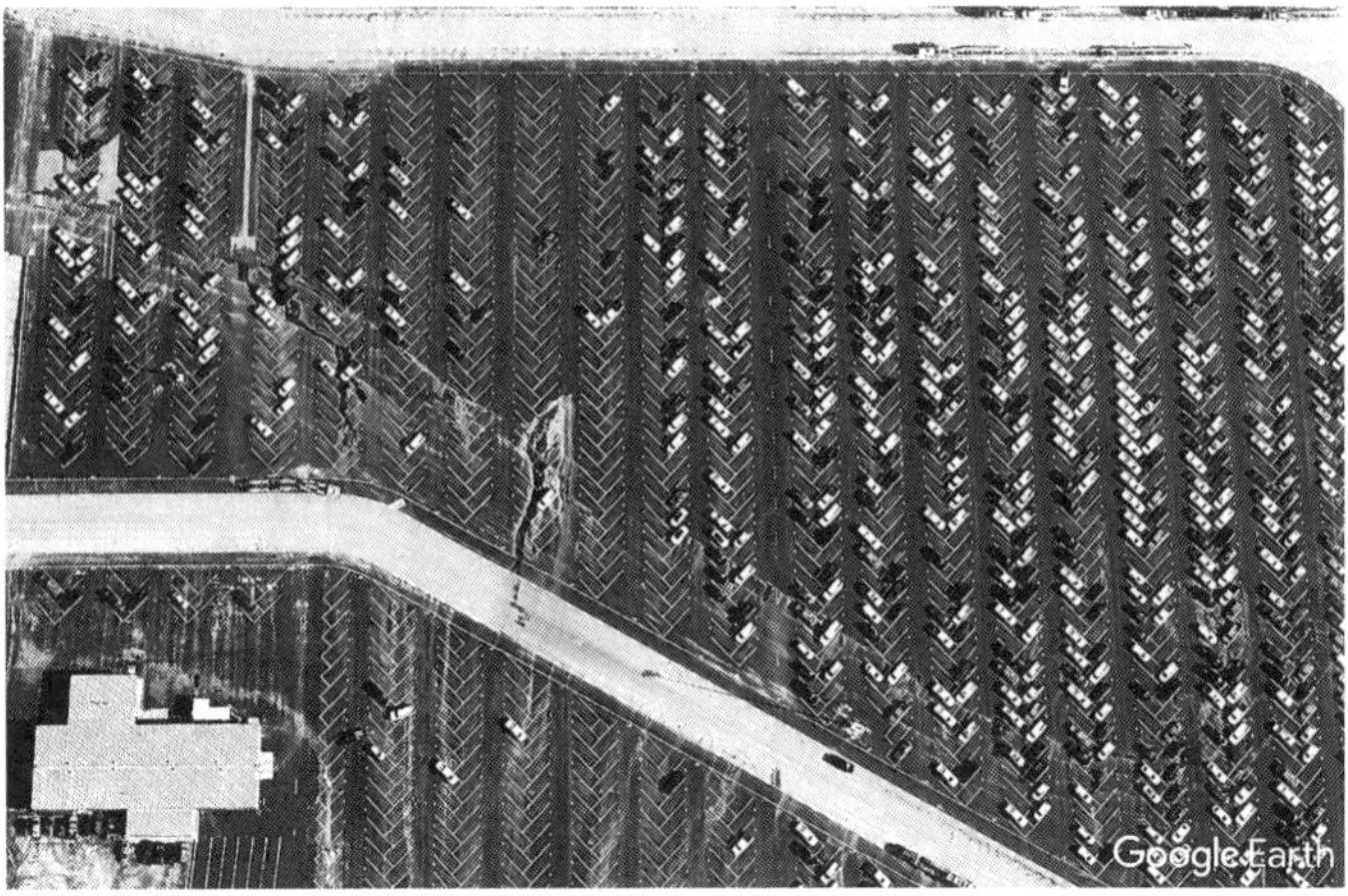

むね整合している。新型コロナの影響で鉄道の利用が敬遠されるようになったが、この距離では、体力のある自転車愛好家などは別として一般的に自転車での代替は現実的でない。

「大都市交通センサス（前述）」より、時間帯ごとの駅間定員（定員を守ったとした場合の輸送能力）について、たとえば阪急電鉄（神戸本線・京都本線・宝塚本線）の朝ラッシュ時の梅田駅への到着の例でみると、三〇分あたりの輸送量は三系統合計で約三万三〇〇〇人である。これは定員なので混雑率が二〇〇％であるとすれば実際の輸送量は二倍となる。すなわちピーク時には、三〇分の間に三系統合計で七万人近くを輸送していることになる。これは道路交通ではとうてい対応できない数量である。

新型コロナ以後、公共交通ごとに鉄道での感染を怖れて自動車通勤に切り替える動きがみられる。駐車場予約アプリを運営する民間企業の集計によると、通勤で駐車場を利用する回数が都市部で急増したという。東京都新宿区は四倍、同千代田区は三・五倍、仙台市若林区が三倍、大阪市北区は二・三倍、名古屋市東区二倍などである。[注6] しかし車（自家用車）に代替することは現実的でない。道路容量の制約（渋滞）はもとより、車の利用を制約するのは駐車場の確保である。

「駐車」という過程を経なければ交通としての車の機能は存在しない。多くのオフィス勤務者の行動パターンを考えれば、それらの車は昼間はほとんど動いておらず、駐車スペースを占有しているだけである。皇居を除く千代田区の面積は約一〇平方㎞である。一方で平面駐車場では乗用車一台あたりの駐車マスの面積は一五㎡とされるが、[注7] 平面駐車場はマスだけでは機能しないから通路が必要である。これより計算すると、平日に千代田区に到着する鉄道通勤人数がかりに車を利用したとすると、皇居を除く千代田区の面積の約二倍の面積が必要となる。通勤以外の全目的も加えると約三倍になる。立体・地下・水面上などを考慮するとしてもおよそ非現実的な数量となる。名古屋圏・京阪神圏では首都圏よりもいくらか条件は緩和されるであろうが、全体的な傾向は同じである。少なくとも三大都市圏では鉄道の必要性は変わらない。ライドシェア（同一方向に向かう人同士での相乗り）も海外では試みられた例があるが効果は限定的である。

しかも地下駐車場の建設には巨額の費用がかかる。東京都台東区に建設された地下駐車場の事例では、収容台数三〇〇台の規模で建設費が一六一億円とされているので一台（乗用車）あたり五三〇〇万円余に相当する。中古車であれば家電製品なみの価格で購入できる車を一台停めておくだけにこれだけの費用がかかる。[注8] 財政の枠組みが異なるので直接の比較対象ではないが、一六一億円という金額は地域公共交通を担う中小鉄道・バス・タクシー会社を何社も救済できる。デンマークの研究者ベンツェンは、都市中心部に乗用車で往来できるためには人口二五万人が限度としている。東京都であれば一つの区だけでもすでに無理である。また英国の研究者ブキャナンは、大都市で一斉に乗用車を使用できるような道路計画については物理的にも財政的にも不可能であるとしている（地区交通計画の提言・ブキャナンレポート）[注9]。これらはいずれも一九六〇年代の議論であるが、都市の空間的な制約に関する内容であるから、自動車の技術がいかに進歩してもその関係は変わることがない。どうしても一定規模以上の都市でマイカーを使おうとすれば、図4―3のように「駐車場の中に街がある」状態にならざるをえない（米国テキサス州ダラス・ＧｏｏｇｌｅＥａｒｔｈより）

「三密」を数字で捉える

二〇一六年七月に実施された東京都知事選挙では小池百合子候補（現知事）が満員電車の解消を公約として掲げたが、精神論的な時差通勤を呼びかけただけで具体的な施策はみられない。失敗の原因として、当初「総二階建て車両の導入」など非現実的な提案で失笑を買って以来、時差通勤など利用者の行動に依存するだけのキャンペーンにとどまったこと、隣接県との連携の欠如を指摘する評価がある。[注10]

前述のように「ソーシャル・ディスタンス」として二ｍを基準とすると、電車一両に一八人しか乗れない。これは一方の極端であるが、コロナ前の実態はどうであったか具体的なデータとして確認してみる。新幹線やＪＲの特急では座席の数イコール定員であるが、通勤用その他の一般車両では座席数と立席数（一人分の立ちスペースを一人あたり〇・三五～〇・四〇㎡として換算）の合計を定員とする。

このため「乗車率一〇〇%」でも立つ人があり「座席につくか、吊り革につかまるか、ドア付近の柱につかまることができる」ていどの状態とされる。[注11] 定員の算出方法が鉄道会社や車両形式によって少しずつ異なるので、乗車状況と混雑率の関係について厳密な比較は難しいが、目安として表4―1のような報告がある。[注12] 前述のような一両に一八人を常態とすることは非現実的であろう。

現実的な範囲で感染防止策を講ずるとして、着席の人は一人おき、立つ人は吊革一つおき程度の間隔で利用するとすれば表4―1の状況からは、通勤用の車両では定員の二〇〜三〇%程度の乗車率となる。

表4―1　着席の観点も加えた混雑率と状況

混雑率　%	状況
35	座席一杯
68	座席一杯と吊革半分程度
100	座席一杯と吊革九〇%程度
130	吊革全部の外、各ドア付近に一〇人ほど
150	吊革全部の外、中間にあまり隙間がなくなる
180	中間に隙間がなくなるが若干余裕がある
200	肩がふれあい、ほぼ満員状態だが新聞等はまだ読める
230	満員、新聞等は読めない
250	旅客は吊革、パイプ等につかまり、入口からの圧力にやっとこらえている
280	係員の手を借りないと車両に入れず乗り残りが出る。車内はほぼ超満員
300	超満員、ドアが開かないことがあり座席前の旅客は窓ガラスに手をつく。窓ガラスが破れることがある

図４―４　主要路線・区間の混雑率

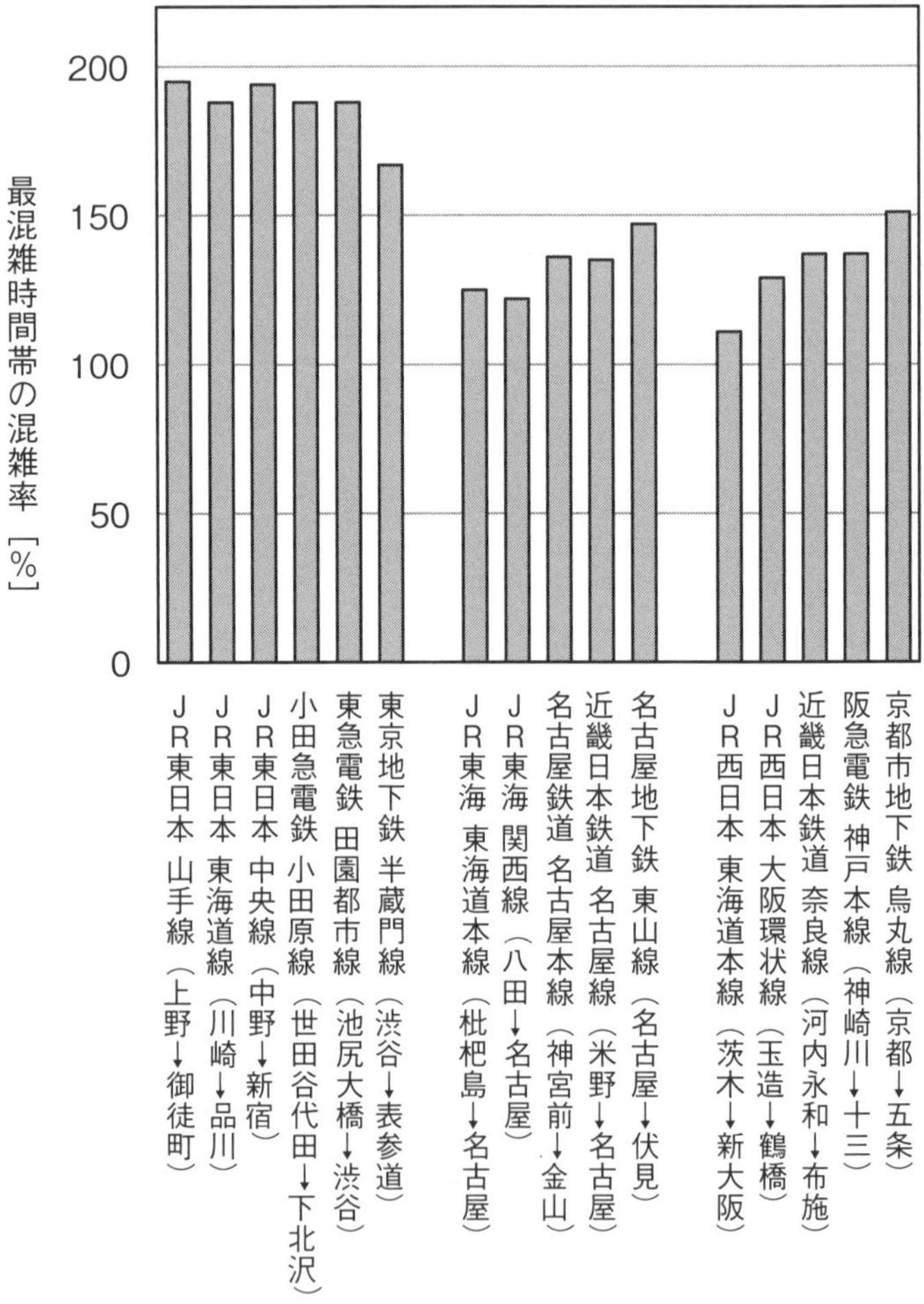
最混雑時間帯の混雑率［％］
200
150
100
50
0
ＪＲ東日本 山手線（上野→御徒町）
ＪＲ東日本 東海道線（川崎→品川）
ＪＲ東日本 中央線（中野→新宿）
小田急電鉄 小田原線（世田谷代田→下北沢）
東急電鉄 田園都市線（池尻大橋→渋谷）
東京地下鉄 半蔵門線（渋谷→表参道）
ＪＲ東海 東海道本線（枇杷島→名古屋）
ＪＲ東海 関西線（八田→名古屋）
名古屋鉄道 名古屋本線（神宮前→金山）
近畿日本鉄道 名古屋線（米野→名古屋）
名古屋地下鉄 東山線（名古屋→伏見）
ＪＲ西日本 東海道本線（茨木→新大阪）
ＪＲ西日本 大阪環状線（玉造→鶴橋）
近畿日本鉄道 奈良線（河内永和→布施）
阪急電鉄 神戸本線（神崎川→十三）
京都市地下鉄 烏丸線（京都→五条）

図4—5　日本とEUの輸送密度比較

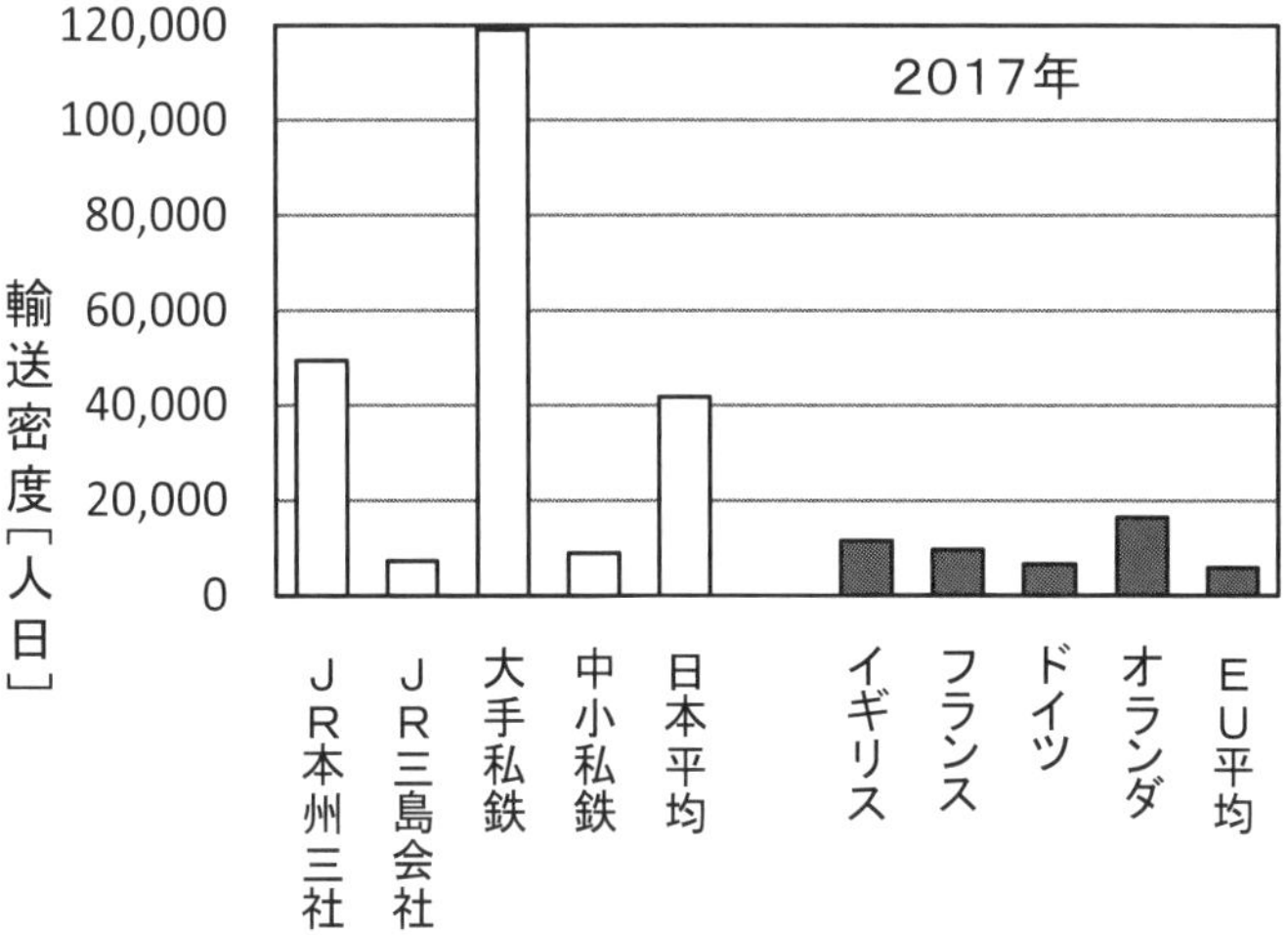

実際にどの路線がどのくらい混雑しているのか毎年調査が行われている。『都市交通年報』[注13]各年版には三大都市圏の主要路線・区間の「最混雑時一時間」と「終日（平均）」の混雑率が示されている。図4—4は三大都市圏で混雑率が高い路線の例を示す。新型コロナ前にも混雑率は毎年徐々に低下していたが、感染対策として定員の二〇～三〇％程度の乗車にとどめるとすると、最混雑時にはコロナ前の五分の一～一〇分の一しか輸送できない。リモートワークの推進だけでは対応できない。

図4—5は日本とEU各国の輸送密度（「通過数量」ともいう）の比較である。輸送密度とは、ある鉄道事業者あるいはその各路線について、一日・一kmあたり何人の利用者が通過しているかという指標である。[注14]大都市周辺が営業エリアである大手私鉄（および地下鉄）がとび抜けて高い数値を示している。JRの本州三社は営業エリアが広くローカル線も合わせて平均しているため大手私鉄より見かけは低い数値となるが、

大都市周辺の通勤路線のみを取り上げれば大手私鉄と同程度となる。JR三島（北海道・四国・九州）や中小私鉄は、JR本州三社と比較すると一桁低いレベルである。これに対してEUの鉄道の輸送密度は日本とは桁ちがいに低く「日本のローカル線はEUの平均レベル」である。日本では新型コロナの影響で二〇二〇年の夏休み期間も新幹線や特急が「ガラ空き」とニュースになったが、日本の「ガラ空き」はEUならば新型コロナ前の「常態」と同程度である。日本の公共交通がいかに「三密」であるかを示している。

なぜ「三密」になったのか

「ホームに引いた白枠に沿って三列に並ぶ」という慣習は戦争の名残である。増大する輸送需要に対応する余裕がない状態で鉄道を効率的に使用するための方策であった。日本人はマナーが良いなどと自慢する美風ではない。

一九六五年に旧国鉄が自衛隊員を被験者として詰め込み限界実験を行ったことがあり、最近の車両とは構造が多少異なる車両ではあるが約三四〇％が最大であった。[注15] 日本の大都市における日常的な満員電車の身体的・心理的ストレスは特段の障害がなくても耐えがたいレベルである。[注16] 新型コロナ以前から日本の大都市圏の鉄道における詰め込み輸送は明らかに身体的・精神的・社会的な健康レベルの低下をもたらしている。

梅原淳（鉄道ジャーナリスト）は、鉄道事業者にとって列車を増発すればするだけ経費が増加するので意図的に混雑をそのままにしていると指摘している。[注17] これでは鉄道事業者の努力だけで「三密」の解消は不可能である。コロナ以後は他人との接触を嫌って立つことを選択する人もみられるが、東京都市圏の多くの路線では、始発から終電まで平均しても約二人に一人は座れない。小さな子どもを連れて外出するとき、せっかく気を遣ってラッシュ時間帯を避けて利用しても混雑が続いていて落胆することも珍しくない。

三大都市圏の鉄道については、国鉄（ＪＲ）・私鉄とも戦前までにおおむね複線・電化のインフラを整備した段階で戦争を迎え、それ以後は地下鉄を除くと基本的にインフラの整備は止まっている。地下鉄は計画も財源も道路事業の一環（渋滞解消等が根拠として挙げられる）の位置づけで行われてきたが、三大都市圏ではもうこれ以上地下鉄を新設する余地はない。戦後、旧国鉄の発足時点（一九四九年）では山手線内と下町を中心に東京都電の路線ネットワークが濃密に維持されていた。三大都市圏のその他の都市も同様である。しかし路面電車はほぼすべて廃止され地下鉄に置きかわった。

一方でその他の鉄道のネットワークについては大きな変化はない。戦前から指摘されていたことであるが、首都圏の鉄道はＪＲ（国鉄）山手線を中心に放射状に発達している一方で、放射状の路線相互を接続する環状方向にはネットワークが乏しく、いくつか私鉄の路線があるが補助的な役割にとどまっている。混雑の解消が進展しないという面では私鉄も同様である。

私鉄であってもＪＲと同様に東京都市圏の大量輸送を支える公的な機能を有しているが、ネットワークという面では大きな変化はない。ＪＲも大手私鉄も、部分的な線路増設（複線から複々線化など）や車両の増結、高性能化、信号の改良などによる地道な努力を積み重ねて輸送力の増強をはかりつつ

図4—6　国内鉄道各社の株主構成の例（二〇一九年三月末）

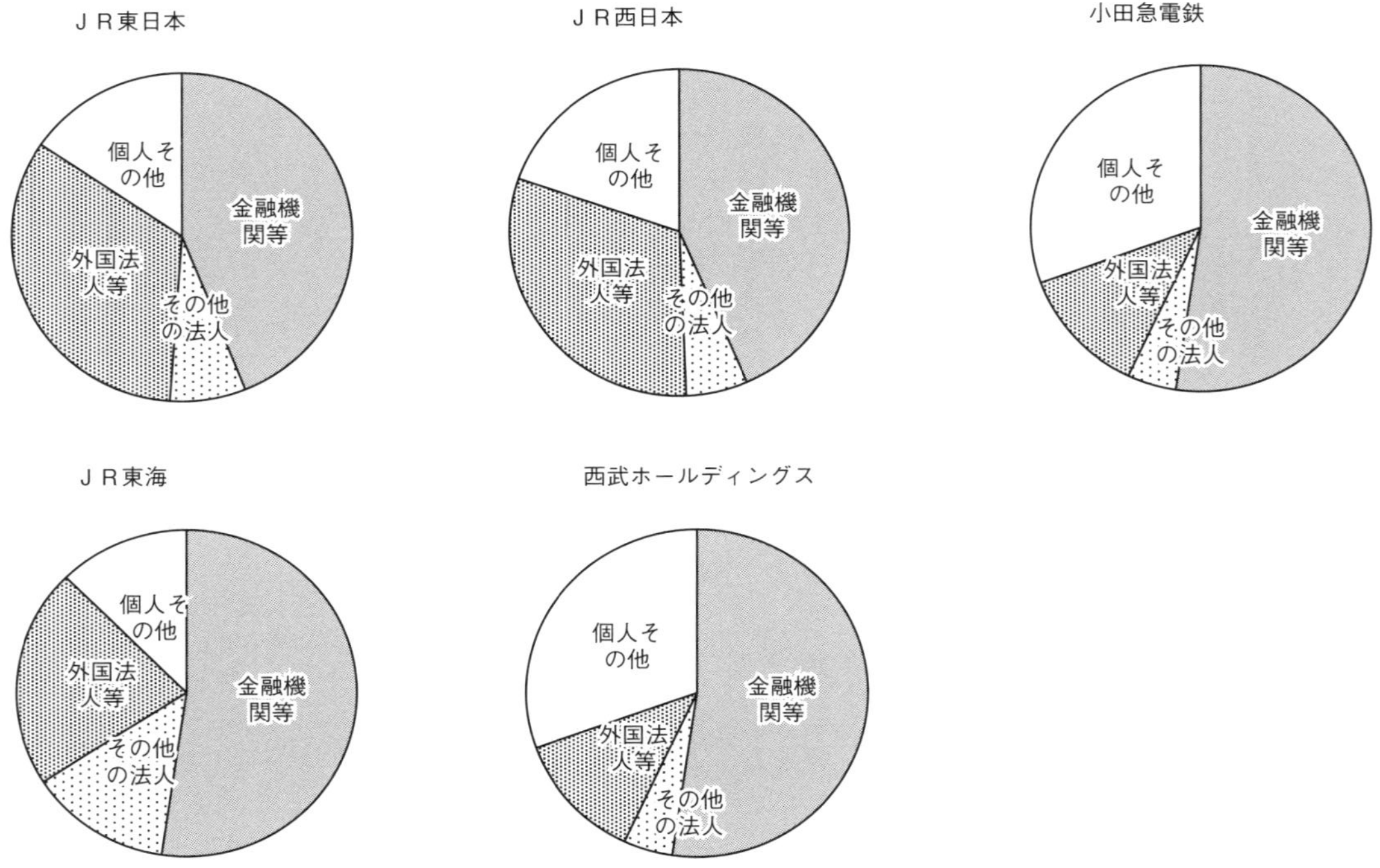

何とかこれまで凌いできた。しかし今後は少子高齢化により需要の減少が見込まれることから、ＪＲも大手私鉄も積極的なインフラ拡張のインセンティブはない。前述のようにＪＲも大手私鉄もコロナの影響で利用者が二〜三割減少すれば営業損益がマイナスになり、積極的な設備投資はさらに困難となる。

東急（田園都市線・東京メトロ半蔵門線乗入れ）は四〇年前の車両を現在（二〇二〇年）も使っている。小田急電鉄では二〇一八年三月に登戸までの全線の複々線化工事が完成することを広告し「小田急が五〇年以上追い続けた夢」としている。[注18] たしかに東京都区内で私企業が線路増設工事を実施することは大きな困難を伴うが、一〇㎞余の整備に五〇年以上かかったのであるから、同線で通勤する企業労働者は三世代にわたって混雑を我慢してきたのである。また、西武新宿線では複々線化計画が途中まで進んでいたにもかかわらず仁杉巌（元国鉄総裁・元西武鉄道社長）が経営判断でこれを中止させた。[注19]

ＪＲ本州三社（東日本・東海・西日本）および大手民鉄は一般には優良企業と認識されているが、前述のように利用者が恒常的に二〜三割減少する場合、それらの鉄道事業者でも毎年巨額の欠損を発生することになる。そこで懸念されるのが株主構成である。図４―６は、国鉄から事業を継承した後に現在までに完全民営化（株式がすべて市場に開放された状態）したＪＲ本州三社（東日本・東海・西日本）および大手民鉄二社の二〇一九年三月末時点での株式保有状況を示す。[注20] 個人株主もあるが、全体として株式保有数では金融関係の法人が八割あるいはそれ以上を占め、さらに外国法人（いわゆる投資ファンド等）が三割以上に達する会社もある。すなわち企業としての鉄道事業者は利用者よりも株主のほうを向かざるをえない。もともと大都市圏における「三密」すなわち鉄道の混雑を緩和する見通しが得られないこともこれに起因している。利用者の「がまん」を前提として詰め込み輸送には手をつけないほうが効率的に収益を挙げられるからである。東京都市圏の大手民鉄である西武鉄道（西武ホールディングス）でさえ、株主の米投資会社から不採算路線を廃止する検討を求められたことがある。[注21]

まして大都市圏以外の地方都市・町村部に広大な在来線ネットワークを有するJR各社に対しては、不採算路線を経営上の障害として排除する圧力が常に加えられていることは容易に想像できる。新型コロナに関しては、「三密」がそれほど深刻でないローカル線から先に廃止の対象となる一方で、大都市の「三密」は解消されない。鉄道事業者が利用者よりも株主のほうを向かざるをえない状況は安全面にも影響する。多大な人的被害を生じた福知山事故[注22]も、短期的には利益に貢献しない安全設備への投資の優先度が下げられていた背景も指摘されている。

総務省は鉄道施設の保全対策に関する行政評価・監視に基づく勧告を公表した。[注23] このうち「鉄道施設の定期検査等の適切な実施」に関しては、トンネル・橋・土木構造物（盛土など）・擁壁・軌道（レールのずれなど）について、点検していなかったり、補修が必要な箇所を把握しながら放置していた箇所が多数発見された。補修しなかった理由として運賃収入減による赤字を挙げた事業者もあったという。一連のJR北海道の不祥事[注24]に関して、レールの歪みを示す検査データが改ざんされた事件も判明した。[注25]

この問題は一九八七年の国鉄分割・民営化に端を発する。日本の基幹的な鉄道ネットワークが海外

表4―2　各分野の出勤必要率（新型コロナ前を1.0として）

鉱業・採石業・砂利採取業	0.9	不動産業・物品賃貸業	0.5
建設業	1.0	学術研究・専門・技術サービス業	0.2
製造業	0.8	宿泊業・飲食サービス業	0.8
電気・ガス・熱供給・水道業	0.9	生活関連サービス業・娯楽業	0.8
情報通信業	0.2	教育・学習支援業	0.5
運輸業・郵便業	1.0	医療・福祉	1.0
卸売業・小売業	0.8	複合サービス事業	0.8
金融業・保険業	0.2	サービス業（他に分類されないもの）	0.8

の投資会社に売り渡され、大都市圏では利用者のがまんを前提とした詰め込み輸送は一向に変わらず、一方でローカル線はサービスレベルの低下が続いたあげく消滅の危機に瀕している。新自由主義が格差を拡大し、ひいては感染症に対して脆弱な社会構造をもたらした問題の一つともいえる。

リモートワークと時差通勤

二〇二〇年七月に予定されていた東京五輪への対処などで、新型コロナ以前からリモートワークやオンライン会議はあるていど準備されていた。もしそれがなければ突然の新型コロナの到来による混乱はさらに増大したかもしれない。しかし前述のようにリモートワークは個別の呼びかけに依存しており、戦略的な対処はされていない。特定の仕事に対するスキルではなく、組織に対する協調性や忠誠度を重視する日本の企業文化がリモートワークを阻んでいると指摘する見解もある。[注26]

しかしこのような議論はいわゆるホワイトカラーのみを対象としており、社会全体でリモートワークがどのくらい可能か（移動

図４―７　東京二三区のリモートワーク可能性

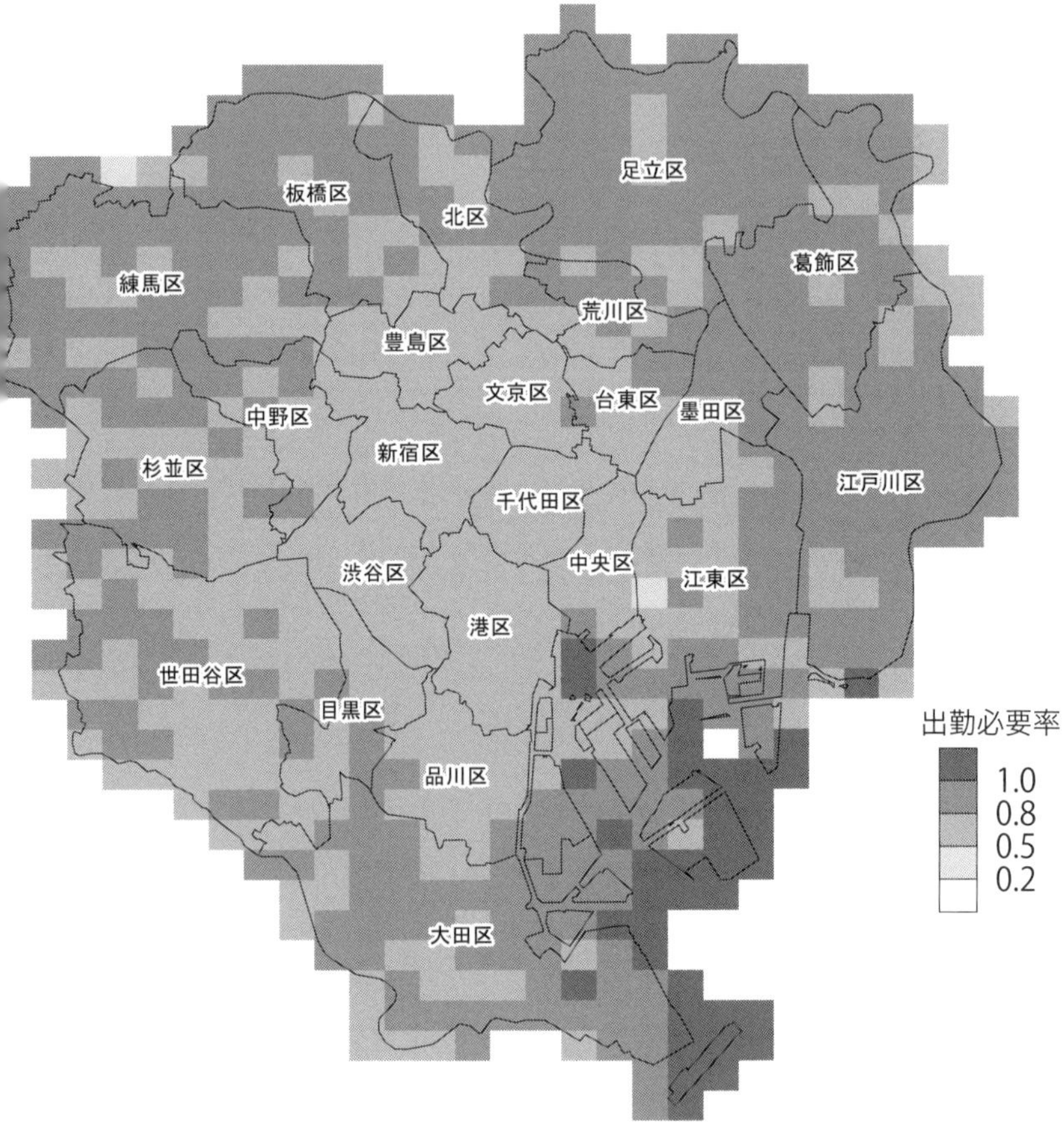

をどのくらい削減できるか）についての考察が欠けている。製造業も現状では自動化・無人化はまだ限定的であり、保安要員も必要なので現場に人がいなければ遂行不可能な業務も少なくない。建設部門なども少数の管理職種以外は出勤が必要であろう。運輸業・建設業や医療・福祉などの分野では、緊急事態下ではむしろ平常時より多くのマンパワーが求められるかもしれない。

実際にどこで、どのくらいの就業者が現実的にリモートワークが可能なのだろうか。国の統計で「経済センサス」というデータがある。[注27]これは全国を一㎞あるいは五〇〇ｍごとに区切ったメッシュごとに、どのような職種の人が何人就労しているかの統計である。これを利用して、分野ごとに出勤が不可欠な割合を表４―２のように設定した。たとえば金融・保険業では対面営業を局限して二割出勤で対応するなどの想定で各分野の削減率を設定した。図４―７は東京二三区を例に、現実的にリモートワークを実施した場合で、どのくらい就業者に差が生じるか（東京二三区に通勤せずに済むか）について地域的な分布を示すものである。

新型コロナ前では東京二三区に七七六万人が就業していたのに対して、「新しい生活様式」で現実的な仮定をすると五三二万人の就業が必要とされる。リモートワークが可能な職種は一部であり、劇的に都内への通勤を削減できるとはいえない。前述のようにインターネットは物質転送機ではない。情報のやり取りだけで業務が完結する企業・組織はごく限定的であり、それらを先進事例であるかのように位置づけるのは誤りである。

一方で「就労請求権」の議論もみられる。緊急事態宣言による移動自粛要請など、公権力による規制（強制力の程度はいずれにせよ）が解除された後に、感染リスクを避けるために在宅勤務を続けた

図4—8　千代田区に鉄道で到着する旅客の時間帯分布

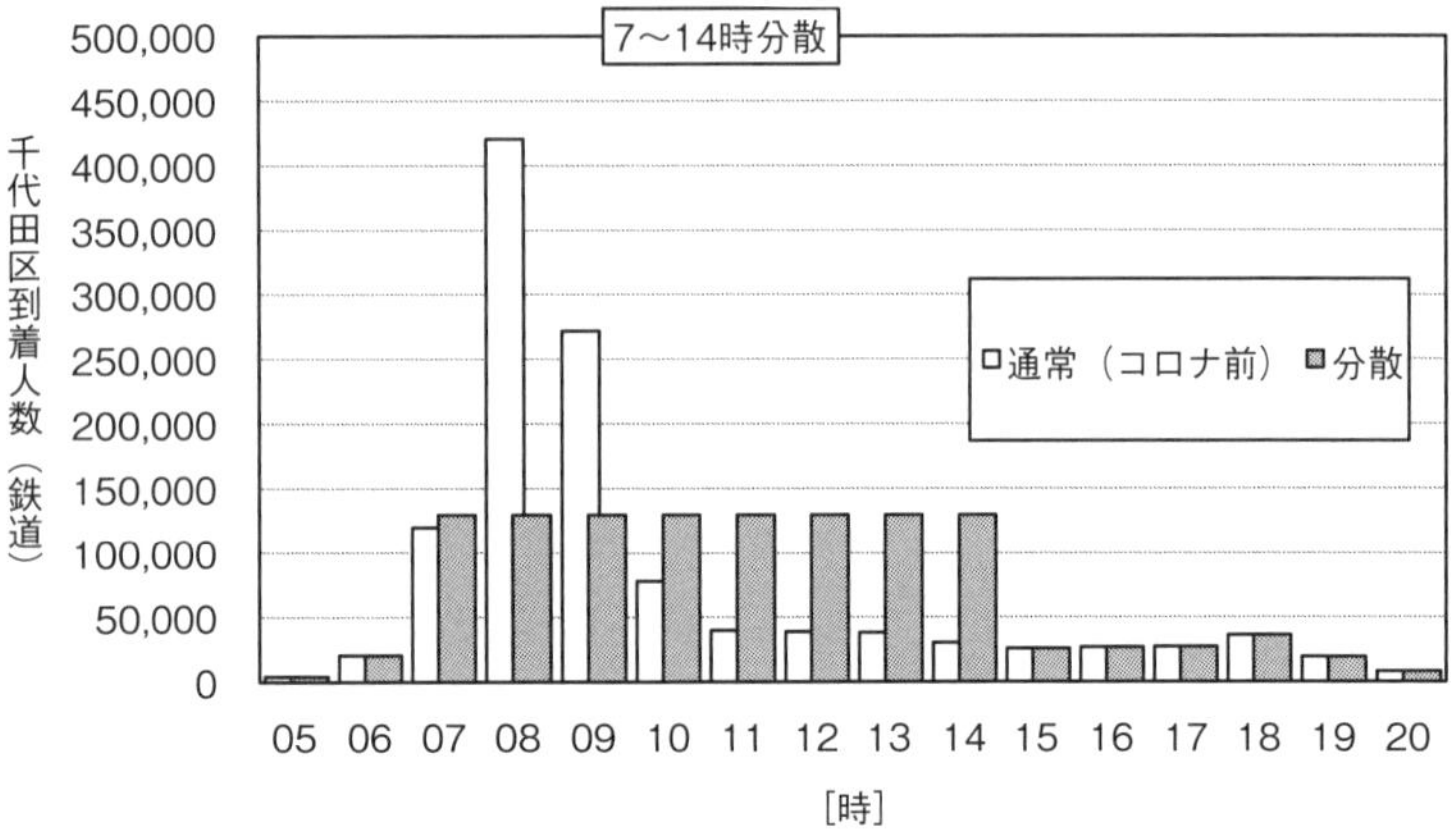

いと主張する社員がいた場合、出社を強制（執務場所の指定）できるかという問題である。法律家の意見では、現在の日本の制度下では、労働者は契約上の労務提供義務を負っており、これには契約で定められた就業場所で就労する義務も含まれているため、労働者側から就業場所を要求する権利（在宅勤務権）は認められないであろうとしている[注28]。

　これに対してドイツでは、労働者が在宅勤務を企業に要求できる権利とともに、長時間労働の抑止策なども併記した法案を検討しているという。この問題は通勤手段だけの議論ではなく広範なテーマに亘るが、通勤交通にも深くかかわる問題と言える。ただしこの問題は新型コロナに特有ではない。筆者の経験では、身体機能には問題がないが精神的障害のため満員電車に乗れないという学生の相談を受けたことがある。

　図4—8は平日に鉄道で千代田区に到着する旅客の時間帯分布である。図の白軸は通常（コロナ前）で

あるが、八時台に集中するが九時台には低下し、それ以外ではさらに少ない。八時台の集中は、まさにコロナ前に経験してきた「三密」である。次に極端な仮定であるが、同じ人数であっても七時〜一四時までに分散して到着するとすれば、図のグレー軸のように集中はかなり分散される。

また完全なリモートワークでなくても、毎日出勤でなく輪番制の採用などによりさらにピークは下げられるであろう。以前から一種のジョークとして言われてきたことであるが、JR東日本の山手線で、かりに乗客が一日中平均して利用するならば電車は四両編成で足りる計算になる。時間分散とともに、全員が毎日出勤ではなく出勤日を減らしたり、曜日によって交互出勤などの試みを実施すれば、首都圏全体としてやはり混雑緩和効果が期待できる。

ただ業務の内容によっては簡単ではない。筆者は技術系の民間企業で勤務経験があるが「ラウンド・ザ・クロック・エンジニアリング」という試みがなされたことがある。対象の業務はエンジニアリング（設計）であるが、世界各国の時差を利用し、データベースを共有して昼の時間帯にあたる国で次々と作業を引き継ぎながら設計業務を行っていれば設計スケジュールが大幅に短縮できるはずであるという発想である。しかし実際にはコミュニケーションが取れず本格的な普及はなかった。

政府は二〇二〇年二月二五日に感染症拡大防止のための基本指針を発表し、企業に対して「集会や行事の開催方法の変更、移動方法の分散、リモートワーク、オンライン会議」の協力を要請した。しかし首都圏の鉄道では、ラッシュ時間帯が拡大しただけでさしたる混雑軽減効果がなかったと報道された。[注29] 経済学に「合成の誤謬」という概念がある。ミクロ的（個人）では合理的な行動であっても、それが合成されるとマクロ的（集団）では好ましくない結果が生じてしまうことを指す。鉄道事業者では路線別・時間帯別の混雑状況をウェブ等で案内する試みを行っているが、以前は混雑がみられない六時台の時間帯にピークが発生している。状況が安定するまでには時間を要すると思われる。

「三密」と非正規労働者

鉄道における「三密」を回避する手段として、局部的にはいくつか方策が提示されている。たとえば通勤定期での特急列車への乗車を促す試みがある。JR西日本では朝夕の神戸線・京都線などで「期間限定・定期券併用チケットレス特急券」の取り扱いを開始した。[注30] 定期券と併用して特急券が一律三〇〇円となる。発売はJR西日本のネット予約システム限定となる。もともと通勤時の疲労・不快感を緩和するため追加料金を払っても座りたいというニーズが存在している。JR各社では「ライナー」という名称で、座席数分しか発売しない（座席番号は指定されないが着席は保証する）方式の列車があり、JR東日本の場合五二〇円に設定されている。

民鉄にも同程度の料金で通勤時の着席列車が運行されている。また座席の保証はないが着席の可能性が高い利用法としてJRではグリーン車がある。普通（快速）列車のグリーン料金は五〇㎞まで七八〇円である。[注31] 研究例では混雑率一八〇％（吊革の中間に隙間がなくなるがまだ若干の余裕がある）の列車に四〇分乗車する場合、着席のために三五九円の支払意思があるとの推定が示されている。[注32] JRにおいて着席の価値が約三〇〇～五〇〇円に設定されている実勢と合っている。これより鉄道が積極的に有償で着席サービスを提供すれば大きな収益源として期待できるとも解釈できる。大塚良治（江戸川大学）は経営学の観点から[注33]、また阿部等（㈱ライトレール）は混雑解消の設備投資の原資として有償の着席サービスを提案している[注34]。

しかし追加料金の方式は公平性の観点から疑問がある。非正規労働者には通勤交通費を支給しないという慣行は今も続いている。さらに非正規雇用の中でも、いわゆる「派遣」の労働形態ではいつどこで勤務するか特定できず、従って勤務先を条件として住居を選ぶことができないから、必然的に通勤時間が長くなる可能性が高い。通勤時間は労働時間としてカウントされない一方で、睡眠・休養など生活の質や健康レベルに及ぼす影響は大きい。通勤費が実費分も支給されない（あるいはそのために就労に制約を受ける）低収入の労働者が有償の着席サービスを容易に利用できるとは思われない。

なお新型コロナの蔭に隠れてメディアではほとんど取り上げられなかったが、この問題に関して「パートタイム・有期雇用労働法[注35]」が二〇二〇年四月一日から施行された。あらゆる面において合理的な理由のない正規・非正規の待遇の格差を禁ずることを趣旨とする法律であるが、厚労省の指針では通勤交通費の支給に関する差別撤廃も例示されている[注36]。

これらの問題を考えると、有償着席サービスの利用が高収入の正規雇用者に限られるとすれば、交通の質的な面における格差の拡大を助長することになる。

脚注

注1　京阪神急行電鉄株式会社編『京阪神急行電鉄五十年史』一九五九年。

注2　上岡直見『鉄道は誰のものか』緑風出版、二〇一六年。

注3　伊藤滋「二一世紀未来都市を考える（対談）」『土木学会誌』二〇〇一年一月号、四八頁。

注4　須田春海『須田春海採録①東京都政』生活社、二〇一〇年、二八四頁・［初出『地方自治通信』二一四号、一九八七年九月号］。

注5　前出（第1章注1参照）。

注6　共同通信配信「都市部、通勤で駐車場利用が急増　公共機関避けマイカー」二〇二〇年五月八日。https://news.yahoo.co.jp/articles/7627cd707cffa306a0fdd1682c1f157acf147797

注7　建設省（現・国土交通省）「駐車場設計・施工指針」一九九四年九月改訂。https://www.mlit.go.jp/road/sign/kijyun/pdf/19920610tyuusyajou.pdf

注8　中島みなみ「構想一〇年、工事費一六一億円　いまだ駐車場できず」『Ｒｅｓｐｏｎｓｅ・20』二〇〇六年八月七日。https://response.jp/article/2006/08/07/84694.html

注9　野口健幸「公共交通利用促進に向けたフランスの都市交通戦略に関する考察」『運輸政策研究』九巻一号、二〇〇六年、二頁。

注10　杉山淳一「小池都知事［満員電車ゼロ未達成］の必然的要因」『東洋経済オンライン』二〇二〇年六月二七日。https://toyokeizai.net/articles/-/358087

注11　「日本民営鉄道協会」ホームページ。http://www.mintetsu.or.jp/knowledge/term/96.html　国土交通省の定義も同じである。

注12　運輸政策研究機構「都市鉄道の混雑率の測定方法に関する調査報告書」二〇〇五年。http://www.jterc.or.jp/topics/josei_shinpo3.14/8_konzatu_ritu.pdf

注13　（一財）運輸総合研究所（旧・運輸政策研究機構）『都市交通年報』各年版、「主要区間輸送力並

びにピーク時及び終日混雑率の推移」。

注14　日本のデータは国土交通省「鉄道統計年報」。https://www.mlit.go.jp/tetudo/tetudo_tk2_000050.html　EUのデータは、〝Mobility and Transport Statistical pocketbook 2019〟https://ec.europa.eu/transport/facts-fundings/statistics/pocketbook-2019_en

注15　「詰込み実験　胸に米一票もの圧力」『朝日新聞』一九六五年一一月一七日。

注16　上岡直見『鉄道は誰のものか』緑風出版、二〇一六年。

注17　梅原淳「通勤電車の経済学」『徹底解析!!最新鉄道ビジネス』洋泉社MOOK、二〇一二年三月、六四頁。

注18　ODAKYU　NEWS　RELEASE　第一六―七〇号、二〇一六年一二月二七日。http://www.odakyu.jp/program/info/data.info/8537_1167204_.pdf

注19　高木豊『JR二八兆円の攻防』日刊工業新聞社、一九九七年、三頁。

注20　金融庁「金融商品取引法に基づく有価証券報告書等の開示書類に関する電子開示システム（EDINET）」。https://disclosure.edinet-fsa.go.jp/

注21　西武グループは二〇〇四年に有価証券報告書の虚偽記載で上場廃止となるなどのトラブルを経て、二〇〇六年に米国の投資会社「サーベラス」から出資を受けた。同社は一部路線廃止の検討を要請するなど一時は対立状態にあったが、その後は融和に転じていた。

注22　二〇〇五年四月二五日にJR西日本・福知山線の塚口駅～尼崎駅間で、曲線の制限速度を大きく超えた走行により列車が脱線し、一～二両目の車両は沿線の建物に突入する等の事態を招き、死者一〇七名・負傷者五六二名の被害を生じた。

注23　「社会資本の維持管理及び更新に関する行政評価・監視―鉄道施設の保全対策等を中心として―」

http://www.soumu.go.jp/menu_news/s-news/99758.html

注24　二〇一一年五月の特急列車脱線・火災事故から、二〇一一年九月の社長失踪事件、二〇一五年四月の青函トンネル内での特急列車発煙など、利用者の安全にかかわる重大事故や不祥事が続発した。

注25　朝日新聞デジタル版「JR北、現場報告突き返す　本社も検査データ改ざん把握」二〇一五年一二月二〇日。http://www.asahi.com/articles/ASHDJ6GVCHDJIIPE02W.html?iref=com_alist_6_01

注26　植田統「[出勤を再開する人]を増やす日本株式会社の闇　メンバーシップ型雇用が生み出す弊害」『東洋経済オンライン』二〇二〇年七月九日。https://toyokeizai.net/articles/-/361721

注27　総務省統計局「政府統計の総合窓口」（経済センサス―活動調査）。https://www.e-stat.go.jp/gis/statmap-search?page=1&type=1&toukeiCode=00200553

注28　『日本経済新聞』「社員『在宅勤務続けたい』　出社は強制できるか」二〇二〇年六月二〇日。https://www.nikkei.com/article/DGXMZO60486350Y0A610C2000000/

注29　「時差出勤　みんなでやったら　大混雑　「新型コロナ」怖くても電車に乗って会社へ」『J―CASTニュース（ウェブニュースサイト）』二〇二〇年二月二六日。https://www.j-cast.com/trend/2020/02/26380653.html?p=all

注30　『J―CASTニュース』「JR西、三密避ける工夫は　特急列車利用して快適な通勤」二〇二〇年六月二二日。https://www.j-cast.com/2020/06/22388350.html

注31　平日に事前購入（乗車前）した場合。その他いくつかのパターンがある。

注32　「鉄道分野におけるITの積極的活用方策に関する検討（混雑緩和に関する検討）」『運輸政策研

究』一一巻四号、一三〇頁、二〇〇九年。

注33　大塚良治『「通勤ライナー」はなぜ乗客にも鉄道会社にも得なのか』東京堂出版、二〇一三年。

注34　阿部等『満員電車がなくなる日　鉄道イノベーションが日本を救う』角川ＳＳＣ新書、二〇〇八年。

注35　正式名称「短時間労働者及び有期雇用労働者の雇用管理の改善等に関する法律」。https://elaws.e-gov.go.jp/search/elawsSearch/elaws_search/lsg0500/detail?lawId=405AC0000000076

注36　厚生労働省「パートタイム・有期雇用労働法が施行されます」。https://www.mhlw.go.jp/content/11650000/000543670.pdf

5　新型コロナと複合災害

交通事故こそ複合災害

　複合災害といえば自然災害を想起するが人災もある。新型コロナへの対応で医療機関の受入れ能力の逼迫が懸念されているが、それ以上に医療に負担をかけているのは交通事故である。診療科が異なるとはいえ、重傷者が搬送されれば医療機関では二四時間体制で対応しなければならない。これは複合災害ともいえる。緊急事態宣言の発出以降、メディアの報道が新型コロナ関連で埋めつくされる中でも、連日のようにひき逃げ・飲酒運転など重大交通事故が報じられた。海外では都市封鎖により道路が空いた影響で、速度超過など無謀運転が増えたとの報道がある。[注1] 日本より厳格な都市封鎖を行った米国ニューヨーク・シカゴ・ボストン等や、欧州の各都市での調査によると、交通事故全体に占める死亡事故の比率が激増した。街頭での警察官の活動が減ったことも無謀運転の増加の要因として推定されている。英国のロンドンでは、二〇二〇年二月～四月の自動車走行距離が六九％減少しているにもかかわらず死者数は横ばいであった。

　日本ではそこまで無秩序な状況は伝えられていないものの、同様の傾向が存在する。外出自粛の呼びかけや自主的な移動の抑制により人の移動が減少し、これに伴って自動車の走行量も減少している。図5—1は新型コロナ以前の五年間にわたり、各月ごとの自動車（旅客・貨物）の走行量を示したものである（統計の制約により二〇二〇年は六月まで）。[注2] 年により経済状況等の影響で多少の上下はあるもののほぼ同じ動きを示しているが、二〇二〇年三月以降は旅客（大部分はマイカー）の走行量は

図5―1　自動車走行量の変化

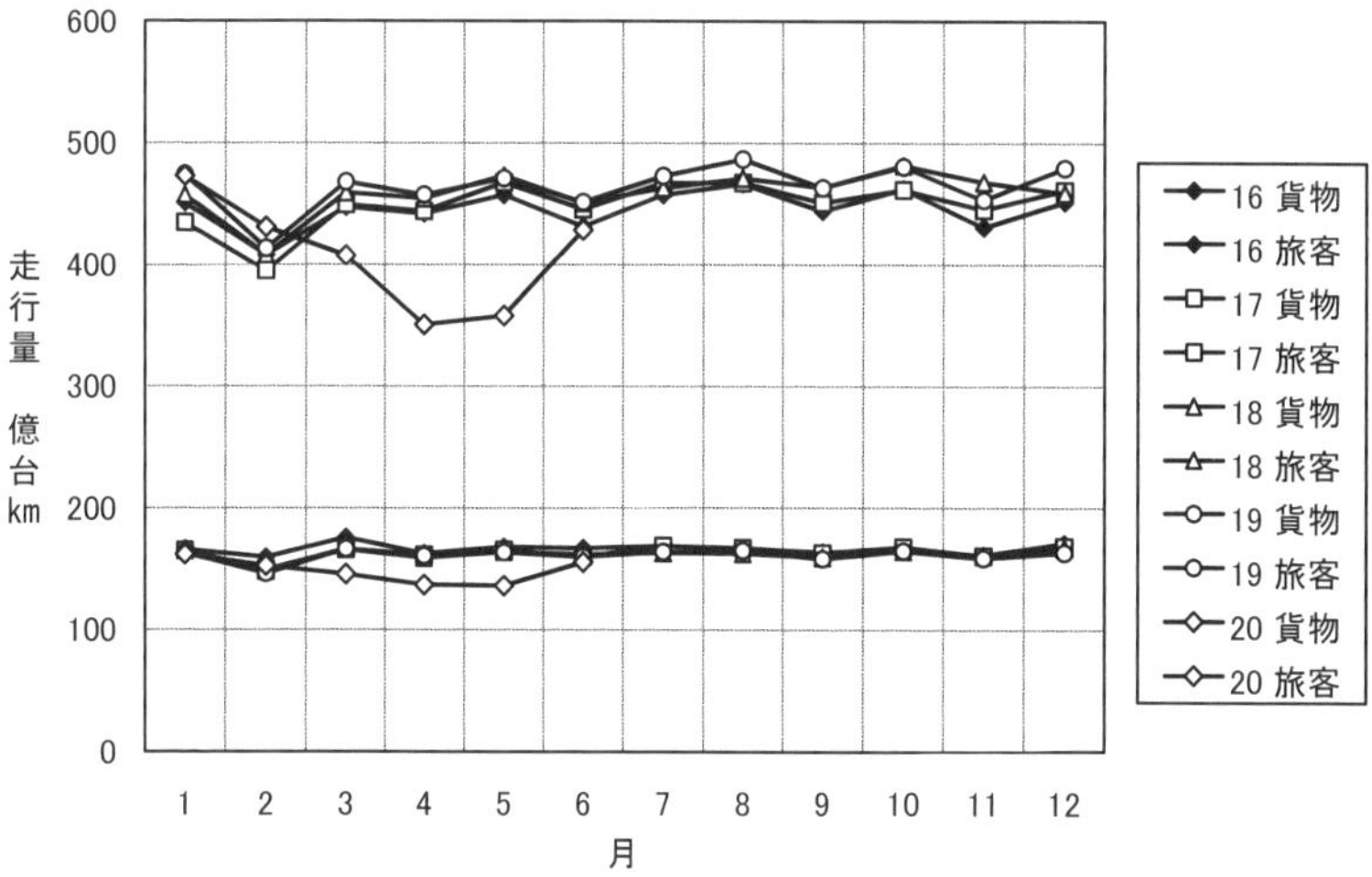

例年にない落ち込みがみられる。

図5―2は各年八月一五日までの交通事故死者数の比較である。[注3] 年々減少傾向にあることは交通事故対策の効果として評価してよいが、二〇一九年は前年同期間比で二五一人の減少、二〇一八年は同じく一一三人、二〇二〇年は一三四人であり、前述の自動車走行量の落ち込みにもかかわらず例年の減少ペースの範囲内にとどまっている。これは海外ほど極端ではないものの、結果的に自動車走行量あたりの事故死者数の比率が増大したことを示す。統計的には、交通事故死者一人の蔭で重傷者が約一〇人、軽傷者が約一五〇人発生する。[注4] これから推定すれば、二〇二〇年一月〜八月で約一万六〇〇〇人の重傷者と二四万人の軽傷者が発生している。全体として医療機関の負担となっている面では同じであり、交通事故の分だけ新型コロナへの対応が妨げられているといってもよい。

「自粛警察」「他県ナンバー狩り」等の愚行は「自

図5―2　各年8月15日までの交通事故死者数

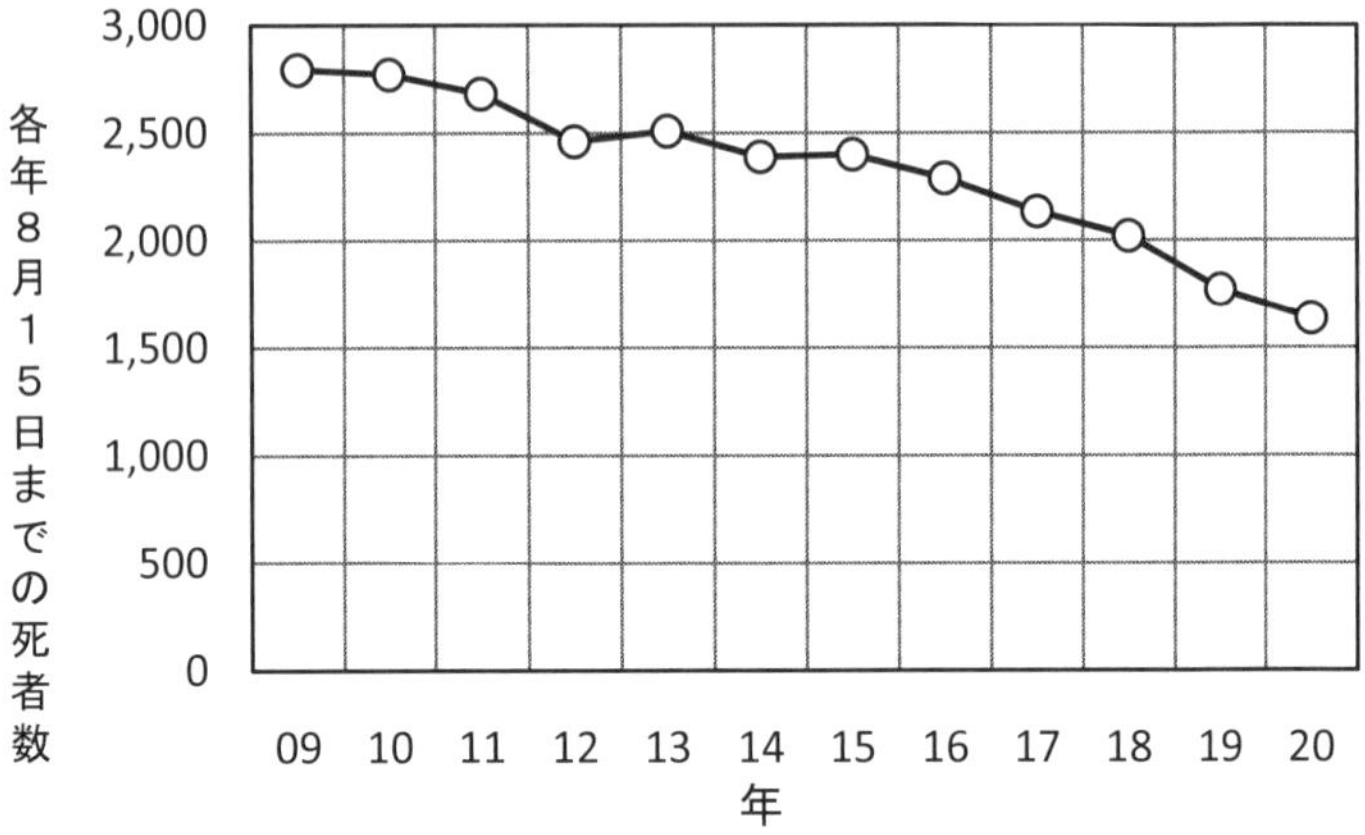

分は注意しているのに、他人の不注意により感染させられるのは許容できない」という意識に基づく行為であろう。しかし何らかの偶然により自分自身が感染者になる可能性は避けられないはずである。重大な交通事故があると加害者を非難する言説が沸き起こるが、ドライバーの注意力のみに依存した現状の自動車では、誰でも一瞬の不注意あるいは偶然により重大事故の加害者になる可能性がある。交通事故の防止こそ実質的な医療機関への支援につながる。医療従事者に対する儀礼的な感謝イベントなどより、交通事故の防止に努めたほうが実質的な医療支援になる。

第3章で指摘したように、もともとマイカーへの依存度が高い中小都市・農山村部での地域公共交通が新型コロナの影響で崩壊の危機に瀕している。もし三大都市圏以外の地域公共交通が失われ、その移動がマイカーに転換したとすれば、年間およそ四〇〇〇人の人命が追加的に失われる可能性がある。新型コロナはいずれ収束すればそれ以上の被害は発生しないが、地域公共交通が失われてしまえば追加的な交通事故死者は毎年続くことになる。

近年は高齢者の運転に起因する事故が増えている。高齢者の免許返納運動も呼びかけられているが、移動の代替手段がなければ容易に免許返納に応じることもできない。免許更新時に講習義務付け（七〇歳以上）、講習予備検査義務付け（七五歳以上）の対策が行われているが、それをクリアしていても加齢が要因と思われる事故が発生しており実効性は確実ではない。海外と比較すると、日本における自動車走行kmあたりの事故死者数は、日本と同様に自動車普及国であるイギリスに対して二倍、ドイツの一・六倍、さらには自動車大国のアメリカよりも多い。[注5]

日本では道路横断中の車対人の死亡事故のうち四二％が横断歩道上あるいはその付近で発生している。横断歩道も歩行者の安全を担保する設備としては機能していない。死亡事故の経年的な変化をみると、一九九五年から二〇一五年までの二〇年間で死者総数は年間一万二二七人から四〇二八人まで減少しており、事故対策が一定の成果を挙げたと認められる。しかし内訳では、乗車中の死者が同期間で六五％減少しているのに対して歩行者の死者は四九％の減少であり、改善率が低い。これは交通事故対策の中で相対的に歩行者が軽視されていることを示す。ドライバーのマナー向上を呼びかけるだけでなく、道路構造や都市計画の面でも再考の必要がある。一般国道（自動車専用道を除く）でも約四割、一般都道府県道では約六割に歩道がない。[注6]

一方で罰則強化による交通事故の抑止も試みられ、二〇〇一年に「危険運転致死傷罪」の新設（刑法改正）、二〇〇七年に「自動車運転過失致死傷罪」の新設（刑法改正）、二〇一三年に「自動車の運転により人を死傷させる行為等の処罰に関する法律（新法）」、二〇二〇年に道路交通法の改正で妨害運転（いわゆる「あおり運転」）の罰則規定など順次行われてきた。それでも二〇〇〇年代にはひき逃げが急増するなど逆行現象が発生したり、飲酒や薬物の影響下での事故は依然として後を絶たず、対策は手詰まり状態である。

また意図しない「過失」を罰則で未然に防止することは不可能である。前述のように自動車走行kmと交通事故死者数の間には比例関係が存在する以上、ドライバーのマナー向上を呼びかけるなど精神論的な対策では効果が期待できない。自動車に依存した交通体系からの転換を目指さないかぎり交通事故の抜本的な減少は期待できない。しかし新型コロナによる公共交通の崩壊や、マイカー所有者の運転機会がかえって増加したことなど、交通事故対策の面でも新型コロナは大きな困難をもたらしている。

安全な避難は「権利」

感染症と交通を扱う本書で「避難」に言及する理由は、避難とは人と物が実際に動く行動、すなわち交通の問題であって「リモート避難」や「リモート救援物資」はありえないからである。災害が発生した場合、まず初期には人命の保全のため安全な場所に人が移動する必要があり、次いで避難が短期間で解消しない場合には救援物資を届けなければならない。さらに長期化すれば仮設住宅などの問題が生じる。西日本水害（「平成三〇年七月豪雨」）から二年経過した二〇二〇年七月でも、広島県・岡山県・愛媛県の合計でまだ四〇〇〇人超が仮設生活を続けている。[注7] 被災者に対する制度的な対応として一九四七年に制定の「災害救助法」[注8]の法体系がある。同法でいう「救助」とは、避難所や応急仮設住宅の供与・食品や飲料水の供給・生活必需品の給与、貸与・医療や助産・被災者の救出・被災した住宅の応急修理・生業に必要な資金等の給与、貸与等である。この当時は大規模災害といえども都道府県単位で対処する想定であったと思われるが、福島原発事故では地理的・時間的な被害の拡大が発生して今も国レベルで多くの課題が未解決となっている。

筆者は福島原発事故以後の原子力政策に関して課題の一つである避難計画を検討し著書[注9]にまとめたが、原発事故だけでなく自然災害の多い日本では期間と規模の差異はあっても避難は常に発生している。交通権学会では一九九八年に「交通権憲章[注10]」を公表し「避難は権利」という概念を提唱した。憲章の第二条に「安全性の確保」の項目があり「人は、交通事故や交通公害から保護されて安全・安心に歩行・交通することができ、災害時には緊急・安全に避難し救助される」と記述している。前段の安全は交通に起因する日常的なリスクを対象としているのに対して、後段は災害が発生した後の人の移動を対象としている。「権利」にはいくつかの側面がある。第一には避難に際して安全な移動手段(方法)や適切な情報を提供される権利である。第二には避難先での環境の改善である。災害の種類・規模によっては避難が一〜二日で解消し、大きな実害なくそのまま自宅に戻れるケースもあるが、それでも実際に遭遇すれば強いストレスをもたらす。移動に労力を要し、生活環境の変化に適応しにくい障害者や高齢者はなおさらである。まして避難が年単位に及び、さらには「移住」を余儀なくさせられるケースもある。

二〇一一年三月には東日本大震災とそれに続く福島原発事故が発生し、今なお本来の居住地を離れて避難状態が続いている人々が多数残っている。

感染症下での災害避難〜複合災害への対処

西日本水害（二〇一八年七月）に際して指摘されたように避難所の環境は劣悪（冷暖房の不備、トイレ不足や不衛生、狭いスペースに密集した就寝、要介助者に対する対応の不足など）である。これに感染症対策がさらなる課題として加わった。感染症と自然災害の複合が指摘される前には、避難所の一人あたりの面積は日本では一般に二㎡で計算され、中には一畳（一・六㎡）にも満たないケースもみられた。ホール等の固定椅子（横臥できない）の床面積を単純に割り算で計算しているケースもあった。これは国際的な難民キャンプの基準とされる「スフィア基準」の三・三㎡を下回る数値である。これではいわゆる「ソーシャル・ディスタンス」の確保は困難である。このほかトイレの設置などに関しても基準を下回っている。ダンボールによる仕切りの設置も次第に進められているが[注11]、まだ「雑魚寝《ざこね》の緩和」の段階にとどまっている。多数の世帯がプライバシーのない避難所で雑魚寝する状態は、さまざまな不祥事やトラブルの誘因となる。一方でそうした状態を予想して避難を躊躇することにより、派生的に被害を拡大する可能性もある。

「スフィア基準」とは、被災者が安定した状況で尊厳を持って生存かつ回復するために提供されるべき最低の基準を述べたものである。アフリカ・ルワンダの難民キャンプでの死者の発生を受けて国際赤十字社（赤新月社）などＮＧＯが共同で作成した。内容はＪＱＡＮ（支援の質とアカウンタビリティ向上ネットワーク）ウェブサイトで解説されているが、スフィア基準は単に「避難所の設備マニュアル」ではなく、基本的な人権の概念を記述したものである。[注12]その経緯からして途上国を念頭に置いた基準であり、先進国では当然達成されている基準と考えられるにもかかわらず、先進国であるはずの日本でその基準にすら達しない状態が続いている。

大前治（弁護士）は、災害大国とも言うべき日本で避難が「体育館生活」が常態であって、海外の避難所とは大きな格差があることを指摘している。[注13]大前によると、二〇〇九年四月のイタリア中部ラクイラ地震では約六万三〇〇〇人が避難したが、これに対して四八時間以内に六人用のテント約三〇〇〇張が設置され、最終的に六〇〇〇張が提供された。テントは約一〇畳の広さで、電化されてエアコン付きである。またテントに避難したのは約二万八〇〇〇人であり、他に約三万四〇〇〇人がホテルでの避難を指示された。その費用は公費で負担される。日本では慣習的に床に直接寝ることに抵抗感が少ない違いはあるが、猛暑の下にエアコンもなく体育館に密集して寝る日本の実態はイタリアと比較して大きな差がある。なお同年七月一一日に安倍首相（当時）は被害の多かった岡山県倉敷市・真備町の体育館を視察したが、その前夜にそれまでなかったエアコンが急に設置されたという。[注14]

西日本水害の直前、二〇一八年五月にはＮＨＫで「避難所の女性トイレは男性の三倍必要～命を守る「スフィア基準」」の特集記事が発表されている。[注15]新型コロナではトイレも感染源になりうると指摘されている。[注16]ひとまず身体の安全が確保されるはずの避難所で、その環境が劣悪なため災害関連死が多発している。「平成二八年熊本地震」（二〇一六年四月）では、二一一人（二〇一八年四月現在）が「災害関連死」と認定され、建物の倒壊など地震の直接死者の五〇人に対してその四倍に達している。

そもそも避難所自体が物理的に安全ではない。公設の避難所の多くが浸水想定区域に立地している。

原子力災害と感染症

福島事故以前には「防災対策を重点的に講ずるべき区域」として八～一〇㎞の範囲が想定されていたが、福島事故の経験から、より深刻な事態を想定する必要性が指摘され、二〇一二年一〇月に「原子力災害対策指針」が制定された。[注17] ここでPAZ（予防的防護措置を準備する区域・原発からおおむね五㎞圏内）とUPZ（緊急防護措置を準備する区域・原発からおおむね五～三〇㎞圏内）の考え方が取り入れられた。「指針」制定の時点ではPAZ・UPZとも全住民が三〇㎞圏外に避難すると想定されていた。しかし各地域で避難時間シミュレーションが行われると、一斉避難か段階避難かなど条件の設定により差異はあるものの、全員の避難完了には非現実的な時間がかかることが指摘された。[注18] 次いで二〇一五年四月に「指針」の方針転換があった。UPZでは屋内退避を原則として、その後にモニタリングの結果に基づいて一定の条件に該当する地域を特定して避難することとなった。

放射性物質の放出後に汚染大気塊（プルーム）が通過する状況では、避難のために屋外で行動するよりも屋内退避のほうが被曝を減らせるとして規制委員会が試算を提示した。[注19] このように方針が変転している中で、「平成二八年熊本地震」（二〇一六年四月一四日）が発生した。日本の場合、原子力災害の発生は大規模な自然災害を発端とする可能性が高いから、原子力災害と自然災害が複合する可能性は高い。住宅の破損によりUPZであっても屋内退避の継続が困難となる可能性がある。居住に支障がない程度の破損であっても、ひび割れなどによって気密性が損なわれると遮へい機能が大きく低下する。こうした問題の指摘から、内閣官房の原子力閣僚会議では「複合災害も想定した避難・屋内退避の実効性向上に向けて」の検討を行っている。[注20]

しかしその資料では「地震等により家屋での滞在が困難となった場合には、指定緊急避難場所等の安全が確保できる場所に避難する。その後、原子力災害に関し全面緊急事態に至った場合、引き続き屋内での滞在が可能な場合には屋内退避を継続し、当該屋内退避中に余震等により被災が更に激しくなる等当該滞在が困難な場合には、各地方公共団体がUPZ内で別に指定する避難所やUPZ外の避難先へ速やかに移動する」という個別の例の列挙にすぎない。そして今回、さらに新型コロナとの複合災害が指摘され混乱が加速している。内閣府では「各地域の緊急時対応等に基づく防護措置と、新型インフルエンザ等対策特別措置法に基づく行動計画等による感染防止対策を可能な限り両立させる」として「考え方」とする資料を提示している。[注21]

○感染症流行下において原子力災害が発生した場合、感染者や感染の疑いのある者も含め、感染拡大・予防対策を十分考慮した上で、避難や屋内退避等の各種防護措置を行うこととなる。
○具体的には、避難又は一時移転を行う場合には、その過程又は避難先等における感染拡大を防ぐため、避難所・避難車両等における感染者とそれ以外の者との分離、人と人との距離の確保、マスクの着用、手洗いなどの手指衛生等の感染対策を実施する。

○自宅等で屋内退避を行う場合には、放射性物質による被ばくを避けることを優先し、屋内退避の指示が出されている間は原則換気を行わない。
○自然災害により指定避難所で屋内退避をする場合には、密集を避け、極力分散して退避することとし、これが困難な場合は、あらかじめ準備をしているＵＰＺ外の避難先へ避難する。
※なお、避難所における感染症防止対策については、基本的に、自然災害の場合と原子力災害の場合とで異なるところはなく、この点に関して新型コロナウイルス感染症対策として内閣府政策統括官（防災担当）等の発出した通知文書等は、原子力災害の場合にも、原則適用される。

しかしこの考え方では抽象的な表現が列挙されているだけで、具体的な活動としては成り行きまかせにならざるをえない。また原子力災害は大規模な自然災害に伴っている可能性が高いから自治体職員は多岐にわたる対応で手一杯であろう。「極力分散して退避」などとしているが、そうなれば住民の安否把握や安定ヨウ素剤配布などはさらに困難となる。なお屋内退避時の換気に関して「屋内退避の指示が出されている間は原則換気を行わない」としている点も問題である。一般家屋は完全な気密性はないので、外気の放射性物質の濃度が高い場合には、時間が経過すればやがて屋内の放射性物質の濃度も上昇してゆく。つぎに発生源の放出量の変化や気象条件の変化によって外気の放射性物質の濃度が下がり、屋外の濃度のほうが低くなった場合には、逆に換気したほうが室内の濃度を下げることができる。「屋内退避の指示が出されている間」という記述ではこの対応ができない。これに新型コロナが関与することによって事態はますます複雑になる。

資料の末尾では「各地域の実情を踏まえつつ、当面の対応及び避難計画等の見直しにおける参考とされたい」などときわめて投げやりな文言が記載されている。日本科学者会議は二〇二〇年四月二三日に「新型コロナウイルス感染拡大中の今、原子力発電所の即時運転停止を求める」との声明を発表している。[注22]

コロナで露呈した「避難の格差」

新型コロナの状況下での自然災害との複合災害がすでに発生している。二〇二〇年五月には緊急事態宣言中に静岡県と神奈川県で大雨による避難勧告が発出された。また宣言解除後にも、同年の台風九号・一〇号の連続する九州への被害が続いている。しかし公設の避難所に行けばいわゆる「三密」の状態が懸念される。熊本県、鹿児島県の事例では、避難所で避難者同士の間隔を取る、換気を徹底するなどの対策が実施された。また感染の不安から建物に入らず駐車場の車内で過ごす住民があり駐車場は一杯となったという。[注23]現場での対応は自治体職員が担当するが、分散すればするほど安否確認や緊急物資の配布に時間と労力を要し、大規模な災害になれば対応が困難になると思われる。最近の論調では、車中泊や公的避難所以外の避難先の検討が推奨されている。[注24]これはマイカーの利用を暗黙の前提としている点が懸念される。通常、公的避難所は徒歩で行ける距離に指定されているが、その他の自主避難先は現実的にはマイカーが前提になるであろうし、車中泊はマイカーがなければもとより不可能である。避難所がいわゆる「三密」対策として収容人員を制限する一方で、台風の大型化などに伴って自治体の全域に避難勧告・避難指示が発出され、避難者の数が膨大になるケースが増加している。二〇二〇年九月の台風一〇号では、避難所が先着順で満員となり、二カ所で断られて別の避難所に回らざるをえなかったとの例も報告されている。[注25]この場合にもマイカーの有無による格差が問題となる。マイカーを利用できない人（世帯）は移動に時間がかかり「先着順」に参加できないから、断られる可能性が高くなる。続けて別の避難所に回るために風雨の中を歩く等の労力あるいはリスクを負担しなければならない。このような問題に対して筆者は、先着順は一見公平のように思われるが、それに参加できない人を排除した先着順は公平かという問題を提起している。[注26]マイカーの所有の有無によって災害時のリスクに格差が生じることは「交通」の問題でもある。

一方で、災害時のマイカー使用に関しては、これまで大きな災害があるたびに禁止・容認が二転三転してきた。現在の防災対策は災害救助法（一九四七年）、災害対策基本法（一九六一年）を出発点としているが、これらはマイカーが普及していない時期の制度だけに、大量のマイカーの存在を考慮していない。東日本大震災（二〇一一年三月）以前には災害時の避難は徒歩を原則としていた。二〇〇五年六月に内閣府政策統括官による「津波避難ビル等に係るガイドライン」が発表され、この中でも「避難方法は原則として徒歩によるものとする」と記述されている。その理由として、家屋の倒壊や落下物で円滑な移動ができない、多くの避難者が一斉に走行すると渋滞や事故が発生する、徒歩による避難者の円滑な避難を妨げる、自動車は浮力があり水没した場合に流されやすいなどが指摘されて

いた。水没まで至らなくても水深が五〇㎝ていどで自動車は走行不能になる可能性がある。注27

東日本大震災（東北地方太平洋沖地震）では、津波警報が発出されたことを受けて自動車で避難しようとした東北地方の海沿いの人々が渋滞に巻き込まれ、車列ごと津波で流された事例が報告されている。アンケート調査注28によると、自動車利用避難を行った避難者は全体の約五七％で、その約三〇％が交通渋滞に遭遇した。特に福島県では全体の約八四％が自動車により避難している。

徒歩避難が可能であるにもかかわらず自動車避難を選択するというミスマッチを検討した報告もある。注29これは津波だけでなく水害でも発生しうる問題である。子ども・高齢者・障がい者を伴った移動や、前述のように避難所の環境が劣悪である点からも、避難はマイカーによらざるをえないという指摘もある。注30東日本大震災は全国隅々まで自動車が普及した「クルマ社会」になってから初めて国民が遭遇した大津波であることから、経験に基づく判断ができず、多くの人が危険側の行動を選択した可能性がある。

アベノミクス災害——すでに複合災害である

安倍首相（当時）は、首相通算在職日数および連続在職日数が歴代最長になった以外はさしたる成果もなく、二〇二〇年九月に辞職した。今回の新型コロナは、自然災害がなくともすでに「複合災害」である。それは「アベノミクス災害」がすでに起きていたからである。第二次安倍政権の発足後の二〇一三年から、一般に「アベノミクス」として知られる経済政策が提起された。時間的な経過としては、①「三本の矢（二〇一三年一月～）」、②「第四の矢（二〇一三年五月）」、③「新三本の矢（二〇一五年九月～）」の三段階がある。①の「三本の矢」の内容は「大胆な金融政策」「機動的な財政政策」「民間投資を喚起する成長戦略」とされる。金融政策の中心は市場に大量の資金を供給することであり、いわゆる異次元の金融緩和（後述）や物価上昇目標（インフレ率）二％がこれに該当する。財政政策としては国土強靭化に代表されるような大規模な公共投資がそれに該当する。ただし投資の規模としては小泉改革以前の二〇〇〇年代よりは低くとどまっている。②の第四の矢とは財政健全化を指すとの解釈[注31]もあるが、前項の大規模な公共投資すなわち国債の大量発行と矛盾しており、評価は不明である。③の新三本の矢の内容は「希望を生み出す強い経済」「夢を紡ぐ子育て支援」「安心につながる社会保障」である。この時のキーワードで「一億総活躍社会」が注目された。少子化についても「人災」だと指摘する論者がある。[注32]二〇〇三年に「少子化社会対策基本法」「次世代育成支援対策推進法」が制定されたが、問題を先送りしただけで効果は不明である。

図5―3は「毎月勤労統計調査[注33]」による製造業の勤労者の一人・一月あたりの平均（所定内＋賞与等）給与総額について、企業規模別に示したものである。企業の規模により明確な格差がみられるとともに「アベノミクス」の四年目以降になってもほとんど増加傾向がみられないばかりか、部分的には低下している。また第二次安倍政権になってから株価は上昇しており、一部の個人と企業は株価の上昇によって利益を得たであろうが勤労者の給与には反映されていない。

企業の財務状況が好転したとしても、企業はそれを単純に労働者に配分することはなく、別の投資に振り向けたり内部留保の蓄積を優先する。内部留保は勤労者への配分を切り下げて蓄積しているか

図5―3　製造業の1人・1月あたり平均給与総額

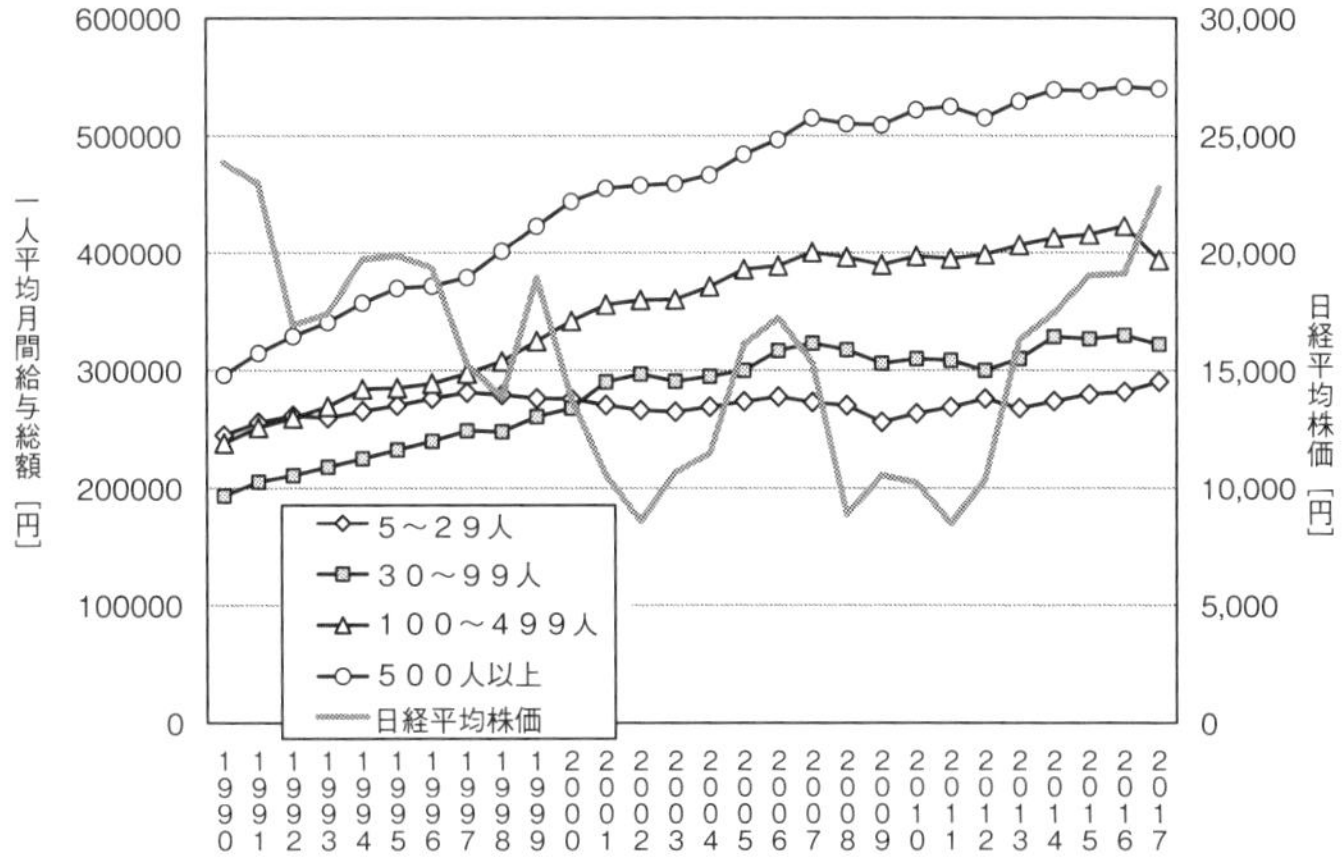

ら、それに対応して家計の貯蓄率は下がる。佐藤滋（東北学院大学経済学部）によると、二四歳以下の勤労者の貯蓄率だけが上昇しているが、これは若い世代が「自己責任論」に追い込まれる中で生活を切り詰めて自己防衛している結果であり、生活保護世帯など弱者に対して不寛容な認識を示す理由ともなっていると指摘している。[注34]

金額として勤労者への配分が進んでいないのと並行して「格差」の増大も懸念される。「国民生活基礎調査[注35]」より所得階級別にみた世帯数の割合の分布を検討すると、一九九〇年に対して二〇〇九年と二〇一六年では中間階層が減って低所得側に移動している。

すなわち「格差」の増大が統計的にも確認できる。新型コロナでは大企業でも賞与の支給中止などの影響が発生しているため平均給与総額は全体に低下が予想されるが、弱者に対する格差はいっそう増大すると考えられる。

脚注

注1 『ロイター（日本版）』「事故は減っても死亡率上昇、新型コロナの交通事情」二〇二〇年七月五日。https://jp.reuters.com/article/health-coronavirus-traffic-casualties-idJPKBN24106N?rpc=135

注2 国土交通省「自動車燃料消費量調査」https://www.mlit.go.jp/k-toukei/nenryousyouhiryou.html

注3 （公財）交通事故総合分析センター「交通事故死者日報」。https://www.itarda.or.jp/

注4 公益財団法人交通事故総合分析センター『交通統計』各年版より。

注5 交通事故総合分析センター「海外情報・国際比較」。http://www.itarda.or.jp/materials/publications_free.php?page=31

注6 平成二七年度全国道路・街路交通情勢調査 一般交通量調査集計表。http://www.mlit.go.jp/road/census/h27/index.html

注7 『時事通信』「仮暮らし今も四〇〇〇人超 住宅再建進まず、関連死二一人増—西日本豪雨二年」二〇二〇年七月五日。https://www.jiji.com/jc/article?k=2020070500194

注8 災害救助法 http://law.e-gov.go.jp/htmldata/S22/S22HO118.html

注9 上岡直見『原発避難計画の検証』合同出版、二〇一四年。

注10 交通権学会「交通権憲章（一九九八年版）」。http://www.kotsuken.jp/charter/preamble.html

注11 『河北新報』「いのちと地域を守る 防災・減災のページ」二〇一八年一一月一一日。

注12 ＪＱＡＮ（支援の質とアカウンタビリティ向上ネットワーク）ウェブサイト。https://jqan.info/documents/others/

注13　大前治「自然災害大国の避難が「体育館生活」であることへの大きな違和感 避難者支援の貧困を考える」『現代ビジネス』講談社、二〇一八年七月一〇日。https://gendai.ismedia.jp/articles/-/56477

注14　田中龍作ジャーナル「【倉敷・真備町報告】これが安倍首相訪問の前夜に付いたクーラーだ」。http://tanakaryusaku.jp/2018/07/00018498

注15　NHK News Web NHK特集「避難所の女性トイレは男性の三倍必要～命を守る『スフィア基準』」二〇一八年五月一日。https://www3.nhk.or.jp/news/web_tokushu/2018_0501.html

注16　厚生労働省「新型コロナウイルスに関するQ&A（一般の方向け）」。https://www.mhlw.go.jp/stf/seisakunitsuite/bunya/kenkou_iryou/dengue_fever_qa_00001.html

注17　原子力規制庁「原子力災害対策指針」、本稿執筆時点では二〇一九年七月版が最新。https://www.nsr.go.jp/data/000024441.pdf

注18　上岡直見『原発避難計画の検証　このままでは、住民の安全は保障できない』合同出版、二〇一四年。

注19　原子力規制委員会「緊急時の被ばく線量及び防護措置の効果の試算について（案）」、二〇一四年五月二八日。https://www.nsr.go.jp/data/000055769.pdf

注20　内閣官房原子力関係閣僚会議（第八回）。https://www.cas.go.jp/jp/seisaku/genshiryoku_kakuryo_kaigi/dai8/gijisidai.html

注21　内閣府「新型コロナウイルス感染拡大を踏まえた感染症の流行下での原子力災害時における防護措置の基本的な考え方について」。https://www8.cao.go.jp/genshiryoku_bousai/pdf/08_sonota_bougosochi.pdf

注22 日本科学者会議原子力問題研究委員会「声明・新型コロナウイルス感染拡大中の今、原子力発電所の即時運転停止を求める」二〇二〇年四月二三日。http://www.jsa.gr.jp/03statement/JSAseimei_20200423_genpatsu.pdf

注23 『時事通信』「密避け分散、窓開け冷房　避難所のコロナ対策─車中泊選ぶ人も・熊本など」二〇二〇年七月四日。https://www.jiji.com/jc/article?k=2020070400343&g=soc

注24 NHK「感染が広がる中で大雨、どこに避難？」『おはよう日本』二〇二〇年五月二七日。https://www.youtube.com/watch?v=3iuv9dUpzAs　防災学術連携体「市民への緊急メッセージ『感染症と自然災害の複合災害に備えて下さい』」。https://janet-dr.com/070_seimei/071_seimei200501.html

注25 『毎日新聞』「避難所〔先着順で満員、二回も振られる〕台風一〇号、コロナ対策で収容人数の減少で」二〇二〇年九月七日。https://mainichi.jp/articles/20200907/k00/00m/040/297000c

注26 上岡直見『鉄道は誰のものか』緑風出版、二〇一六年、一三〇頁。

注27 暮らしなんでも事典「Ｐｒｅｓｉｄｅｎｔ　Ｏｎｌｉｎｅ」二〇一三年三月七日。http:/president.jp/articles/-/8738

注28 中央防災会議「東北地方太平洋沖地震を教訓とした　地震・津波対策に関する専門調査会報告」二〇一一年。

注29 佐藤史弥・平井寛・南正昭「沿岸市町村における津波避難手段の検討」第五〇回土木計画学研究発表会・講演集（ＣＤ－ＲＯＭ）、二〇一四年一一月。

注30 （特非）立ち上がるぞ！宮古市田老「東日本大震災─二〇一一年三月一一日平成三陸大津波田老伝承記録」二〇一四年五月、九頁。https://drive.google.com/file/d/0Bz1AZ_eg5A_

lTkJXclRYVDRpRmM/view?pref=2&pli=1

注31　『日本経済新聞』「財政健全化を「第四の矢に」諮問会議、骨太方針策定へ」二〇一三年五月二八日。

注32　中原圭介『日本の国難』講談社現代新書二四六三、二〇一八年、六〇頁。

注33　厚生労働省ウェブサイト「毎月勤労統計調査」。https://www.mhlw.go.jp/toukei/list/30-1.html

注34　佐藤滋「シェアリング・エコノミーへの転換と地方税財政制度の未来〜「人口減少時代の自治体財政構想プロジェクト」報告〜」『月刊自治研』二〇一八年一一月、六三頁。

注35　厚生労働省ウェブサイト「国民生活基礎調査」。https://www.mhlw.go.jp/toukei/list/20-21.html

6 「低速」交通体系の充実を

高速交通体系の変化

新型コロナそのものは、年単位の時間がかかる可能性が高いがいずれ収束を迎えるであろう。次にアフター・コロナ後の交通を考えるには、その背景となる経済・社会・文化の変化について、あるいは人々の住み方・働き方・暮らし方の変化、すなわち国土利用や都市のあり方から考察する必要がある。コロナを契機にこうした議論がふたたび注目され、政府は「新しい生活様式」を提唱したが、実際にはどのていどの変化があるだろうか。リモートワークも当面は進展したが、人とのコミュニケーションが不足しストレスを招く、スケジュールや業務の管理が難しいなど弊害も指摘されている。航空機・新幹線・高速道路など高速交通体系はどうあるべきだろうか。ことにリニア新幹線はJR東海の事業として主に現東海道新幹線の収益を原資として実施されているが、前述のようにJR東海自体が継続的に赤字となれば、いずれにしても現在の計画は実施不可能である。その時に公費を投じて行うのであれば、むしろ地域に必要な「低速交通手段」の確保に使うべきではないか。

これまで「全国総合開発計画（全総）」が五次にわたって策定されている。全総とは、国土の利用・開発・保全に関して、おおむね一〇年単位の計画期間において、住宅、都市、道路、鉄道など社会資本の整備のあり方の基本方針を示す計画である。[注1] 第一次は一九六二年（第二次池田内閣）に策定され、戦後の復興をめざす重化学工業の拠点整備が主軸であった。第二次は一九六九年（第二次佐藤内閣）に策定されたが、この時点で早くも大都市への過度の集中が問題視されており、大都市への人と経済

図6—2　2019年の高速交通体系

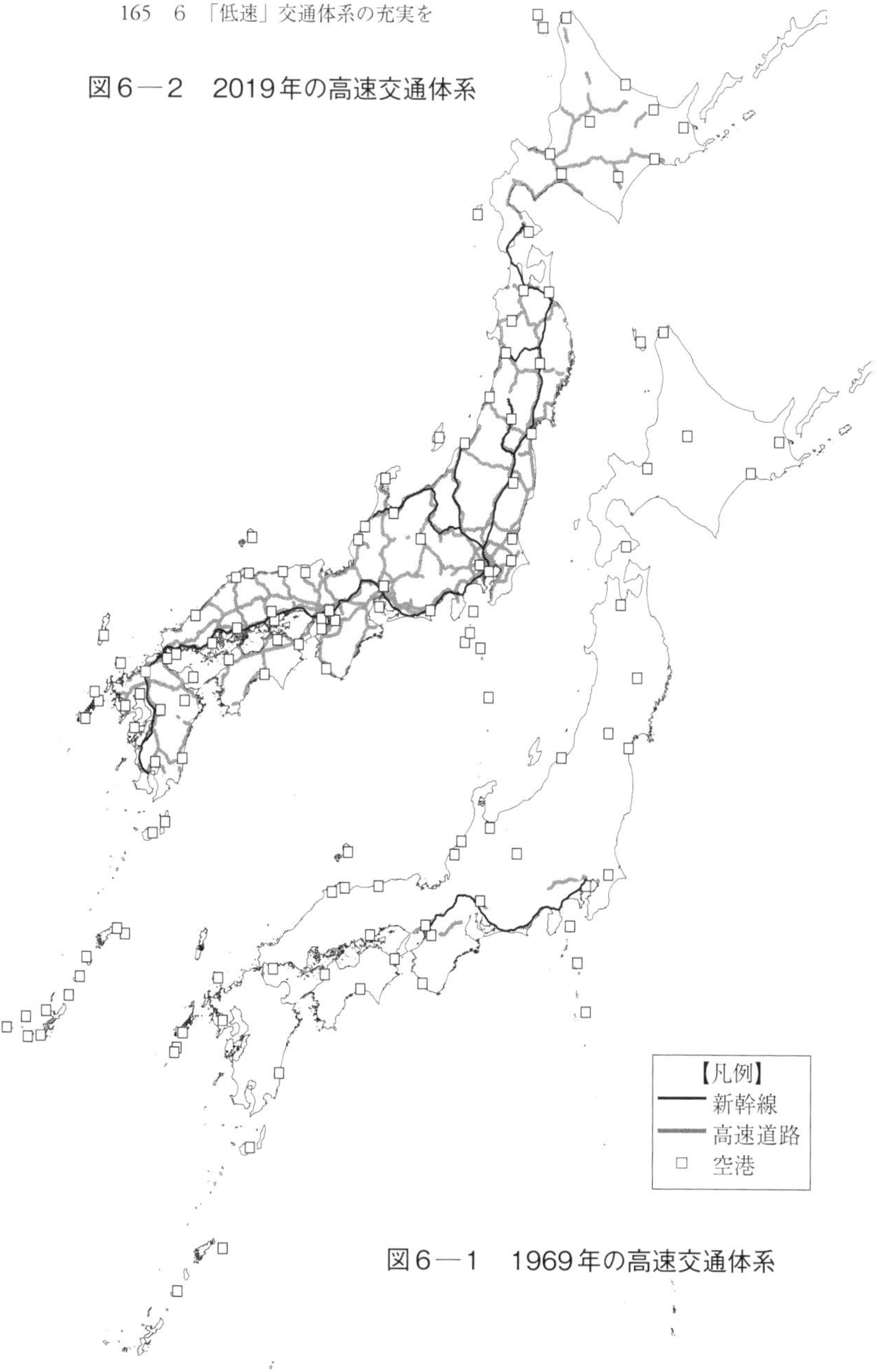

図6—1　1969年の高速交通体系

の集中を是正し、過密過疎・地域格差の解消を掲げている。

今では高速交通ネットワークは、いわゆる「ストロー効果」すなわち地域から人や経済資源が大都市圏に吸い取られ集中を加速する弊害が指摘されている。しかし第二次で新幹線・高速道路などの高速交通ネットワークの整備が主軸に据えられたのは、本来は地域間格差の是正が目的であった。同時期に田中角栄による『日本列島改造論』[注2]が刊行されている。田中角栄は「人口と産業の大都市集中は、繁栄する今日の日本をつくりあげる原動力であった。しかし、この巨大な流れは、同時に、大都会の二間のアパートだけを郷里とする人びとを輩出させ、地方から若者の姿を消し、いなかに年寄りと重労働に苦しむ主婦を取り残す結果となった。このような社会から民族の百年を切りひらくエネルギーは生まれない。かくて私は、工業再配置と交通・情報通信の全国的ネットワークの形成をテコにして、人とカネとものの流れを巨大都市から地方に逆流させる〝地方分散〟を推進することにした」と述べている。[注3]これが実際どのように実施されてきたか、一九六九年と現在（二〇一九年）の高速交通ネットワークの進展を図6―1および図6―2に示す。黒細線は新幹線、グレー太線は高速道路、□は空港を示す。一九六九年には、図6―1に示すように高速鉄道は東海道新幹線のみ、高速道路は東名・名神および中央の一部のみであった。またジェット機の就航が可能な空港は限られていた。二〇一九年には図6―2に示すように高速鉄道・高速道路・空港が全国を覆いつくすまでに整備され、なお新規の建設が続いている。

一方で一九七一年に『朝日新聞』が「くたばれＧＮＰ」の特集を掲載したことに象徴されるように、同時期から環境問題（当時は大気・水質汚染など産業公害が主）や石油危機、貿易摩擦などを契機として経済成長主義に疑問を呈する論説あるいは運動が並行して登場した。成長の限界、スモール（あるいはスロー）・イズ・ビューティフル、縮小社会、一極集中の是正など、表現は異なるがさまざまな提案がなされた。これらの活動は現在も各方面で続けられているものの、社会全体の流れを転換するまでには至っていないように思われる。

前述のように、新幹線・高速道路など高速交通ネットワークが整備されると、物理的には都市間の所要時間が短縮される半面で、社会的にはますます大都市側に人や経済資源が引き寄せられ、所期の目的とは裏腹に格差が拡大する「ストロー現象」が当時から懸念されていた。結果的に日本全体として三大都市圏へ、ことに東京への一極集中、あるいは北海道内での札幌集中、九州内での福岡集中をもたらしたことは否定できない（第7章参照）。

交通の大部分は地域内

図6―3は人口あたりの公共交通機関（バス・タクシー、鉄道、航空）による年間移動距離の推移を示す。[注4]第二次全総あるいは『日本列島改造論』にあたる一九七〇年から最近まで高速交通体系が整備されてきたが、公共交通機関による年間移動距離は、新幹線や航空のネットワークの増加に対応するほど大きく増加していないように思われる。また図6―4は同期間での乗用車走行距離の推移を示す。一九七〇年から二〇〇〇年までは増加がみられるが、それ以降の増加はわずかである。高速道路に関しては、二〇〇〇年以降はもはや人々のモビリティを向上させる機能は失われたのではないか。

自動車の使い方は地域の状況によって大きく異なる。前述の「パーソントリップ調査」より三つのケース、①公共交通の利便性が高く人口集積が大きいゾーン（例・東京都世田谷区）、②一定の人口集積はあるが公共交通の利便性が低いゾーン（例・茨城県龍ケ崎市）、③公共交通の利便性がほとんどなく人口集積が低いゾーン（例・茨城県神栖市）の三パターンを例として分析する。その結果、自動車による人の移動は図6―5のようにいずれの地域でも二〇km前後でほぼ九〇％以上が完結し、五〇km前後でほぼ一〇〇％が完結していることがわかる。すなわちいずれの地域でも車は主に地域内の移動で使われている。一方で、高速道路を利用して中・長距離をクルーズするような使い方はごく一部である。このデータからも、高速交通体系の整備はもはや必要性が乏しく、新型コロナの影響如何《いかん》にかかわらず今後は地域内交通の充実に努めるべきであることが示唆されているのではないか。

「低速交通」の重視を

一方で「低速交通」の役割に注目すべきである。図6―6は、①鉄道が最大限利用されている東京都二三区、②大都市ではあるが自動車依存度が高い愛知県名古屋市、③典型的な「クルマ社会」とみなされる福井県福井市の三パターンについて、トリップ数でみた場合の交通手段別の分担率を示す。福井市は自転車と動力付き二輪車（原付・自動二輪）の合計を「二輪車」として表示している。なお動力付き二輪車の中には、小さいエンジンを装備しただけの原付自転車から、法令上は自動車扱いとなる大型バイクまで性格の異なる形式が混在するが、欧米ではいずれも自動車に対して物理的に脆弱と

図6―3　公共交通機関による1人あたりの年間移動距離

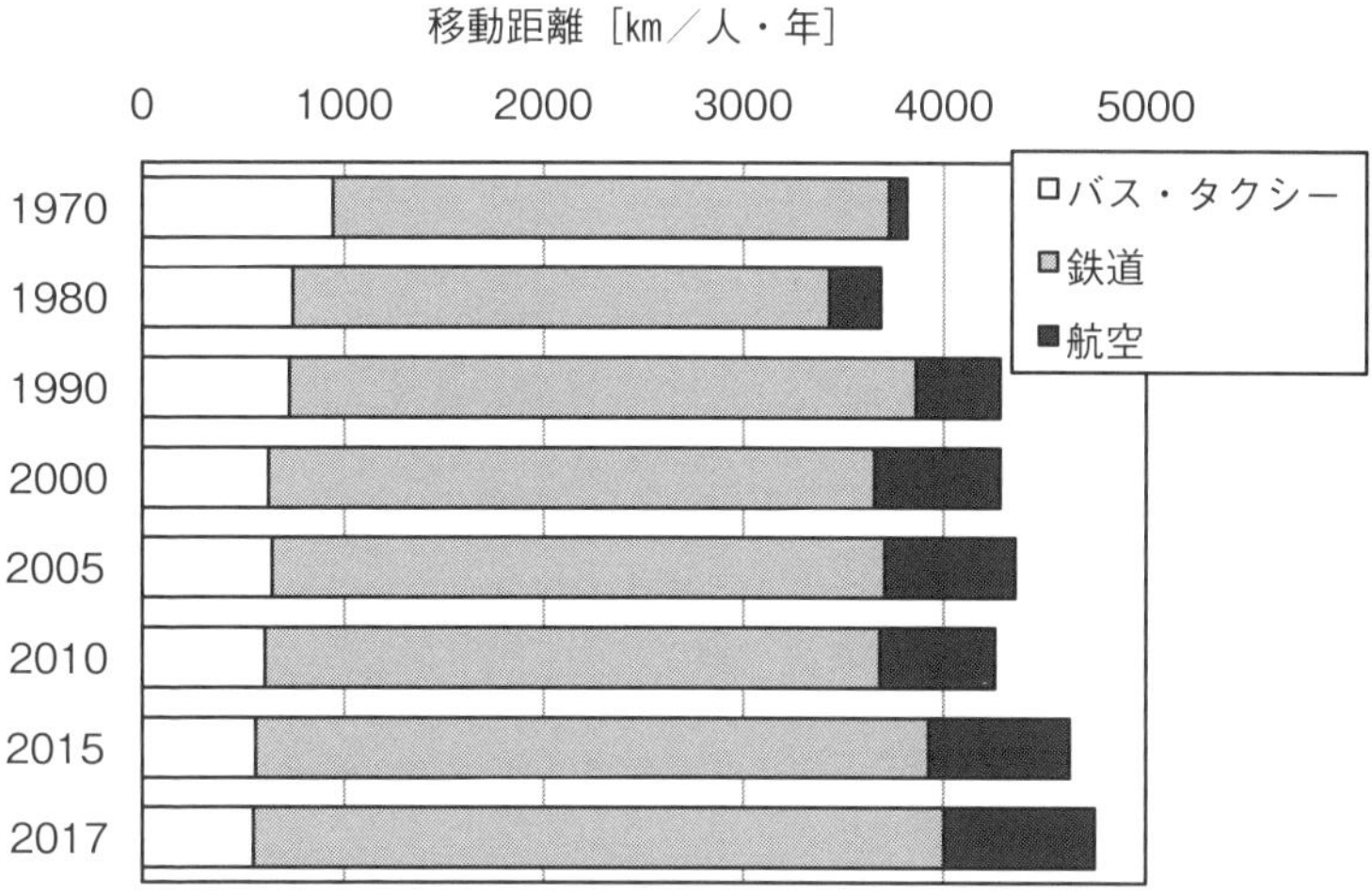

図6―4　1人あたりの年間乗用車走行距離

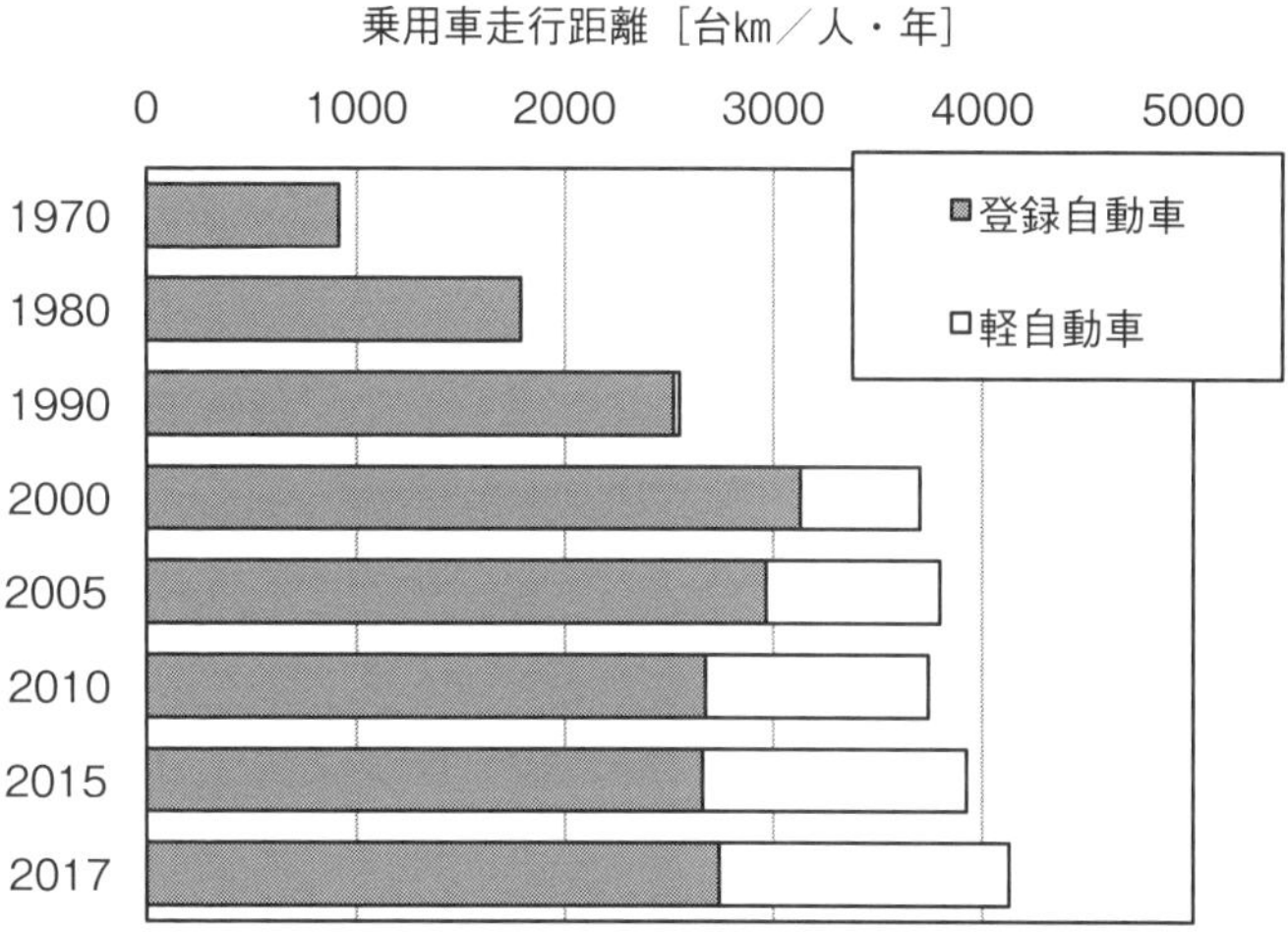

図6―5　乗用車のトリップ距離分布

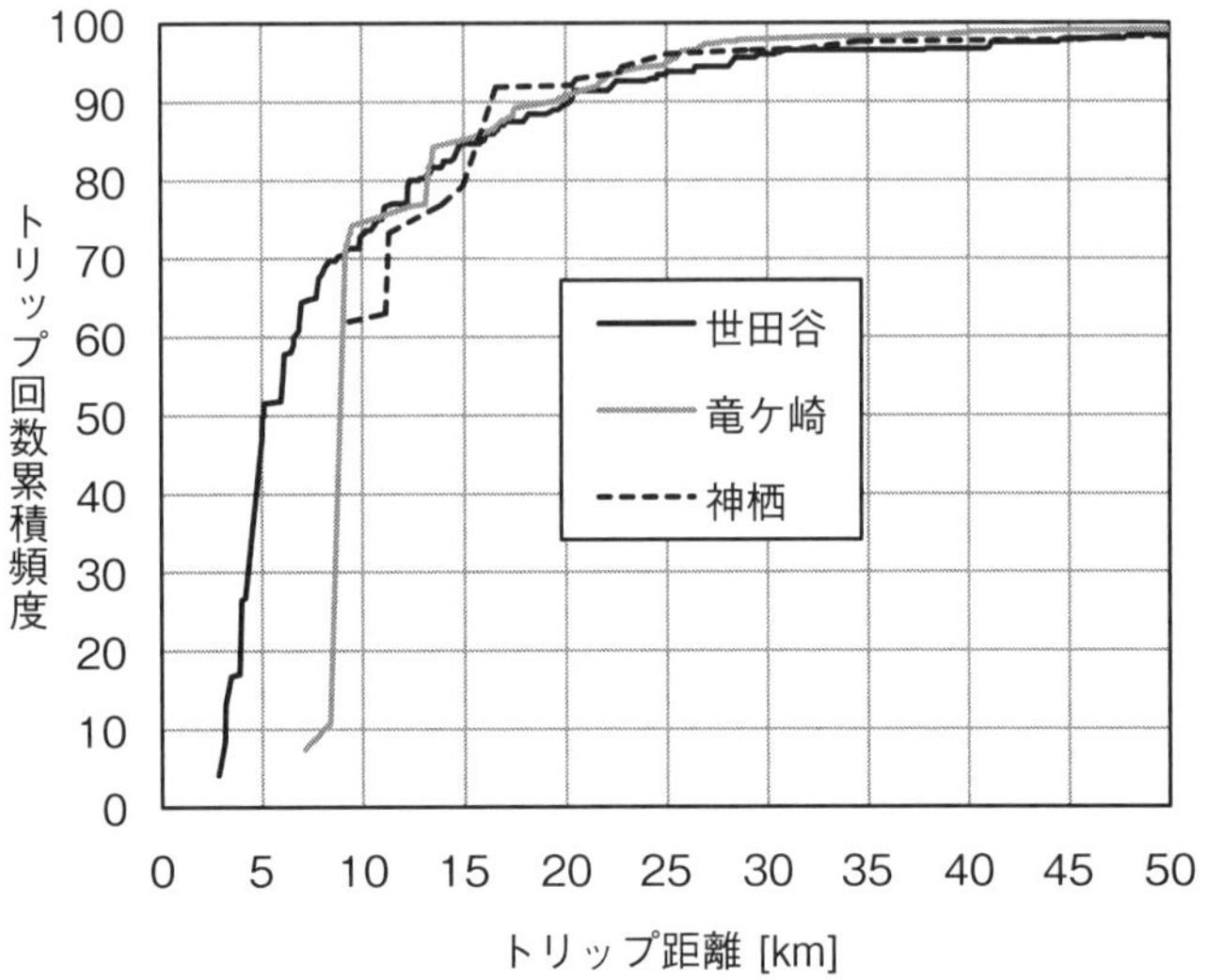

いう意味でVRU（Vulnerable Road Users）[注5]として分類される。ここでは動力付き二輪車も「低速交通」とする。図のように三パターンで交通手段の分担に大きな差がみられるが、「クルマ社会」の福井市でさえも「低速交通」の分担率は二割あり、名古屋市で三割、東京都二三区では四割近くに達する。すなわち「低速交通」に配慮した都市・道路（街路）のあり方が求められる。

　コロナの影響で飲食店のフードデリバリーサービスの需要が急増した。代表的なビジネスとしては「ウーバーイーツ」が知られている。雇用の創出という面だけに注目すればプラスに評価できるかもしれないが、雇用といっても正確には「雇用者数」であって、個々の雇用者の待遇が保証されているわけではない。現にフードデリバリーサービスでは、新型コロナで仕事を失った人々が多数参入した

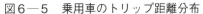

図6―6　各都市での交通手段の分担

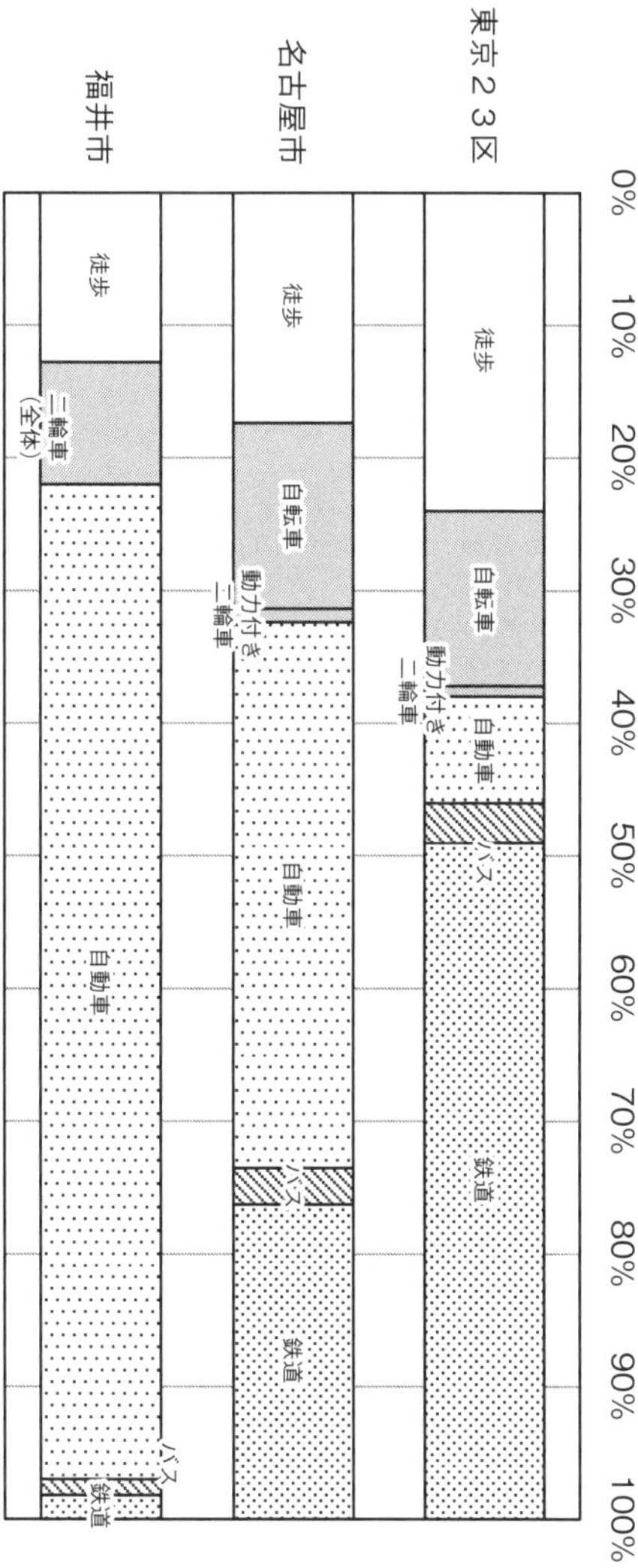

影響で、一人あたりの収入が減少し配送員は苦境に陥っているという。[注6] このような状況で、二〇二〇年五月一二日にはウーバーイーツの配達員が自転車で首都高速を走行する事案が発生した。[注7]

警視庁の任意聴取に対して配達員は「時間短縮のために首都高速を走った」と説明したという。一方、ウーバーイーツ配達員のアルバイト学生が杉並区内を自転車で走行中に車にはねられて死亡するなど事故の増加が懸念されている。また時間に追われる無理な走行により自転車側が加害者となる可能性も増加している。このような状況に対して多くのメディアでは配達員側の交通法規違反を指摘する論調が多くを占めたが、それは本末転倒ではないか。東京はもとより日本の都市では自転車走行環境が整っていない。

東京都では二〇〇八年から自転車通行空間の整備が始まったが局部的にとどまっている。一方、二〇一二年から生活道路を中心に警視庁が「自転車ナビマーク（青矢印の路面表示）」の導入を始めたが、二〇一六年からそれが交通量の多い幹線道路にも拡大された。また並行して、法的に自転車は車両という解釈から自転車の車道通行を指導するようになった。しかし自転車走行環境の整備もなしに車道通行を強要することは新たな危険をもたらしているとの指摘がある。[注8] 実態は図６―７（写真）のとおり、ナビマークがあっても自転車が通行できる環境ではなく、自転車は車道側にはみ出して走行せざるをえない。行レーンの整備を即応的に実施しているが、新たなインフラを整備するわけでもなくポップアップレーン（コーンや白線で臨時に自転車走行レーンを区画する）の設置ていどである。

ところが日本ではそれさえもせず、単に自転車利用者側の負担に押しつけて済まそうとしている。また海外でもポップアップレーンでなく恒久的には連続した自転車道ネットワークが必要との指摘も

図6―7　都内の自転車走行環境

みられる。[注9] EU圏内では「EUROVELO」というプロジェクトが実施されている[注10]（VELOは自転車の意味）。これは欧州全域を自転車道ネットワークで結ぶプロジェクトであり二〇二〇年完成を目指していた。このネットワーク全体を通じて本格的な長距離ツアーを試みるのは自転車愛好者に限られるであろうが、各地域の区間では自転車走行環境の改善に貢献するものと期待されている。日本でも河川敷に自転車道を整備している例はあるが、「交通」としての機能ではなくレクリエーションの範囲にとどまっている。

外国の交通政策と比較

どの国でも新型コロナは収束していないため最終的な評価は難しいが、ドイツに関してバーバラ・レンツ（ドイツ航空宇宙センター・交通研究所所長）は次のように述べている。公共交通が「ソーシャル・ディスタンス」の制約を受けることで大きな問題に直面しているが、人々が感染拡大を恐れて公共交通の利用を恒常的に避けることはないだろうと希望的に述べている。また同所の調査によれば自家用車の利用が急激に上昇（公共交通を避けて）しているが、これも一時的な現象であろうと予測している。全体として今回の危機は都市交通について、こと自転車の活用についても再考する機会となっている。ただし政策的な対応については不明確であるとしている。[注11]

また別の記事では、ドイツではむしろ新型コロナ危機を契機として環境を重視した交通政策を進めるために、二二億ユーロを電気自動車の推進に支出するとしている。[注12] また水素への投資で七〇億ユーロ、電気自動車の充電インフラと電池製造に二五億ユーロ、省エネ住宅に二〇億ユーロ、クリーン（電気には限定していないようである）なバス・トラックに一二億ユーロ、ドイツ鉄道（DB・ドイツの全国鉄道ネットワークで日本のJRに相当）に五〇億ユーロの支出などとしている。なお一ユーロは約一二〇円（二〇二〇年六月）であるので、五〇億ユーロは日本円では六〇〇〇億円に相当する。

米国では、国土が広大なだけに州（地域）によって状況が大きく異なり、コロナ対策そのものの評価は難しい。しかし公共交通に対しては連邦政府が迅速な対処を実施している。合衆国運輸省（日本の国土交通省の交通関連部局に相当）のサイトによると、一般に自由経済重視で公共投資には消極的と認識されているトランプ（共和党）政権ではあるが、コロナ危機下における地域公共交通の運行を維持するために合計二五〇億ドル（日本円で約二兆五〇〇〇億円相当）を全額連邦政府の支出として提供する決定に大統領が二〇二〇年三月二七日にサインした。[注13] 公共交通の運営費補助のほか、コロナに起因して休職している全国の交通機関の労働者の給与補償にも利用できる。加えて各種補助金等の要件緩和なども実施している。これに関して「日本とは規模・質・スピード感に格段の差があり、緊急事態の政策遂行の仕組みに大きな課題がある」と指摘されている[注14]。

イタリアではコロナにより日本とは桁ちがいの被害を生じた。感染者数に関しては、日本の検査体制がクラスター追跡に集中して実数が把握できていないためイタリアと直接の比較は難しいが、人口あたりの死者数などの指標で評価するかぎり、やはり日本の被害は相対的に少ないことは確かであると思われる。相違の要因はいまだ明確ではないが、イタリア・ミラノ市在住者による現地の状況（二〇二〇年五月末）が報告されている[注15]。日本での報道では高額の罰金を伴う厳しいロックダウンが注目されたが、福祉など社会的機能の維持で通勤が必要なエッセンシャルワーカーのために、便数は削減されながらも運行は継続されていた。五月四日には経済活動の再開、同一八日には州内の移動解禁、六月三日にはEU間の移動解禁が実施された。利用時のディスタンス確保などの呼びかけがなされる一方で、「公共交通の利用は安全」という広報活動が積極的に行われたことは日本との大きな相違である。

短距離の通勤については徒歩・自転車が推奨された。ただしミラノ市の平均通勤距離は四㎞と推定されており、日本の東京圏の二六㎞（第4章参照）とは状況が大きく異なる。徒歩・自転車の推奨のために、歩道の拡幅・自転車レーン（前述のドイツと同様なポップアップレーン）の設置・自転車購入費の六割補助（五〇〇ユーロ・約六万円上限）が実施された。このように迅速な対応には、ミラノ市では交通局が地下鉄・バス・トラム（路面電車）・シェア自転車等の交通モードを一元管理している背景がある。これに対して日本は、各自治体の公共交通政策に係る支出額が一般会計歳出総額に占める割合を調査したところ、平均値は約〇・三八％であった。[注16] 地域の公共交通が自治体の政策課題として認識されていないことを示している。

リニアでＪＲ東海も沿線も破綻

リニア中央新幹線に関してはすでに安全や環境の面から多くの観点から問題が指摘されている。[注17] さらに新型コロナの影響でＪＲ東海の経営状態の悪化が予想される状況で、大きな制約となるのは財務面である。リニアの技術的な開発は旧国鉄において一九六二年（東海道新幹線の開業前）から始まっているが、二〇一一年五月に「交通審議会陸上交通分科会鉄道部会中央新幹線小委員会」の答申を経て二〇一四年一〇月に工事実施計画が認可された。

この時点ではＪＲの自主事業として二〇二七年に名古屋まで開業し、いったん建設を中断して経営体力を回復（債務の償還）した後に二〇四五年に大阪開業の計画であった。ところが二〇一六年八月に閣議決定した「未来への投資を実現する経済対策」に基づき、財政投融資（財投）を利用して三兆円の融資により大阪開業の前倒しが発表された。ただし株式を上場して純粋の民間企業となっているＪＲ東海には財投が直接適用できないため、いったん「鉄道建設・運輸施設整備支援機構」に財投資金を融資し、同機構からＪＲ東海に同条件で再融資するという抜け道が用意され、それを可能とする法改正も行われた。融資は無担保・三〇年間返済猶予・金利〇・八％であり通常の民間企業の事業では考えにくい条件である。リニア新幹線の大半がトンネルや防音シェルターであることから「土管列車」との揶揄[注18]があるが、まさに同機構を抜け穴として利用した「土管融資」である。この財投資金投入に関しては一般に財界寄りの視点とみなされる『日本経済新聞』でさえ新型コロナ前から「リニアは第三の森加計問題」と批判している[注19]。

JR東海の需要予測や収益の見通しは、通常の需要予測に用いられる方法[注20]にはよらず、所要時間が四時間前後を境として鉄道のシェアが大きくなるというJR東海独自の経験的な手法により求めたとしている[注21]。これは通称「四時間の壁」と呼ばれる境界値で、所要時間が四時間前後で航空機から新幹線（高速鉄道）への転換が起きるとする予測である。しかし利用者の交通手段の選択は、時間だけでなく費用（運賃・料金）も大きな要因となる。もし航空からリニアに本格的な需要シフトが予想されるのであれば航空事業者側でもそれを座視するはずはない[注22]。

JR東海の予測は日本航空や全日本空輸等の在来航空会社（FSA・フルサービスエアライン）を対象としているが、実際には格安航空会社（LCC）が存在する。東京〜大阪間の新幹線の通常運賃・料金（「のぞみ」の場合）合計で一万四七二〇円に対して、航空運賃は最安では六〇〇〇円台もある。今後、LCCがどのような経営方針を打ち出すかは確定しにくいが、筆者が試算（新型コロナ前）したところJR東海の見込みよりもLCCの影響でかなりの減収が予想される。利用者の選択への影響の度合いは、利用の目的が業務（ビジネス）か非業務（観光・私用など）により異なるが、名古屋開業時点でJR東海の見込みに対して年間一一〇〇〜一七二〇億円、大阪開業時点で同じく八六〇〜一五〇〇億円の減収に相当するとの結果が得られた。

さらに工期面と財務面の制約がある。後述するがJR東海自身の予測でも、名古屋開業直前（すなわち借入金の負担が最大に達しながらまだリニアの収入が発生しない段階)で、借入金の金利のわずかな上昇があれば、金利の支払いによって経常利益が減少し株式の配当可能な水準を割り込むと述べている。[注23] 日銀はデフレ対策として「異次元の金融緩和」を継続しているが、それにはプラスの物価上昇率を維持することで金利操作による景気調節への対応力を保持する必要がある。[注24] すなわち現在のゼロ金利では調節の余地がないから近い将来に金利を一定の水準まで引き上げざるをえない時が来る。JR東海が危惧している配当不能の事態は、計算上の仮定ではなく現実に起きる可能性が高い。これに新型コロナの影響も加わりさらに深刻な事態に陥る。

二〇一五年一二月には最大の難所とされる長さ約二五㎞の「南アルプストンネル」の山梨県側約八㎞の区間で起工式が行われ本格的な工事が開始されたが、JR東海は「工事が予定通りに進むかどうかは掘ってみないとわからない」とコメントしている。また同社の柘植康英社長(当時)は「コスト低減を尽くすのが第一だが、経営の健全性や安定配当に支障が出るとなればペースを調整するのも念頭に置く」と述べ、将来は開業時期の先送りを判断する局面もありうるという見方も示した。さらにその後、静岡工区で大きな問題が発生した。リニア中央新幹線は静岡県内には駅がなく県の北端を「南アルプストンネル(仮称)」が通過するのみであるが、トンネルによる大井川水系の水量減少が懸念され、静岡県はこの工事を承認していない。その他の多くの箇所でも工事が遅れており、静岡工区の動向如何にかかわらず二〇二七年の開業遅延は不可避との見解もある。[注25] このまま漫然と工事を続ければ、前述の融資の返済期限が到来しても大阪開業の収入が得られず債務だけが残り、誰も責任を取らないまま最終的に国民負担に転嫁されて「第二の国鉄」が発生する。

ＪＲ東海は、建設費の増大・工事遅延・金利上昇・経済停滞などのリスク要因に対しては、状況に応じて工事のペースを落として長期債務を縮減し企業体力を回復しながら対処するとしている。その間は現東海道新幹線の収益に依存することになるが、新型コロナの影響でその前提は崩れ、継続的に配当が維持できないばかりか、経常赤字が長期間継続する可能性がある。またリニアの建設を続行すれば建設費調達のための借入金の金利負担をしなければならない。前述の三兆円の融資はもともと大阪開業促進の趣旨であるにもかかわらず、名古屋開業さえ見通しがつかないまま、実質的にはＪＲ東海の損失補塡に充当される可能性が高い。

図６―８の●はＪＲ東海の資料による二〇五〇年前後までの経常利益の予測である。この予測とは、交通需要予測で一般的に用いられる分担率（交通手段ごとのシェア）モデル等によるシミュレーションではなく、現東海道新幹線の収入がリニア名古屋開業までは横ばいで維持され、リニアの名古屋開業後は前述の時間短縮効果により航空機からシェアを奪う想定という独自の推計に基づくとしている。[注26]旧国鉄から引き継いだ長期債務を償還しつつ、現・東海道新幹線の利益をリニア建設に投入する前提であるが、名古屋開業までは建設費が投入される一方でまだリニアの収益が入らないため、二〇二七年（当初予定）の名古屋開業時点では経常収支が配当可能な水準ぎりぎりまで落ち込むとしている。また金利が〇・七五％上昇するか、長期債務が一兆円増加すれば配当が困難になる危険ラインに到達すると推定している。実際には前述の静岡工区でのトラブルほか各地で工事の遅延があり、事業費の膨張は避けられない。新型コロナ前には現・東海道新幹線の業績が好調なため図の○のように経常利益が推計時点の予測を上回っていた。しかしそれを余裕分として見込んでも、新型コロナによ

図6—8　ＪＲ東海の運輸収入と経常利益の予測

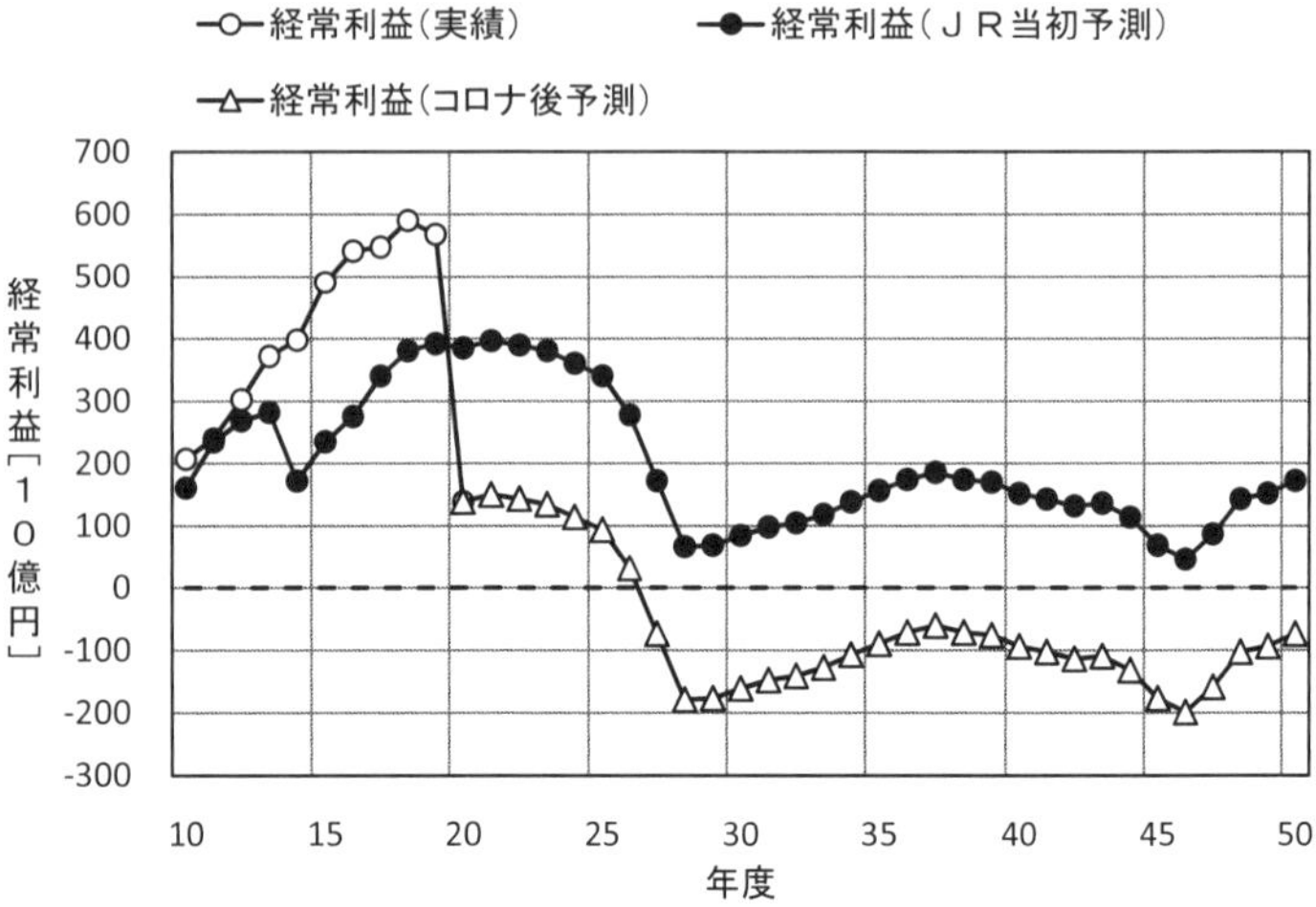

る現東海道新幹線の運賃収入の落ち込みはそれを帳消しにする影響があり「現東海道新幹線の収入が横ばい」どころか二～三割の減少が想定される。△はこの影響を考慮した経常利益の予測を示すが、二〇二五年前後から経常赤字が続き、配当不可能が続くと思われる。これは株主には許容されないであろう。

リニア新幹線は東京・名古屋・大阪の三大都市圏の連結が目的であり、それ以外の地域への便益は乏しい。現在「のぞみ」の全列車が停車している新横浜・京都では逆に所要時間の増加と利便性の低下につながる。「中央新幹線小委員会」の試算資料[注27]によっても、経済効果は東京圏・名古屋圏・大阪圏[注28]が中心であり、途中県に帰属する便益は大きくない。新型コロナ以前からも、ほとんど実体的な効果のないアベノミクス破綻により経済効果の予測の前提が崩れている。また生産額が国内で三大都市圏、中でも東京圏に集積することはむしろ災害時の脆弱性を増すことにになり、リニア新幹線整備の趣旨の一つとして提示されている「災害時の代替ルート」とも矛盾する。自然災害のほか今回の新型コロナもまさにその弊害に該当する。

沿線自治体、ことに東京・名古屋以外の中間県では、リニア新幹線のメリットは乏しいどころか負担を招く。公表されている中間駅予定地は、神奈川県駅が相模原市橋本駅付近、山梨県駅が甲府市大津町付近、長野県駅が飯田市上郷飯沼付近、岐阜県駅が中津川市千旦林付近であるが、いずれも中心市街地と離れており在来線の駅との接続も良くない。二〇〇七年にJR東海は東京〜名古屋間をリニア方式で全額自己負担による建設を公表したが、中間駅については地元負担を求めている。その後、中間駅の地元負担に対する反発による事業の遅滞を回避するため、中間駅についても自社負担を提示した。しかしこれらも新型コロナの影響で見通しが立たない。

JR東海は開業時のダイヤについて情報は提示していないが、二〇一三年五月〜七月における地元説明会では、一時間あたり速達列車型（中間駅通過）七本と各駅停車型一本との想定を提示している[注29]。神奈川県駅が現橋本駅付近に設置される相模原市では、独自に毎時三本停車との想定を設けて経済効果等を試算[注30]しているが、JR東海が地元の要請に応じて毎時三本停車を実施するとは思われない。また長野県駅が設置される飯田市では、アンケート調査に基づく利用意向などをもとに駅利用者数を一日四七〇〇〜七〇〇〇人として開発計画を進めている[注31]。しかし「全国幹線旅客純流動調査（第2章参照）」によると、県境を越えて東京あるいは名古屋との行き来は大部分高速バスである。また東京あるいは名古屋から航空機に乗り継ぎさらに遠方へ向かう旅客も少数あるが、それを入れても一日の移動数（発と着の合計）一八〇〇人程度である。新型コロナ前であるにしても、どこから七〇〇〇人などという数字が出て来るのか理解できない。こうした架空の前提に基づく地域への経済効果は当然ながら過大推計であり、開発投資に見合った経済効果や税収効果も得られず、負債を増すだけとなる。

脚注

注1　国土交通省ウェブサイト「全国総合開発計画」の比較」。http://www.mlit.go.jp/kokudokeikaku/zs5/hikaku.html

注2　田中角栄『日本列島改造論』日刊工業新聞社、一九七二年。

注3　前出『日本列島改造論』二一六頁。

注4　日本交通政策研究会『自動車交通研究（二〇一九年版）』（高見淳史担当）四〇頁。

注5　EU "ITS & Vulnerable Road Users" https://ec.europa.eu/transport/themes/its/road/action_plan/its_and_vulnerable_road_users_en

注6　「ウーバーイーツ配達員の収入が減ったワケ　コロナで沸く物流業の裏側」『週刊東洋経済』二〇二〇年六月二七日号。

注7　『日本経済新聞』「自転車が首都高を走行　ウーバー配達員か」二〇二〇年五月一三日ほか各社報道。

注8　早川洋平「世界の潮流から外れる日本の自転車政策―ドグマ化した車道通行原則と非科学的な政策形成」『交通権』三六号、二〇一九年一二月、四三頁。

注9　「新型コロナの感染者・死者数の多かったイタリア・ミラノ～これからの暮らしと交通政策について聞く～」（ヴァンソン藤井由美談）日本モビリティ・マネジメント会議「ＣＯＶＩＤ19特設ペ

ージ」。https://www.jcomm.or.jp/20052701/

注10 https://en.eurovelo.com/

注11 バーバラ・レンツ談・ソーレン・アメラングのインタビュー「パンデミックによってラッシュアワーは公共交通の［究極の問題］へと変わる」（訳文は環境エネルギー政策研究所編集の「Energy Democracy」による）。https://www.energy-democracy.jp/3228

注12 〝Germany、s green rescue package points the way for Europe〟, Transport & Environment https://mailchi.mp/transportenvironment.org/germanys-rescue-package?e=a09354fcb6

注13 〝U.S. Transportation Secretary Elaine L. Chao Announces $25 Billion to Help Nation、s Public Transportation Systems Respond to COVID-19〟U.S.Department of Transportation, April 2, 2020 https://www.transportation.gov/briefing-room/us-transportation-secretary-elaine-l-chao-announces-25-billion-help-nations-public

注14 地域公共交通研究所「新型コロナウィルス影響下での地方生活交通維持に向けた緊急対策提言」二〇二〇年四月七日。https://chikoken.org/message/20200407/

注15 「新型コロナの感染者・死者数の多かったイタリア・ミラノ～これからの暮らしと交通政策について聞く～」（ヴァンソン藤井由美談）日本モビリティ・マネジメント会議「ＣＯＶＩＤ19特設ページ」。https://www.jcomm.or.jp/20052701/

注16 （公財）日本都市センター「都市自治体による持続可能なモビリティ政策―まちづくり・公共交通・ＩＣＴ」二〇一八年三月、二五三頁。

注17 刊行順に、ストップリニア東京連絡会編『リニア―破滅への超特急 テクノロジー神話の終着点』柘植書房、一九九四年。橋山禮治郎『必要か、リニア新幹線』岩波書店、二〇一一年。リニア・

注18 市民ネット編『危ないリニア新幹線』緑風出版、二〇一三年。橋山禮治郎『リニア新幹線 巨大プロジェクトの「真実」』集英社、二〇一四年。平松弘光『「検証」大深度地下使用法 リニア新幹線は、本当に開通できるのか!?』プログレス、二〇一四年。国鉄労働組合リニア中央新幹線問題検討委員会「リニア中央新幹線の検証—国民的議論を、今こそ—」二〇一四年。西川榮一『リニア中央新幹線に未来はあるか 鉄道の高速化を考える』自治体研究社、二〇一六年。樫田秀樹『〝悪夢の超特急〟リニア中央新幹線 建設中止を求めて訴訟へ』旬報社、二〇一六年。「リニア新幹線 夢か悪夢か」『日経ビジネス』一九五四号（二〇一八年八月二〇日）、二〇頁など。

注19 横内正明前山梨県知事、宮島雅展前甲府市長（いずれも二〇一五年二月退任）が同様の感想を述べている。『ＳａｎｋｅｉＢｉｚ』二〇一三年七月六日。

注20 金田信一郎ほか「財投三兆円投入 リニアは第三の森加計問題」『日経ビジネス（電子版）』二〇一八年八月三〇日。https://business.nikkei.com/atcl/report/16/081500232/082400011/

注21 たとえば運輸政策研究機構『二一世紀初頭の我が国の交通需要—交通需要予測モデル—』二〇〇〇年三月など。

注22 東海旅客鉄道株式会社「超伝導リニアによる中央新幹線の実現について」二〇一〇年五月一〇日、二二頁。http://jr-central.co.jp/news/release/_pdf/000008050.pdf

注23 中川明「リニア中央新幹線開通後の国内航空への影響」『交通権』三六号、二〇一九年三月、一〇四頁。

注24 東海旅客鉄道株式会社（前出）、三二頁。http://jr-central.co.jp/news/release/_pdf/000008050.pdf

注24 黒田東彦「なぜ「二％」の物価上昇を目指すのか—日本商工会議所における講演」二〇一四年三

月二〇日。

注25　樫田秀樹「リニア、川勝平太静岡県知事と金子慎ＪＲ東海社長の対談が実現。知事は「準備工事再開」を認めず。でも、それに関係なく、すでにリニアの二〇二七年開通は無理なことは判っている」『記事の裏だって伝えたい』。http://shuzaikoara.blog39.fc2.com/blog-entry-698.html

注26　第三回「中央新幹線小委員会」資料、東海旅客鉄道株式会社「超電導リニアによる中央新幹線の実現について」二〇一〇年五月。http://www.mlit.go.jp/policy/shingikai/tetsudo01_sg_000067.html

注27　「中央新幹線小委員会」第9回配布資料。http://www.mlit.go.jp/policy/shingikai/tetsudo01_sg_000086.html

注28　東京圏とは茨城・埼玉・千葉・東京・神奈川、沿線他県とは山梨・長野、名古屋圏とは静岡・岐阜・愛知・三重、大阪圏：滋賀・京都・奈良・和歌山・大阪・兵庫を指す。但しＪＲ東海の需要予測では滋賀・和歌山は考慮なし。

注29　http://company.jr-central.co.jp/company/others/assessment/faq/q19.html

注30　三菱総合研究所「平成二三年度リニア中央新幹線検討調査業務委託報告書」二〇一二年三月。

注31　（一社）計量計画研究所「平成二四年度官民連携推進支援調査事業　リニア中央新幹線飯田駅（仮称）施設規模の検討業務報告書」二〇一三年三月、五二頁。

7　ポストコロナの社会と交通

一極集中は変わるのか

新型コロナの感染者が三大都市圏、とりわけ東京都市圏に集中したことから、一極集中の弊害と結びつけて「それ見たことか」という論調も少なくない。東京への人口集中は方向転換すると予測する論者もある。[注1]しばしば欧州のように中小規模の都市が分散して国土を形成している構造がモデルとして提示されるが、すでに半世紀以上前から一極集中の是正が常に提言されてきたにもかかわらず、進展しないばかりか一極集中がさらに続いている。第3章で鉄道の「三密」を論じたように、日本のあらゆる分野で「行列ができる○○」が称揚され、ビジネスモデルひいては社会のあり方そのものが「三密」を前提として作られている。一部の人の「田舎ぐらし」の志向が高まるていどの変化では本質的な構造の転換にはならない。図7―1は国内の地域別のGDPの分布を示す。[注2]三大都市圏で全国の五五％を占める。また図7―2は北海道内でのGDPの分布を示す。[注3]全国で三大都市圏への集中がみられるのと同様に、北海道内でも道央（札幌圏）への集中がみられる。九州その他のブロックでも同様である。

東日本大震災直前の二〇一一年二月に国土審議会政策部会長期展望委員会が「国土の長期展望中間とりまとめ」を報告している。[注4]もし社会的諸要因が現状（新型コロナ前）のまま推移した場合、二〇五〇年頃には総人口が一億人を下回り、高齢化率は約四〇％になると見込まれ、約四〇年後の「人と国土」の関係性が現在とは大きく異なると推定している。図7―3は東京圏、中京・京阪神圏、それ

図７―１　国内ＧＤＰの分布

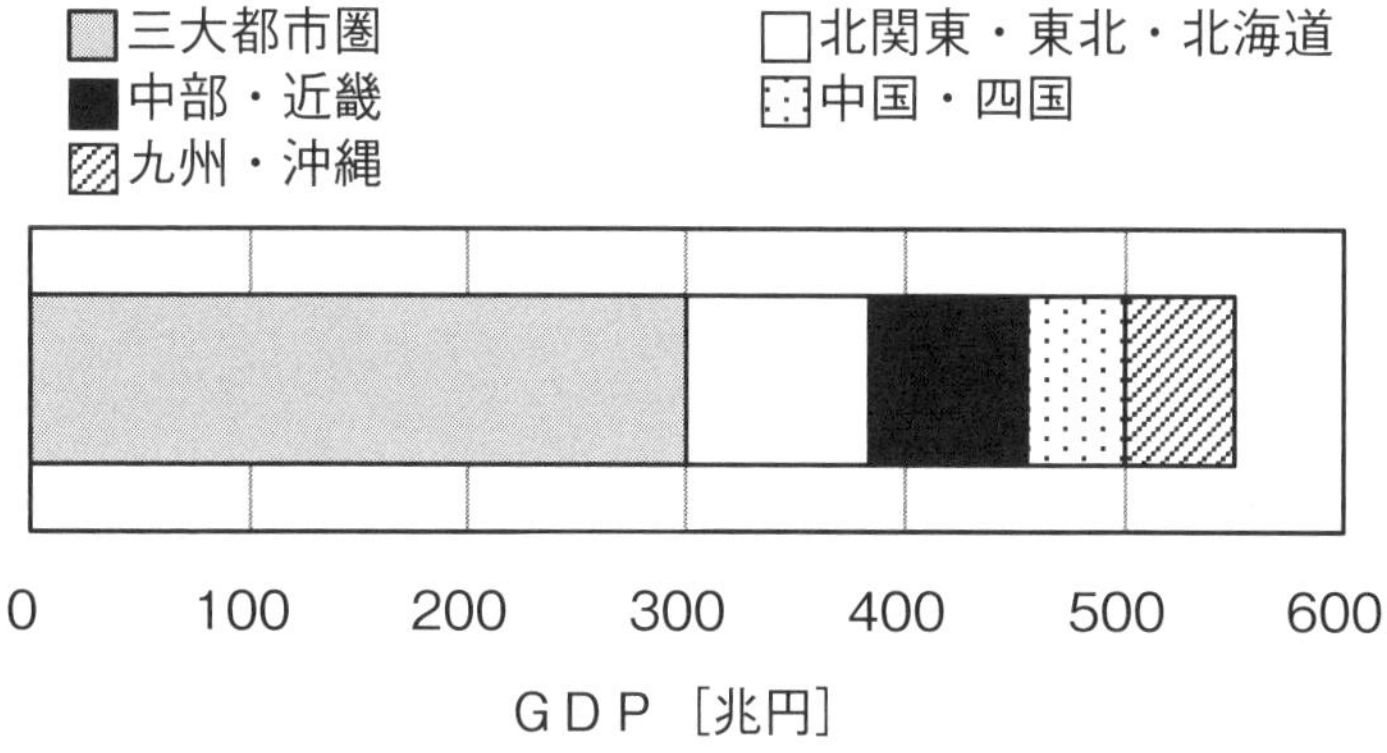

図７―２　北海道内ＧＤＰの分布

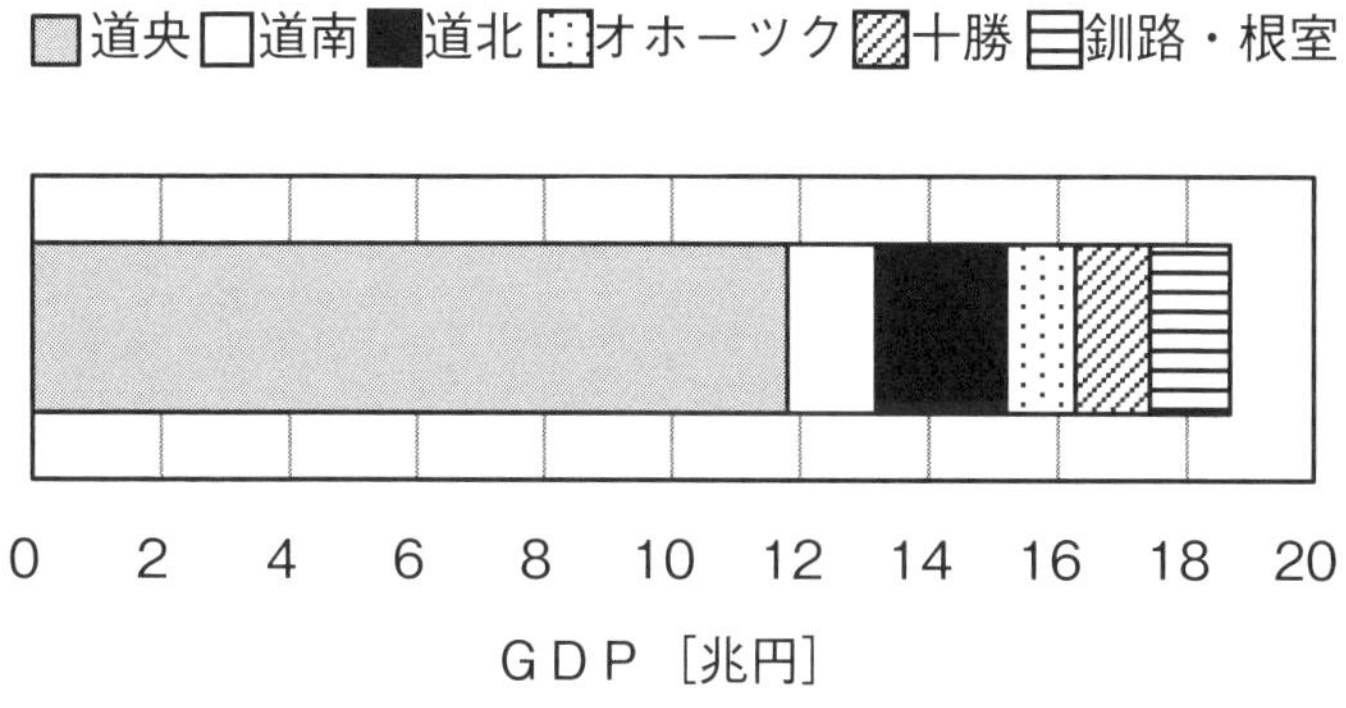

以外の地域別に人口予測を示す。全体として人口は減少するが、東京圏の減少が八％であるのに対して、中京・京阪神圏の減少が二二％、その他の地域の減少が三六％と予想され、相対的に東京圏一極集中の傾向は変わらない。

「新しい生活様式」は持続的でない

新型コロナによる在宅勤務の経験から「住む場所が制限されなくなった」「環境のいい田舎へ」といった動機で地方の不動産物件が注目され、これまで買い手がつかなかった空き家などの物件に対する需要が発生するなど変化がみられるという。[注5]記事では「仕事も在宅でこなせれば、ネット通販が発達しているので、地方での暮らしも以前ほど不便さは感じられないだろう」としているが、重大な視点の欠落がある。新型コロナ以前からもしばしば魅力的なキャッチコピーとして使われてきた「田舎暮らし」にはマイカーが不可欠である。しかし高齢化が進んでゆく中で、マイカーがないと日常の買物や医療・福祉サービスにもアクセスできないライフスタイルは持続的だろうか。田舎暮らしを勧める記事に「三〇分ほど自動車を走らせれば大きな町のスーパーに買い物に行ける」「週二回、移動販売車が巡回に来てくれる」[注6]との記述があった。マイカーで三〇分の距離は徒歩や自転車では代替できない。また小規模な自営業として行っているであろう移動販売車は当人が引退すればそれまでである。よほど覚悟を決めて自給自足の暮らしを営むのでないかぎり、「田舎暮らし」で社会のあり方が大きく変わるとは思われない。また地方自治体の財政が今後ますます逼迫する状

図7—3　国内の地域別の人口推移予測

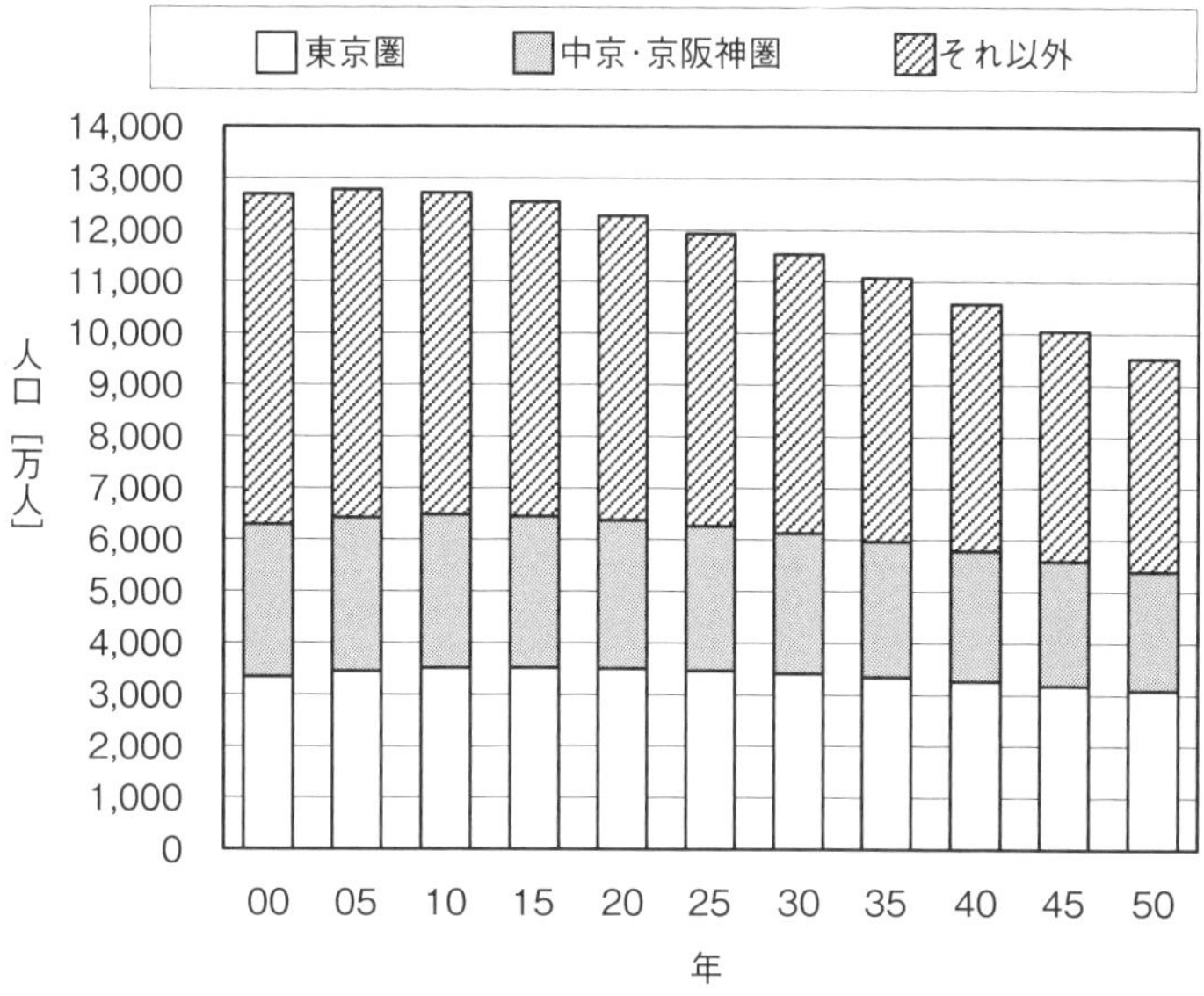

況下で人々が分散して居住すれば、ごみ収集・上下水道・積雪地域では除雪など、あらゆる面で公共サービスの費用の負担が問題となる。

図7—4は環境省の検討会で提示されたデータであるが、都市経営の面にも言及している。[注7] 人口密度が低くなると、都市施設の維持・更新費用について同じ住民数に対して管理すべき面積や距離の割合が増加するために、住民一人あたりの費用が急増する。逆に目安として人口密度が一ヘクタールあたりおおむね四〇人以下になると、住民の税負担を超えて自治体側の費用の持ち出しになる。この一ヘクタールあたり四〇人（一㎢では四〇〇〇人）とは、都市的地域あるいは市街地の基準とされるDID（Densely Inhabited

図７―４　人口密度と都市施設の維持費用

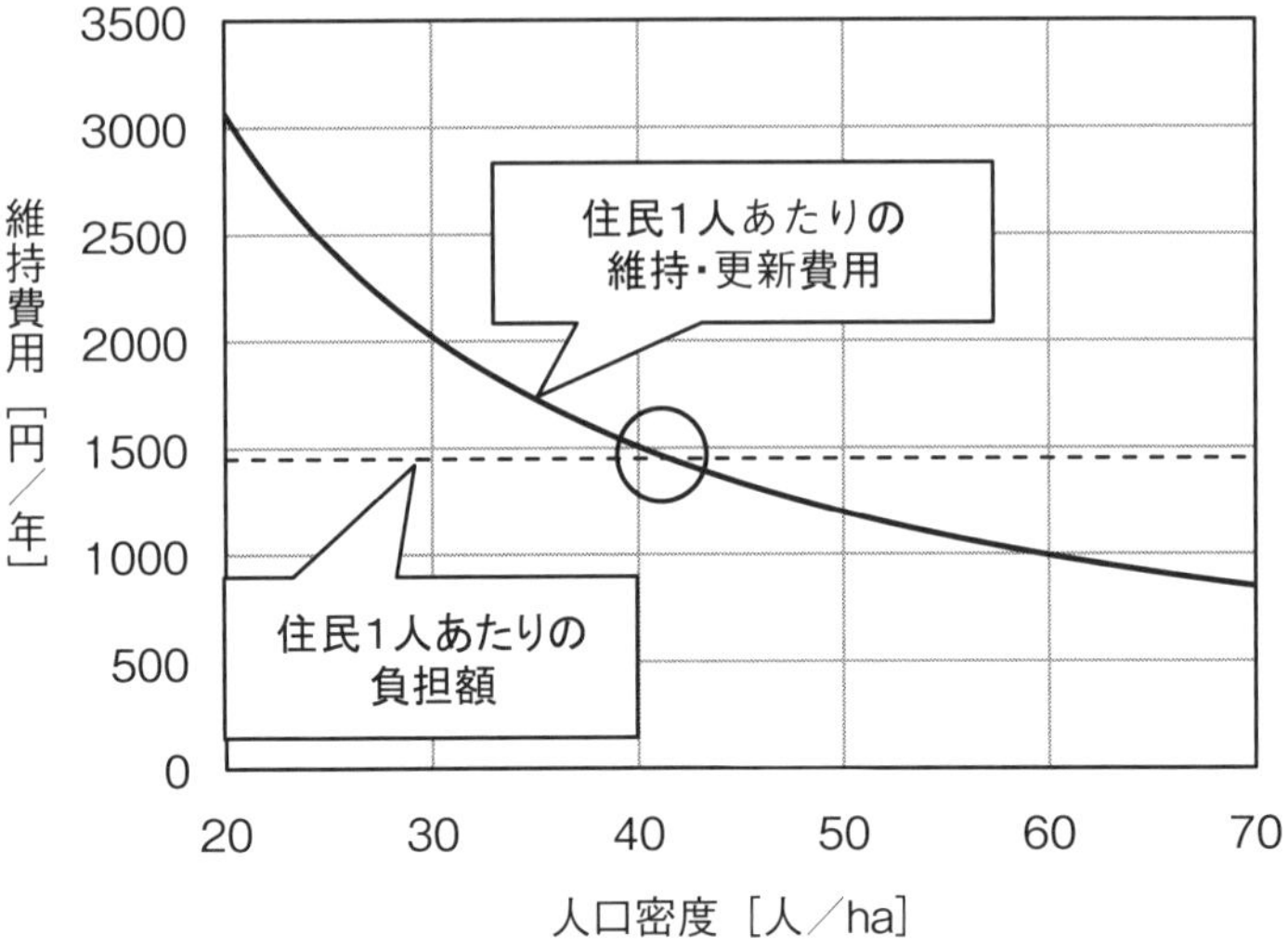

District・人口集中地区[注8]）と同じである。

大都市圏は別として、その他の全国の県庁所在地クラスの都市でさえ国勢調査のたびにＤＩＤの人口密度が低下（いわゆる「スプロール化」）し、やがてＤＩＤが消滅すると危惧されている都市がある。このまま市街地の拡散が続いてゆくと、どの都市でも、公共交通も成り立たず、自治体は財政難に陥り、商店街はシャッター街と化す一方で郊外にロードサイド店が立ち並ぶ「人の顔がみえない街」になってしまう。そのロードサイド店も業績が低下すると撤退してしまうので続けて「郊外シャッター街」が出現する事態も起きている。

図７―５は二〇五〇年までの人口変化を推計したデータのうち茨城県分を示す[注9]。たまたま前出の記事で「田舎ぐらし」の物件の例として茨城県が採り上げられていたので例示し

図7—5　茨城県の人口減少予測

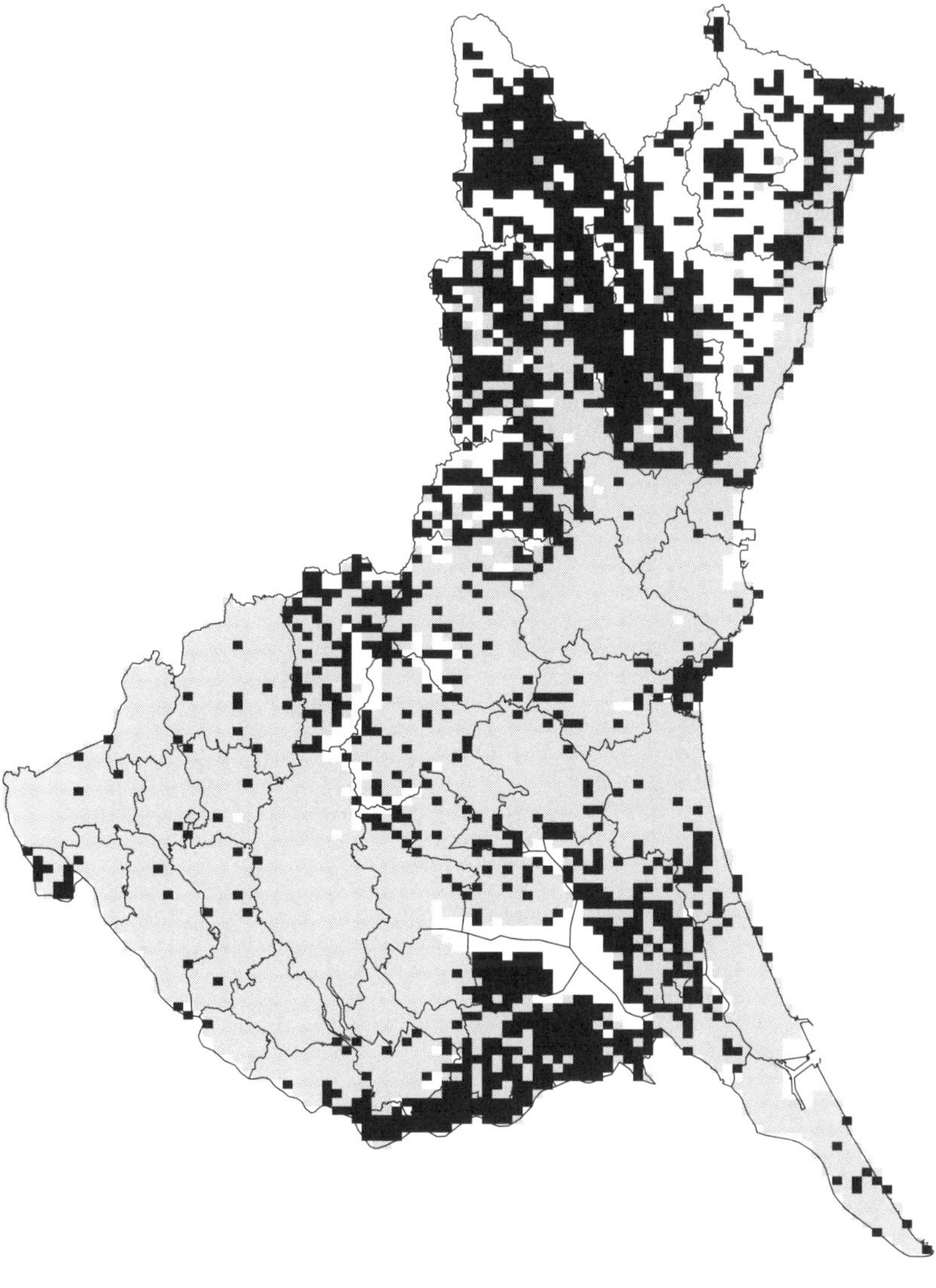

たが、全国での状況もほぼ同様である。図の黒部分は二〇一五年に対して人口が半減以下と予想されるメッシュである。おそらくコミュニティ自体が存続できなくなる可能性があるし、スーパーマーケットなど日常の買物や医療・福祉サービスなど生活インフラも撤退してしまうであろう。その場合には、より遠くの生活インフラにアクセスできる場所まで移動する必要が生じる。この状況では公共交通も撤退しているであろうから、マイカーが使えなければただちに生活が崩壊する。

戦前・戦中に通じる「新しい生活様式」

安倍首相（当時）はコロナ緊急事態宣言解除にあたって「日本モデルの成功」とアピールしたが、実際には行き当たりばったり、成り行きまかせで何もしていない。安倍政権にはもともと戦略性・先見性はなく、既得権の確保にしか関心のない官僚勢力と、政権に追随していれば目先の利益にあずかれそうだと考える経済勢力の集合体が場当たり的に取り巻いているだけの構造である。上久保誠人（立命館大学政策科学部）は、安倍政権が歴代最長在任を記録するほど長続きしたのは「軽い神輿《みこし》」すなわち抵抗のある政策を避け、現状の延長を繰り返すだけであったからと分析している。[注10]科学的な分析もなしに「日本スゴイ」的な精神論で満足していると、次の危機があったときに対応できず危険だという指摘がある。[注11]検査をしないから実態がわからない、実態がわからないから何の対策がどのくらい効果があったのかわからない。ただ「自粛競争」を煽って国民の暮らしを破壊しただけである。欧米のような強い規制によらず「自粛」としたのは民主的なプロセスの結果ではない。「命令」にすると補償しなければならないが「自粛」なら当事者が自主的に実行したことになるからである。これは福島原発事故で「自主的に避難した人は救済の対象にしない」とする姿勢と同じである。コロナを悪用して改憲に結びつける意図は、緊急時なら「命令」であっても補償しなくてよいという法的な根拠を作る意図もあると考えられる。

「新しい生活様式」は専門家会議の「提言」を受けたとしているが、「様式」という文言から資料の作り方まで官僚による作成であることは疑いがなく専門家会議は名義貸しにすぎない。その専門家会議も唐突に廃止されてしまった。この「実践例」なる資料は法律でも政省令でも規則でもなく、ただの「アイデア集」ていどの内容にすぎない。しかしこれまでのさまざまな分野と同様に、法的な裏付けのない「指針」「ガイドライン」「検討」を乱発して、あたかも権威のある基準のような雰囲気を作り出し、並行して国民の「同調圧力」を利用して強制力を持たせるやり方である。この「新しい生活様式」は「何が不要不急かは政府が決める」という発想が基本になっている。ニュース等で伝えられるように、各地で「自粛警察」として、外出者を監視・通報したり、「他県ナンバー」狩り、嫌がらせ・脅迫などを行う人々が跋扈している。このうちどれだけが組織的なのか、自然発生的なのか、戦時中の隣組の残党なのかは不明だが、「新しい生活様式」はこうした相互監視や集団暴力に公的なお墨付きを与える。

これまで人権や平和に関する運動に取り組んできた市民の中にさえ、感染症対策ならば人権の制限は仕方がないと同調する傾向さえみられるが、大塚英志は八〇年前の戦時中に酷似していると指摘する[注12]。その特徴として大塚は「日常」「生活」という用語の多用を挙げる。現在ではごく一般的な用語と感じられるが、これは日米開戦前後を境に当時のメディア（新聞・雑誌）にあふれるようになった戦時用語だという。記事では一九四〇年に富山市に掲げられた立看板の写真が例示され、次のようなキャンペーンが表示されている。

「ゼイタクは敵だ」「お前は日本人か」「戦地の兵隊を思へ」「買溜めは敵なり」「十萬の貴き英霊を偲んで」「闇取引は利敵行為なり」「闇取引を撃滅せよ」「報国は生活改善から」

今回の新型コロナに関するさまざまな言説がこれに一々当てはまる。タレントの武井壮がツイッターで「こんな時だからこそ、悪口を言ったり争うのをやめよう」と発言したことに対して、室井佑月は著名人のこのような発言は困っている人たちの声を抑えることになり、政治家の責任回避に加担するだけだと指摘している。[注13] また適菜収は、営業自粛に協力しないパチンコ店名を公表したことにたいして「社会の敵を設定することは全体主義の典型手法」と指摘している。[注14] この分野に関心のある人は、ナチスに対する抵抗運動で有名なマルティン・ニーメラー牧師の言葉を思い出すだろう。[注15]

折口信夫作詞・信時潔作曲の「鎮魂頌」という曲がある。信時潔は「海ゆかば」の作曲でも有名だが、「海ゆかば」は英霊全般を讃えているのに対して「鎮魂頌」は靖国神社を礼賛する曲である。「鎮魂頌」の歌詞に「現し世の数の苦しみ　たたかひにますものあらめや」という一節がある。意訳すれば「戦場の兵隊さんの苦労に比べれば、日常生活の苦労など不平を言うな」という意味である。新型コロナに関しても全く同じことを言っている者がいる。二〇二〇年二月下旬に新型コロナの感染者増加が深刻化したところ、国立感染症研究所が、感染者数を少なく見せるために検査妨害をしているとの疑惑が報道された。この時点では政府・東京都ともできるはずのないオリンピック強行に固執していたからこのような憶測を呼んでも仕方あるまい。

これに対して同研究所の代表が反論しているが、その中で「こうした報道は、緊急事態において、昼夜を問わず粉骨砕身で対応にあたっている本所の職員や関係者を不当に取り扱う[注16]」と述べて報道機関に圧力を加えている。「戦場の兵隊さんのことを思えば文句を言うな」と同じ論法である。データを示して科学的に説明すべきところ、このような精神論的な説明でむしろ疑惑は深まった。同時に「我々は専門家だ、批判は無用だ」という独善的な態度がみられる。戦時中の軍人も同じ態度だったが、その実は精神論だけの集団無責任体制でまともな戦略もなく、破滅への道を暴走しただけである。ある学者は「新しい生活様式」について「主役のはずの人間一人ひとりの行動や心理という視点がない」と指摘している[注17]。非現実的な提言の意図は明白だろう。現実にできるはずのないことを故意に掲げて、何がどうなっても「国民の行動が不十分だった」という理由で済ませるための準備である。「新しい生活様式」はいらない。不要不急は各自が決めることだ。

ショック・ドクトリンを警戒せよ

災害に遭遇した被災者の多くは茫然自失に陥り、冷静に判断する余裕を失う。新型コロナも災害に位置づけて間違いないであろう。そこに介入するのが「惨事便乗事業」である。それは阪神・淡路大震災（一九九五年一月）でも東日本大震災（二〇一一年三月）でもみられた。具体的な事例は塩崎賢明[注18]（立命館大学名誉教授）や古川美穂[注19]（ジャーナリスト）の資料を参照されたい。ナオミ・クラインは災害便乗事業を「ショック・ドクトリン」[注20]と表現している。クラインの著書は米国の事例を中心に扱っているが、大企業に利益を集中するなど経済面のショック・ドクトリンとともに、社会制度を一挙に変えようとする政治的な動きにも利用される。日本での新型コロナに関する姑息な例では、マスクを均等に配布するためマイナンバーカードの普及を提案した自民党議員がいる。[注21]あるいは児童・生徒が在宅学習になった状況に便乗して、ＪＲ東海がリニアを宣伝する子供向けホームページを開設した例[注22]も伝えられている。新型コロナ収束後には「経済対策」として公共事業が猛烈に始まるだろう。

北朝鮮の核・ミサイルの脅威[注23]（二〇〇六年一〇月に初の核実験から、二〇一八年三月に核・ミサイル実験凍結を表明）が空振りに終わった後に、ショック・ドクトリンを期待していた人々はまさに新型コロナを奇貨《きか》として歓迎したのではないか。新型コロナの事態が進展するにつれて「日本の規制は外国より緩い」という見解がしばしば流布された。小池都知事は二〇二〇年四月二日のテレビ出演[注24]で、前月末に「ロックダウン」という表現を用いたことに関して「ずっと〝ぬるま湯〟で来た日本ですから、ここは目覚めて欲しいという思いで申し上げた」と述べている。しかしそのようなことはない。日本人の権利はすでに十分に制限されている。猪瀬直樹は日本型ファシズムについて次のように表現している。[注25]

「ヒトラーのつくりあげた組織は、ちょうど正方形の布の真ん中を摘んでピラミッド型に持ち上げたように立体的だった。日本型ファシズムでは、布は広げられたままで頂点がない。平面的だが、代わりに荒い網目のひとつひとつが相互にひっぱりつつ振動を増幅して伝え合っている。ヒトラーが羨望してやまなかった天皇制は、この無数の生きもののごとく反応する網目だった。号令をかけなくても、たがいに協力し、牽制する」

さらにメディアがこれに尾ひれをつけて流布し、不安を増幅する排他的な妄想が蔓延する。「自粛警察」「他県ナンバー狩り」などはまさにこの「号令をかけなくてもたがいに協力し牽制する」メカニズムの一つのあらわれである。

窪田順生は戦前・戦中の「娯楽統制」は、政権によって直接的に強制されたというよりも「民意による弾圧」の性格があると指摘している。[注26]金子龍司は、当時の流行歌統制の背後に「投書階級」とも言うべき人々の存在があったという。代表的なメディアであるラジオ局に対して、西洋音楽は日本精神に反するとか、時局に迎合した戦時歌謡に対してさえ歌詞が低俗などと膨大なクレームが寄せられた。[注27]投書者は何らかの専門家ではなく、また特定の組織に動員されたのでもなく、会社員・官吏・教員といった不特定多数の市民の集合体であった。これは手段が異なるだけで現在のSNS上でのバッシング行為と同じである。神奈川県警察の発表によると、緊急事態宣言期間に受けた一一〇番通報のうち「休業要請中なのに店が開いている」「公園で遊んでいる子供がマスクを着けていない」「他県ナンバーの車が海岸にいる」などがあったという。[注28]こうした日本型ファシズムの結果、愛媛県では長距離トラック運転手の子供の登校を禁止する[注29]など差別・人権侵害がすでに発生している。ぬるま湯どころか日本人の権利はすでに十分に制限されている。

日本でも「緊急事態」を国内向けの統制手段に利用しようとする動きが着々と進展している。麻生太郎副総理兼財務相は、二〇二〇年六月四日の参院財政金融委員会で、日本がいわゆる先進国の中でもコロナ被害が桁外れに少ないことについてい「民度が違う」と発言した。委員会の冒頭に自民党の中西健治議員が「わが国の新型コロナ対応は世界的に見てもまれな統制力の薄いものだ。危機に当たっても自由という価値を守り続けていることは高い評価を受けられるべきものだ」として麻生氏の見解を求めたのに対して、麻生財務相は「どうでしょうね。自由って言うけど、憲法上できなかったから結果としてなっただけ」「憲法上の制約があったからこれ（強制力のない要請）が最大限だった」との見解を示した。

緊急事態になれば憲法を無効にして、国民の基本的権利を制限する戒厳令を施行し、それを恒久化することもありうる。自民党政権がその意図を有していることは、自民党の改憲案（「日本国憲法改正草案」第九八・九九条）からも明瞭に読み取れる。「こんなに大変な事態になっているのに不平を言うな」という国内向けの圧力が目的である。自民党の改憲案[注30]にある「緊急事態条項」は、一見すると外国の武力侵攻を念頭に置いているように見えるが、あらゆる機会を捉えて国民の権利を制限する意図を有している。同改憲案では下記のように記述されているが、ことに「その他」「等」「特に必要がある」等のただし書きを拡大解釈すれば、憲法に制約されず閣議だけであらゆる分野に無制限に適用しうる規定となっている。

第九八条（緊急事態の宣言）
　内閣総理大臣は、我が国に対する外部からの武力攻撃、内乱等による社会秩序の混乱、地震等による大規模な自然災害その他の法律で定める緊急事態において、特に必要があると認めるときは、法律の定めるところにより、閣議にかけて、緊急事態の宣言を発することができる。
第九九条（緊急事態の宣言の効果）
　緊急事態の宣言が発せられたときは、法律の定めるところにより、内閣は法律と同一の効力を有する政令を制定することができるほか、内閣総理大臣は財政上必要な支出その他の処分を行い、地方自治体の長に対して必要な指示をすることができる。

　戦前・戦中にかけて日銀は戦費調達のため無制限に国債を引き受け資金を供給した結果、敗戦に至るとその後始末が一気に表面化して極端なインフレが発生した。その収束のため政府は預金封鎖（一九四六年二月）と財産税の課税（同一一月）を強行した。この状況は、新型コロナの影響でＧＤＰが激減する一方で経済対策としてさらに日銀が資金を供給する、すなわちＧＤＰに対する債務の比率が危険水準にまで上昇する現状に類似している。ことに預金封鎖に関しては国会での議決を必要とせず、また閣議決定（全員一致を原則とする）さえ必要なく、預金保険法に基づく「金融危機対応会議」において、内閣総理大臣を議長として内閣官房長官・金融担当大臣・金融庁長官・財務大臣・日銀総裁等の構成員のみで決定できる。
　新型コロナによる緊急事態宣言が継続中の二〇二〇年五月二七日に「国家戦略特別区域法の一部を

改正する法律」が成立した。[注31] いわゆる「スーパーシティ構想」の実現に向けた制度的な整備であるという。日本のＩＴ化は一定の進展をみせているものの、各々のシステムが単一目的で個別に機能しているケースが多く連携がとれていないと指摘されている。片山さつき内閣府特命担当大臣が参加する座談会記事では「スーパーシティ構想」では情報アーキテクチャー[注32]を通じて都市間で連携し、災害など緊急時にも経済を回す機能も期待できるとして、新型コロナも例示している。[注33] しかし第1章で指摘したようにインターネットは物質転送機ではない。いくら「情報」を回しても物資は届かないし、医療・福祉では現場に人がいなければならない。これまでも小規模の自治体に使いものにならない高額のＩＴシステムを売り込む問題がしばしば指摘されている。「スーパーシティ構想」もその延長にすぎず、ＩＴ関連企業に利権を回す仕組みづくりに過ぎない。

またこうした情報アーキテクチャーには、本人の同意しない個人情報の収集・公開や目的外の使用の懸念が伴う。この懸念に関して記事では民間調査機関のアンケート[注34]を挙げて「今回のパンデミックを経験して、『自分や地域社会に役に立つのであれば情報を共有してもいい』というマインドセットは広がったのではないでしょうか」（中村彰二朗発言）としている。この発言にもみられるとおり「スーパーシティ構想」もショック・ドクトリンの性格が強い。池田清彦（生物学）は、スーパーシティ構想は、自治体ごとグローバル経済に組み込み、経済合理性だけで都市づくりをする発想であり格差をますます助長するものと批判している。[注35]

「新型コロナを契機として、ＧＤＰに代表される貨幣経済に過度に依存しない社会を目指そう」という提案もみられる。しかし分配のしくみを変えずにＧＤＰが縮小して金融危機が発生すれば、基本的な社会保障やセーフティネットが切り下げられ、社会的・経済的弱者がますます困難に陥る。

接触確認アプリ

ショック・ドクトリンの一環と思われる施策として、二〇二〇年六月一九日から厚生労働省からリリースされた「新型コロナウイルス接触確認アプリ[注36]（通称・ＣＯＣＯＡ）」がある。これはスマートフォンの機能を利用して、スマートフォン保持者が新型コロナ感染症の陽性者と「一ｍ以内・一五分以上」の接触（正確には位置的な近接の意味）が発生した場合に通知されることになっている。ただし陽性かどうかはシステムで判定できないから、何らかのルートによる検査で陽性と判明した人が保健所からメールで送られる「処理番号」を自発的にシステムに入力することにより、過去一四日以内に接触した他の利用者へ自動的に通知される。どこで・いつ・誰と接触したかは互いにわからないように処理されるとしている。陽性者と接触し、さらに何らかの症状を示している人には早期の検査や受診を促し、さらなる感染拡大を防ぐことを目的としている。なおリリース後ただちに不具合（誤った「処理番号」を入力しても登録完了と表示される）が報告されるなど信頼性が乏しく、いつ安定して活用されるのかは不明である。

アプリでは、個人情報（匿名性）の保護には厳重に配慮しているとされる。しかしこの種のアプリでの情報漏洩の実例[注37]がある以上は信用できないし、一旦拡散した電子データの回収は不可能である。しかし国によっては同様のアプリをより強力に運用している例もある。中国では「健康ＩＤ」というアプリの導入が二〇二〇年三月頃より導入され、スマートフォン所持者の感染状況が緑・黄・赤の三段階で表示され、事業所でもこの提示が求められるという。表示が黄になると七日間、赤になると一四日間は、買い物も公共交通の利用も拒否される。ただし何が基準で表示が変わるのか公表されておらず、利用者側では理由不明のまま突然表示が黄色となる現象が報告されている。[注38]仕組みが公表されていないため風説のレベルであるが、監視カメラ・顔認識ソフト・データベース・人工知能などが統合されて運用されているのではないかという。日本のＣＯＣＯＡもいずれそのような仕組みで運用される可能性がある。

一方でＣＯＣＯＡが効果を発揮するためには、理論的に人口の六割弱がアプリをインストールし運用することが条件とされる。しかし日本ではスマートフォンの所持率そのものが六割ていどであるから所持者の全員がインストールしないと条件を満たさないが、それは非現実的である。政府の強制力が強いシンガポールでは早期に接触確認アプリを導入したが、それでもインストール率は二割（二〇二〇年六月時点）ていどだという。また当然ながら接触する双方がアプリを導入していないと機能せず、そうした条件をかけ合わせてゆくと実際にはほとんど機能しないのではないかとの評価もある。[注39]また情報の信頼性も乏しい。二〇二〇年年八月末に、福井県敦賀市役所の職員や周辺の七〇人に対して突如接触通知が送られたが、誰も感染の可能性のある行動歴はなく、検査も陰性で意味不明だという。[注40]こうした不確実な情報をもとに「念のため」の対応を積み重ねて各方面の活動を停止してゆくと、社会の必需的な機能まで崩壊してしまう。位置情報の精度にも問題が大きい。スマートフォン同士が直接連結されているわけではなく、無線に依存する以上は通信環境の不安定性が避けられない。ＧＰ

Sの信号電波に不正な情報を混入させる「スプーフィング行為」なども懸念される。全く無関係のスマートフォン所持者に接触情報が通知される可能性もある。

こうしたシステムは、新型コロナ拡大の初期に世界各地でボランティア的に開発が試みられたが、規格の異なるアプリが乱立して収拾がつかなくなる懸念が生じた。少なくとも一つの国の中では国民が共通のシステムを使用していなければ機能しない。最終的にはアップルとグーグルが共同してソフトウェア同士がデータをやりとりするインターフェース（API・Application Programming Interface）を整備し、一国一種のアプリに限定して乱立を回避する取り決めが行われた。これは一見すると公共の利益に貢献するようであるが、世界中の情報と金融を独占的に支配するグローバル企業として警戒されている「GAFA《ガーファ》」[注41]のうち二社が関与していることは懸念される。一方で日本では政府が「COCOA」をリリースしたものの、他に自治体単位で独自のシステムも運用されている。政府は調整する施策はないとしており、登録者が分散して共倒れになる可能性が指摘されている。[注42]

オリンピックは「パンデピック」になる

第1章で紹介したシミュレーションから、感染がいったん収束過程に入っても、大きな状況の変化（例えばオリンピックの開催）によって他者接触ペースなどの要因が変化し、そこからまたピークが発生するケースを検討したものである。図7―6は、二〇二〇年三月末まで政府・東京都がオリンピック開催に固執し「ここ一～二週間が山場」と根拠のない楽観論を繰り返していた状況から、その

図７―６　収束過程から再拡大の場合

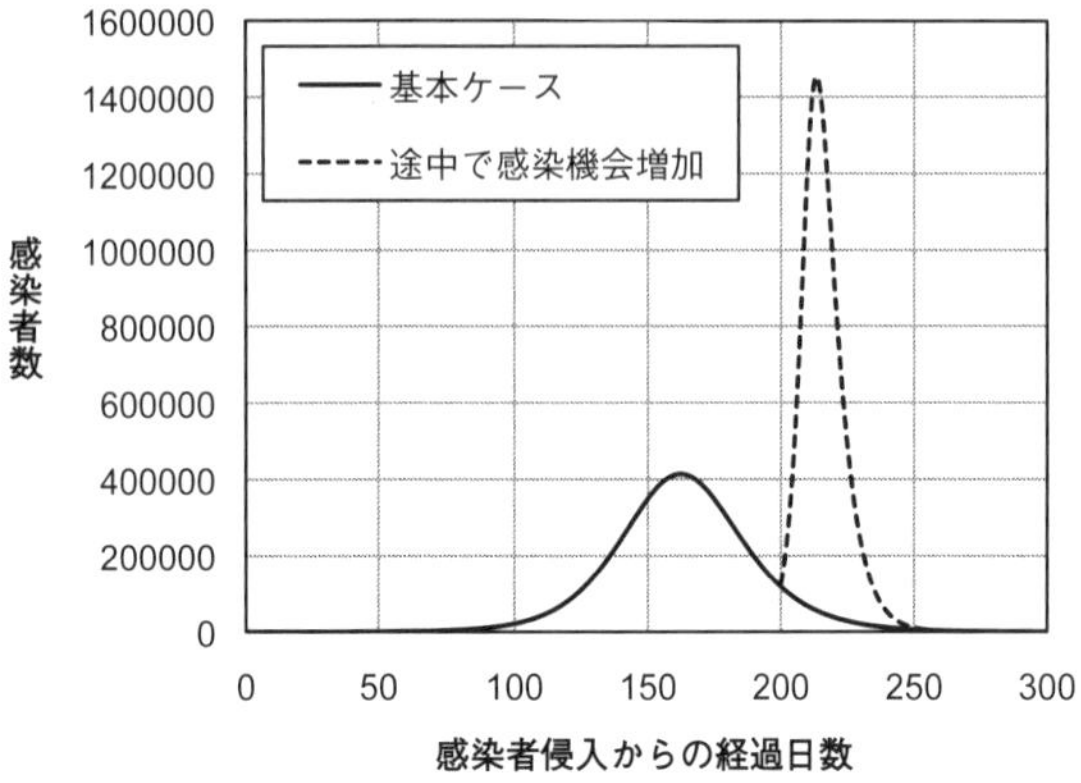

警告として提供した図である。本書執筆時点では一年延期（二〇二一年七月）が決定されているが、世界的に収束が確認されていなければオリンピックの開催による「再燃」の可能性があり危険である。国・東京都・組織委員会の三者が参加する東京五輪対策会議では、選手の入国制限の緩和を検討していると報道された。[注43]

安倍首相（当時）が一斉休校を要請したのは二〇二〇年二月二八日であるが、専門家会議が緊急記者会見で「ここ一〜二週間が瀬戸際」と発言したのは同二四日である。すなわち短期間で収束することを前提としていた。しかしオリンピックの延期が決定すると俄かに騒ぎ出し、同三月二八日には安倍前首相は「長期戦を覚悟する必要がある」と発言した。四月七日に東京都・大阪府・福岡県など七都府県を対象に「緊急事態宣言」を発出した。同一六日には全国に拡大、さらに五月四日には五月三一日まで延長することとなった。

もともと「ここ一、二週間」に根拠はなく、多くの専門家は少なくともあと数カ月か一年は「科学的」に収束宣言はできないと予想していた。オリンミックは二〇二一年夏に延期されたが、その時点でも開催を強行すれば「パンデミック」になりかねない。どのくらいの被害者が発生するかの予測は難しいが、仮定として死者一万人、重症者一〇万人として、その社会経済的被害を推定すると二〜三兆円に達する。

一方で、東京都オリンピック・パラリンピック準備局によるGDP誘発額の試算は全国で約二兆五〇〇〇億円（二〇一三年の招致決定から二〇三〇年までの累積）とされている[注44]。大会関連のハード・ソフトの整備、観客の消費や旅行などに起因するGDP誘発額であり、いわば「正味」の数値であるが、筆者の試算でもおおむねこれに近い数値が得られたので推計自体は妥当と考えられる。しかし「パンデミック」の被害額を比較すると、単年度でオリンピック・パラリンピックの経済効果を上回る可能性がある。

なお「東京五輪の経済効果は三〇兆円」との数値も流布されているが、これは試算の内容を理解していないデマに近い言説である。三〇兆円というのは「レガシー効果」なる要素を加えた試算であるが、レガシー効果とは文化・教育・最先端技術の活用などオリンピック・パラリンピックとは直接関係ない抽象的な要素を計上した数値である。しかも三〇兆とは生産誘発額であってGDP誘発額ではない。

ポスト・コロナのエネルギー問題

社会・経済のあり方とエネルギー需給構造は密接に関連する。二〇二〇年前半は新型コロナの影響でライフスタイルや産業構造が激変したような印象を受けるが、エネルギー需給にはどのような影響を及ぼしたであろうか。図7―7は東京電力の時間ごとの電力需要[注45]について、二〇二〇年三月～六月と前年二〇一九年の同日（対応する同曜日）の比較を示したものである。グレーが二〇一九年、黒が二〇二〇年である。

多くの世帯で在宅時間の増加から電力消費量が増加したと報告されている一方で、製造・業務部門では休業や稼働日削減などにより消費量は低下している。この増減双方の影響により、二〇一九年よりレベルが多少下がっているものの、需給パターンとしては激変とまではいえない変化にとどまっている。他の要因も多角的に検討しなければならないが、短期・中期的には新型コロナによるエネルギー需給構造の大きな変化はないものと想定される。

図7―8は日本全体に供給される一次エネルギーを起点として、それがどのように変換され、どの分野に供給され、最終的にどれだけ利用あるいは廃棄されているかを示す日本全体のエネルギーフロー（二〇一八年度）[注46]である。日本全体では一万九七〇九ＰＪ（ペタジュール・一〇〇〇兆）の一次エネルギー（電力等として利用する形態に変換する前の原料の状態）が供給されている。福島事故以後の安全規制強化により原発の再稼働が制約されている現状から、二〇一八年度では一次エネルギーのうち原子力の比率はこのうち五五二ＰＪにとどまり、全体の三％弱に低下した。

また近年の経済の低迷や福島原発事故を経てエネルギー需要そのものが減少している。二〇〇八年度には一次エネルギー供給が二万一五一五ＰＪであったものが、二〇一八年度では前述のように一万九七〇九ＰＪとなり一八〇〇ＰＪほど減っている。これを原子力による五五二ＰＪと比較してみれば、

図7―7　電力需給の前年比較

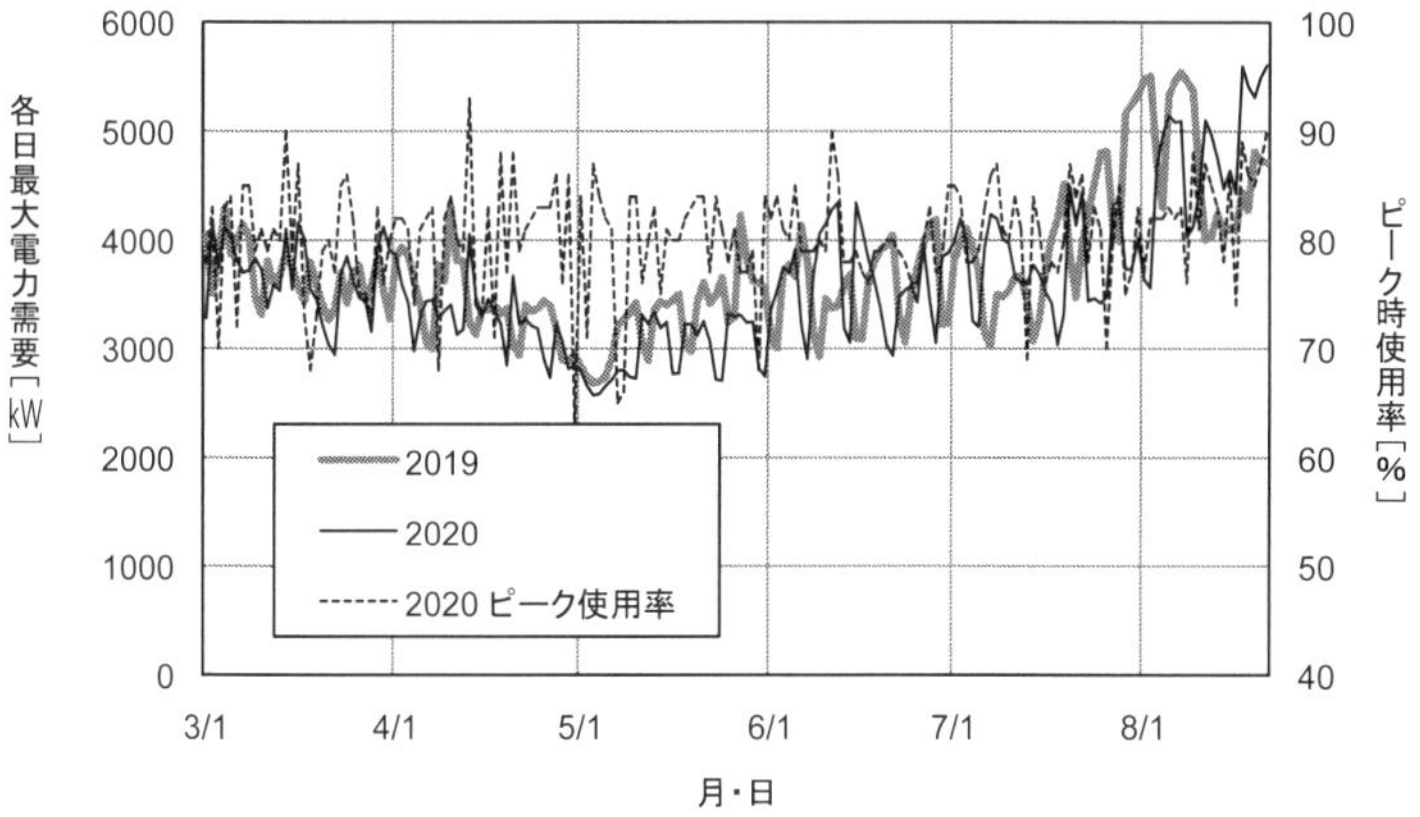

かりに今後いくつかの原発再稼働が実施されるとしても、日本全体のエネルギー需給からみれば原子力はあってもなくても大勢に影響がないレベルにまで落ち込んでいる。また図7―7にみられるように、ピーク時使用率（ピーク時の電力需要に対する供給能力の割合）は最大でも九〇％以下である。通常、主力発電所の一基が何らかのトラブルで急に停止しても電力の供給が継続できるように使用率を九七～九八％以内に保つことが目安とされているが、それよりも十分に余裕がある。この点からも原子力発電所を稼働する必要性は乏しい。

一次エネルギーのうち運輸部門へは三〇〇二ＰＪが供給されている。そのほとんどは自動車用燃料（乗用車のガソリン、大型車の軽油）である。また鉄道は新幹線を始めとして大都市の通勤輸送などに大量の電力を消費している印象があるが、エネルギーの量としては六三ＰＪに過ぎず、全体に占める比率はごくわずかである。むしろ人々が感染を怖れてマイカーにシフトすることによるエネルギー消費量の増大のほうが問題となるであろう。

危機に機能しない日本の政府

「新型インフルエンザ等対策特別措置法」の改正が二〇二〇年三月一三日に成立した際に、野党から人権の制限を危惧する意見が提示されたが、新型コロナへの対応において安倍政権が示した対策は、科学的根拠が不明な「儀式」ばかりである。地方自治体や企業も、それが本当に感染防止に有効かどうかの判断はせず、「儀式」に参加しないと後でとやかく言われるという理由で同調しているに過ぎない。学校での部活動の自粛が求められていた時期に、教員から「外部に言うな」と口止めされつつ「隠れ部活」が行われていた例[注47]など、感染防止対策には無関心と思われる行動もみられた。

日本には重要な政策を託すべき真の「エリート」がいない。本来エリートに求められるのは、唯一の正しい答がない課題や、過去に経験のない事態に対処する能力である。福島原発事故や今回の新型コロナはまさにそれに該当する。日本の教育システムは画一的な人材の大量育成には効果的であり、それが経済成長の要因となったことは一面の事実であるが、日本の受験教育で強調されるのは「出題者の意図を推測しなさい」という技能である。問題には模範回答があることが前提で、いかにそれを推測するかが重視される。すなわち日本の教育は「忖度《そんたく》の達人」の養成である。忖度が行動原理であるかぎりは、模範回答が存在しない課題に対しては先送り・放置しか選択肢がない。新型コロナに関して「日本モデルの成功」がアピールされた。その内容は先送り・放置である。何か能動的に行動した結果ではない。

図7―8　日本全体のエネルギーフロー

2018年度 総供給 19,709 PJ 端数, 統計誤差の関係で合計は若干の不一致あり。

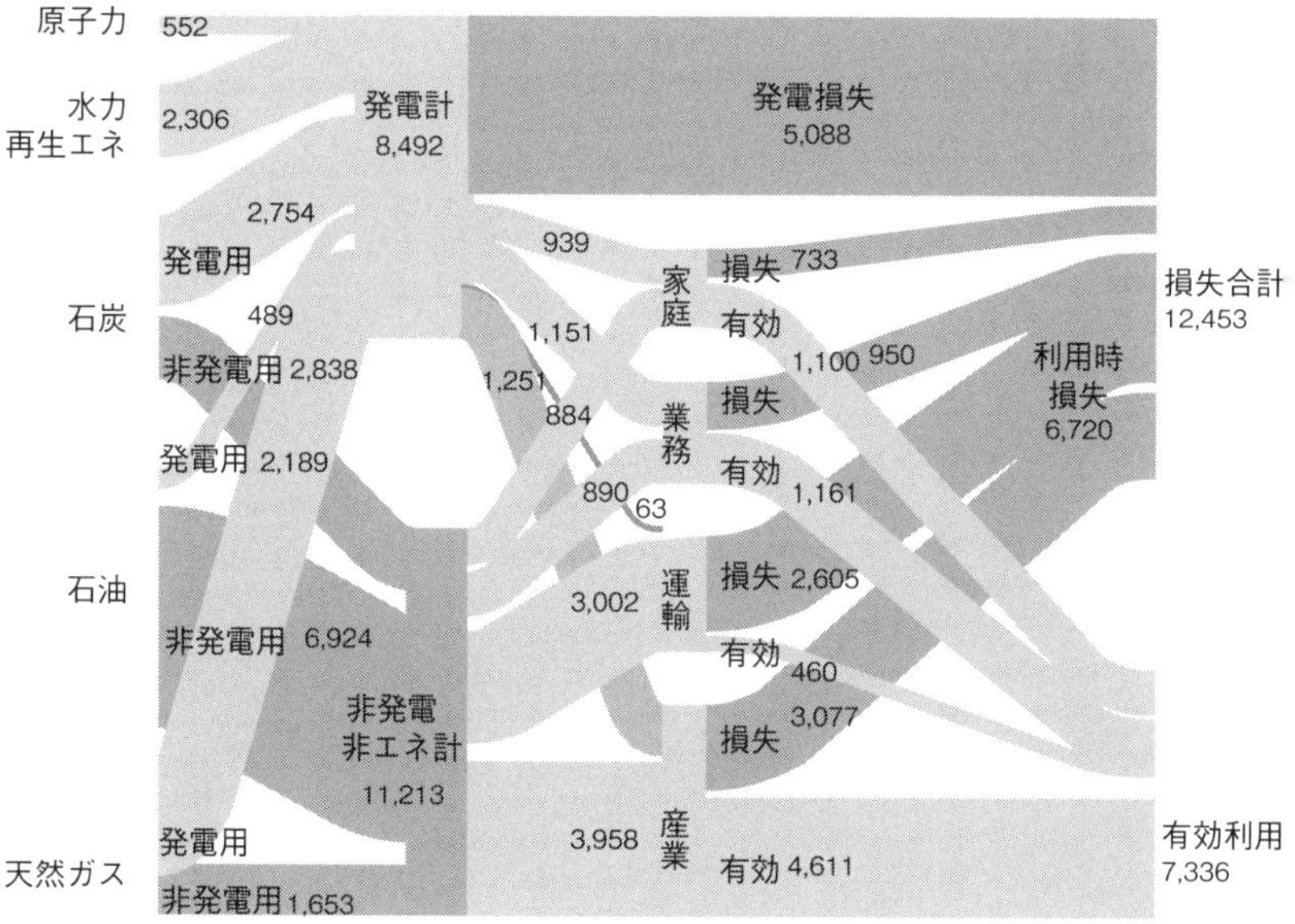

発電損失を除く総消費 13,088 PJ

窪田順生（ノンフィクションライター）は、そもそも勉強というのは明確な答がない問題に対して自分なりの答を探すためにするはずであるのに、日本の学校ではそのような姿勢は奨励されないため、その蓄積が「うがい薬買い占め」などの愚行を招く背景だと指摘している。[注48]

これは日本における科学技術の導入が欧米からの輸入・模倣から始まったことにも源流がある。明治期の「お雇い外国人」の登用はよく知られており、様々な分野・職種にわたって延べ八〇〇〇人以上に及んだ。

お雇い外国人の一人であるエルウィン・フォン・ベルツ（東京医学校、後の東京大学医学部教員）は「日本人は西洋の近代科学の成果を取り入れることには熱心であるが、その根本にある思想や精神を学ぼうとしない」『日本人は科学技術を単なる道具のように捉えているが、その背景にある思想と切り離して活用することはできない」と指摘している。その結果、さらなる自発的な発展が妨げられているとも述べている。[注49]

最近「日本の技術や文化を世界が称賛している」という言説が盛んであるが、日本の技術は「世界一」というよりも「世界唯一」と評価すべきであろう。日本の社会環境や文化の下では合理性がある技術や文化であっても、海外に持ち出す普遍性があるとは限らない。いわゆる「ガラパゴス」である。そもそも日本は政治がまだ江戸時代なのだから、かりに技術が世界一であっても、その成果が国民のために活用されることは期待できない。

二〇二〇年六月九日の『日経』紙では、過去の新型インフルエンザ等に際して反省点として挙げられていた次のような諸点を指摘している。[注50]

○対策の選択肢を複数用意
○危機管理の専門体制強化
○ＰＣＲなど検査体制強化
○国民広報を扱う組織の新設
○臨時休校のあり方の検討

○ワクチン生産体制の強化

そのほか第1章で指摘したように、人の動きを考慮した感染シミュレーションや通勤手段を失った人のための所得補償、マスクの不足に至るまで多くの指摘がすでになされていた。その後一〇年以上の時間があり、これらを着実に実施していれば、感染そのものの完全な封じ込めはできなかったとしても社会的・経済的な被害の多くはもっと軽く済ませられたはずである。新型コロナ以前の感染症では拡大が小規模にとどまり全国的に大きな被害を生じなかったので問題意識が遠のいた背景もあるだろうが、今回の新型コロナ被害については官僚の不作為の責任は免れないのではないか。

脚注

注1　沖有人「コロナ後遺症で人が流出、東京が［人口減少都市］へと一変する日」『ダイヤモンドオンライン』二〇二〇年六月一八日。https://diamond.jp/articles/-/240524

注2　内閣府「県民経済計算（平成一八年度―平成二八年度）」。https://www.esri.cao.go.jp/jp/sna/data/data_list/kenmin/files/contents/main_h28.html

注3　北海道開発局「平成二三年北海道内地域間産業連関表」。https://www.hkd.mlit.go.jp/ky/ki/keikaku/splaat0000017uj1.html

注4　国土審議会政策部会長期展望委員会「国土の長期展望　中間とりまとめ」。http://www.mlit.go.jp/policy/shingikai/kokudo03_sg_000030.html

注5　日刊ゲンダイ「地方物件への関心コロナで増加 田舎の在宅勤務に注意点も」二〇二〇年七月二一日。https://www.nikkan-gendai.com/articles/view/money/275378

注6　池滝和秀「コロナで強制移住した男性［田舎暮らしの実態］」『東洋経済オンライン』二〇二〇年七月一〇日。https://toyokeizai.net/articles/-/361493

注7　環境省「地球温暖化対策とまちづくりに関する検討会（第六回）」二〇〇六年六月一九日、資料1。https://www.env.go.jp/council/27ondanka-mati/y270-06/mat01-1.pdf

注8　総務省の定義では「人口密度が一㎢あたり四〇〇〇人以上の区域が隣接し、それらの区域の人口の合計が五〇〇〇人以上であるような区域の集まり」をＤＩＤとしている。

注9　国土交通省国土政策局「平成二七年国勢調査を基準とした五〇〇ｍ及び一㎞メッシュ別将来人口の試算方法について」二〇一九年三月一五日。https://nlftp.mlit.go.jp/ksj/gml/datalist/mesh500_1000_h30.pdf

注10　上久保誠人「ポスト安倍選びで［担ぐ神輿は軽い方がいい］を断ち切るべき理由」『ダイヤモンドオンライン』二〇二〇年九月一日。https://diamond.jp/articles/-/247375

注11　窪田順生「［コロナ収束は日本人のマジメさや清潔さのお陰］という勘違いの恐ろしさ」『ダイヤモンドオンライン』二〇二〇年五月二八日。https://diamond.jp/articles/-/238555

注12　大塚英志「感染拡大せず「日本スゴイ」…八〇年前と重なる嫌な流れ」『朝日新聞』二〇二〇年六月二〇日。https://www.asahi.com/articles/ASN6N54S3N6HUPQJ006.html

注13　室井佑月「武井壮さんに今、必要なのは困っている人たちへの想像力だ」『日刊ゲンダイ』二〇二〇年五月一日。https://www.nikkan-gendai.com/articles/view/news/272619

注14　適菜収「社会の敵を設定　大阪のパチンコ公表は全体主義の典型手法」『日刊ゲンダイ』二〇二

注15　〇年五月二日。https://www.nikkan-gendai.com/articles/view/news/272656
訳例「ナチスがコミュニスト（共産主義者）を弾圧した時、私は不安に駆られたが、自分はコミュニストではなかったので、何の行動も起こさなかった。その次、ナチスはソーシャリスト（社会主義者、労働組合員）を弾圧した。私はさらに不安を感じたが、自分はソーシャリストではないので、何の抗議もしなかった。それからナチスは学生、新聞人、ユダヤ人と、順次弾圧の輪を広げていき、そのたびに私の不安は増大したが、それでも私は行動に出なかった。ある日ついにナチスは教会を弾圧してきた。そして私は牧師だった。だから行動に立ち上がったが、その時は、すべてがあまりに遅過ぎた」出版情報関連ユニオン京都支部より。http://www.syuppan.net/kyoto/s2-kan-07.htm

注16　国立感染症研究所「新型コロナウイルス感染症の積極的疫学調査に関する報道の事実誤認について」二〇二〇年三月一日。https://www.niid.go.jp/niid/ja/others/9441-covid14-15.html

注17　「新しい生活様式、ヒトとして大丈夫？動物学者に聞いた」『朝日』ウェブ版　二〇二〇年五月二四日。https://www.asahi.com/articles/ASN5Q6CRMN5CULZU02C.html

注18　塩崎賢明『復興〈災害〉阪神・淡路大震災と東日本大震災』岩波書店（岩波新書）、二〇一四年。

注19　古川美穂『東北ショック・ドクトリン』岩波書店、二〇一五年。

注20　ナオミ・クライン著、幾島幸子・村上由見子訳『ショック・ドクトリン―惨事便乗型資本主義の正体を暴く（上・下巻）』岩波書店、二〇一一年。

注21　小野田紀美議員、二〇二〇年三月五日参院予算委員会。

注22　ＪＲ東海「発見　リニア未来シティ」。https://linear-chuo-shinkansen.jr-central.co.jp/linearfuturecity/

注23　上岡直見『Jアラートとは何か』緑風出版、二〇一八年。
注24　テレビ朝日「ワイド！スクランブル」二〇二〇年四月二日。
注25　猪瀬直樹『欲望のメディア』小学館、一九九〇年、九四頁。
注26　窪田順生「コロナ禍でわかった、日本人が患う『管理されたい病』の重症度」『ダイヤモンドオンライン』二〇二〇年六月二五日　なお窪田は「軍部」としているが実際に検閲を担当したのは、https://diamond.jp/articles/-/241302
注27　金子龍司「『民意』による検閲―『あ、それなのに』から見る流行歌統制の実態」『日本歴史』二〇一四年七月、五五頁。
注28　『読売新聞』「［隣室でドンチャン騒ぎ］通報受けた署員が駆けつけたら…」二〇二〇年七月一一日。https://www.yomiuri.co.jp/national/20200711-OYT1T50068/
注29　読売新聞オンライン『［親が長距離トラック運転手」…小学校が子どもの登校認めず、入学式・始業式欠席』二〇二〇年四月九日。
注30　自由民主党憲法改正推進本部「日本国憲法改正草案」。http://constitution.jimin.jp/draft/
注31　内閣府ウェブサイト［「国家戦略特別区域法の一部を改正する法律」の成立について］二〇二〇年六月三日　https://www.kantei.go.jp/jp/singi/tiiki/kokusentoc/kettei/r202005.html　これまで実際に開催されたのは二〇〇三年五月（りそな銀行経営危機）、同一一月（足利銀行債務超過）の二回。
注32　情報アーキテクチャとは、インターネット上などに多数存在（散在）するデータを、利用者にわかりやすく、あるいは探しやすく整理して提供する表現方法のこと。ＧｏｏｇｌｅやＹａｈｏｏの検索システムもその例である。

注33　『東洋経済オンライン』「東京一極集中を変える「スーパーシティ」の効力〔緊急時も経済を回す〕地域間データ連携の強み」記事に日付未記載、二〇二〇年七月九日閲覧。https://toyokeizai.net/sp/media/innovation_collaboration/17.html

注34　㈱アクセンチュア「アクセンチュア最新調査――市民は公共サービス向上のためであれば、個人情報共有に前向きであることが明らかに」二〇二〇年三月一六日。https://newsroom.accenture.jp/jp/news/release-20200316.htm

注35　池田清彦「貧乏人を排除する〔スーパーシティ構想〕のヤバさに気付かない日本人の脳天気さ　ごく一部の金持ちが街を作り変える」『プレジデントオンライン』二〇二〇年八月二三日。

注36　厚生労働省「新型コロナウイルス接触確認アプリ」二〇二〇年七月九日閲覧。https://www.mhlw.go.jp/stf/seisakunitsuite/bunya/cocoa_00138.html

注37　「JapanTaxiが個人情報保護委員会から指導、カメラを使って性別判定・広告配信」。https://response.jp/article/2019/03/26/320538.html

注38　鈴木貴博「政府主導の「コロナ接触確認アプリ」が、何となく信用できない理由」『ダイヤモンドオンライン』二〇二〇年六月一九日。https://diamond.jp/articles/-/240763

注39　高口康太「コロナ接触追跡『アベノアプリ』が始まる前から失敗間違いなしの理由」『ダイヤモンドオンライン』二〇二〇年六月一八日。https://diamond.jp/articles/-/240649

注40　『読売新聞』「『姿なき感染者』のナゾ、接触通知アプリから七〇人に連絡あったのに…」二〇二〇年八月二六日。

注41　グーグル（Google）・アップル（Apple）・フェイスブック（Facebook）・アマゾン（Amazon）の頭文字からＧＡＦＡと呼ばれる。

注42 『日本経済新聞』「コロナ通知システム乱立　調整役不在［総崩れ］の恐れ」二〇二〇年七月一三日。https://www.nikkei.com/article/DGXMZO61192850W0A700C2000000/
注43 TBS「東京五輪のコロナ対策会議、選手の〝入国制限緩和〟検討」二〇二〇年九月四日。
注44 東京都オリンピック・パラリンピック準備局「大会開催に伴う経済波及効果」二〇一七年三月。https://www.2020games.metro.tokyo.lg.jp/taikaijyunbi/torikumi/keizaihakyuukouka/index.html
注45 東京電力パワーグリッド「過去の電力使用実績データ」。https://www.tepco.co.jp/forecast/
注46 経済産業省資源エネルギー庁「総合エネルギー統計」二〇一八年度。https://www.enecho.meti.go.jp/statistics/total_energy/results.html#headline2
注47 『新潟日報』「［厳しい校則］に反響多数 ポニーテール禁止、下着は白…　自主性阻む学校に不満」二〇二〇年八月二一日。
注48 窪田順生「［うがい薬買い占め］で露呈する、日本の学校教育の致命的欠陥」『ダイヤモンドオンライン』二〇二〇年八月六日。https://diamond.jp/articles/-/245187
注49 トク・ベルツ編、菅沼竜太郎訳『ベルツの日記（上）』岩波文庫三三―四二六―一、一九七九年、二三九頁。一九〇一年の在職二五年記念講演における発言。
注50 『日本経済新聞』「検証コロナ 危うい統治（一）一一年前の教訓放置 組織防衛優先、危機対応阻む」二〇二〇年六月九日。

おわりに

二〇二〇年七月、半年ぶりに公用で東京から新潟まで新幹線に乗った。新潟県に入ると青々とした水田で稲が育っている。農作業では感染の可能性がほとんどない条件もあるだろうが、このような時でも農業を続けてくれる人々がいることは本当にありがたい。人々がリモートワークをしようが宅配生活をしようが、日本あるいは世界のどこかで食べ物を作ってくれる人々がいなければ皆で餓死するしかない。

筆者は大学で授業を担当しているが、二〇二〇年の前期授業から遠隔授業で対応することとなった。各教員はさまざまな方法で遠隔授業を試みた一方で、学生の立場からみると科目ごとに異なる方法・機材・アプリで対処する必要が生ずるなど負担が増した。遠隔授業の中にも、会議ソフト（Zoom・Webex等）を利用したオンライン方式と、予め用意した資料や動画をウェブ上で提供するオフライン方式がある。語学等の科目ではオンライン方式は必須であろう。

学生の立場からみると、オンライン方式は教員と同時双方向のコミュニケーションが可能であるが、教室授業と同じ時間帯にシステムに接続して待機・受講する必要があり、また同時双方向とはいえ受講人数が多くなるとコミュニケーションは容易ではない。また学生の中で遠方の出身者は、春休みに帰省したまま移動の自粛に遭遇して大学に戻れなくなり、図書や資料も手許になく通信環境もスマートフォンのみといった制約を受けた者もいたようである。

一方で教員の側でも、オンラインでありながらいわゆる「万年ノート」を延々と筆写させるとか、解説もなく資料を提示しただけで課題の提出を求めるなどのケースも報告された。特に学部四年生にとっては就職活動も必要な時期に、在宅とはいえ決まった時間に拘束されて「万年ノート」では大迷惑であろう。これに対してオフライン方式では、即時のコミュニケーションはできないが学生は任意の時間帯に視聴できる自由度がある。筆者の場合は、二〇二〇年二月頃より遠隔授業を想定したテキスト（参考資料）を整備し、オフラインの動画で要点を解説するとともに大学の情報システムを通じてコメント（参加確認を兼ねる）を収集する方法を用いた。これは学生には好評であった。

中には、遠隔授業を受けるのと同時に、自身も塾講師のアルバイトに遠隔授業で従事しているという学生もあり、状況に柔軟に適応しているケースもみられた。一方では、これまで従事していたアルバイトが新型コロナの影響で中止になり、容易に参入できるアルバイトとしてフードデリバリーサービスを始めた学生もある。第6章で指摘したように、交通事故の懸念があるので十分注意するように促しているが、今後の状況が懸念される。またオンライン授業は、不正アクセスによる情報流出のリスクや、公権力による監視が容易になり学問や研究の自由が制限されるとの指摘もある。[注1]

本書の刊行にあたり、新型コロナの影響でさまざまな制約がある中で緑風出版の高須次郎社長はじめスタッフの方々にご尽力いただいた。改めてお礼を申し上げる。今回のコロナ問題で俄かに世人の注目を集めたのは「疫学」あるいはさらに細分化していえば「理論疫学（数理疫学という言いかたもある）」の分野である。緑風出版は新型コロナ以前からこの問題に関して先駆的に取り上げてきた。二〇〇三年には津田敏秀著『市民のための疫学入門―疫学ニュースから環境裁判まで』を刊行している。[注2]感染症の理解に重要な基礎的事項が記載されている。「サージカルマスクとN95マスクの違い」など、すでに同書で取り上げられていた。また海外では市民向けの疫学解説書は少なからず例があるのに対して日本ではその例がないと指摘されている。続いて二〇二〇年六月には長崎バイオハザード予防研究会『新型コロナのエアロゾル感染【上巻　分析編】』が刊行された。本書では公共交通における感染可能性について取り上げたが、その検証と対策にも関連が深い。併せて一読されることをお勧めする。

脚注

注1　『東京新聞』「オンライン授業　危険性訴え　金沢大准教授・石川さん講演　情報流出や監視指摘　前橋市」二〇二〇年七月一六日

注2　津田敏秀『市民のための疫学入門―疫学ニュースから環境裁判まで』緑風出版、二〇〇三年　http://www.ryokufu.com/isbn4-8461-0311-1n.html

[著者略歴]

上岡直見（かみおか　なおみ）

1953 年 東京都生まれ

環境経済研究所 代表

1977 年 早稲田大学大学院修士課程修了

技術士（化学部門）

1977 年～ 2000 年 化学プラントの設計・安全性評価に従事

2002 年より法政大学非常勤講師（環境政策）

著書

『乗客の書いた交通論』（北斗出版、1994 年）、『クルマの不経済学』（北斗出版、1996 年）、『地球はクルマに耐えられるか』（北斗出版、2000 年）、『自動車にいくらかかっているか』（コモンズ、2002 年）、『持続可能な交通へ―シナリオ・政策・運動』（緑風出版、2003 年）、『市民のための道路学』（緑風出版、2004 年）、『脱・道路の時代』（コモンズ、2007 年）、『道草のできるまちづくり（仙田満・上岡直見編）』（学芸出版社、2009 年）、『高速無料化が日本を壊す』（コモンズ、2010 年）、『脱原発の市民戦略（共著）』（緑風出版、2012 年）、『原発避難計画の検証』（合同出版、2014 年）、『走る原発、エコカー――危ない水素社会』（コモンズ、2015 年）、『鉄道は誰のものか』（緑風出版、2016 年）、『JR に未来はあるか』（同、2017 年）、『J アラートとは何か』（同、2018 年）、『日本を潰すアベ政治』（同、2019 年）、『自動運転の幻想』（同、2019 年）『原発避難はできるか』（同、2020 年）など。

新型《しんがた》コロナ禍《か》の交通《こうつう》

2020年11月10日　初版第1刷発行　　定価2000円＋税

著　者　上岡直見©
発行者　高須次郎
発行所　緑風出版
〒113-0033　東京都文京区本郷2-17-5　ツイン壱岐坂
［電話］03-3812-9420　［FAX］03-3812-7262［郵便振替］00100-9-30776
［E-mail］info@ryokufu.com［URL］http://www.ryokufu.com/

装　幀　斎藤あかね
制　作　R企画　　印　刷　中央精版印刷・巣鴨美術印刷
製　本　中央精版印刷　　用　紙　中央精版印刷　　E1200

ISBN978-4-8461-2020-7　C0036